Adolf Hitler

# La Mia Battaglia
## (Mein Kampf)

OMNIA VERITAS

Adolf Hitler

## La Mia Battaglia
### (Mein Kampf)
*1925*

*Traduzione Italiana a partire dalla traduzione Inglese di ETS Dugdale.*

Pubblicato da
Omnia Veritas Ltd

www.omnia-veritas.com

**DATE IMPORTANTI NELLA CARRIERA DI HITLER** .................................................. 11

**I** ......................................................................................................................... 13

    LA MIA CASA ................................................................................................. 13

**II** ........................................................................................................................ 17

    I MIEI STUDI E LE MIE BATTAGLIE A VIENNA .................................................. 17

**III** ....................................................................................................................... 31

    CONSIDERAZIONI POLITICHE RISULTANTI DAL MIO PERIODO A VIENNA ............... 31

**IV** ....................................................................................................................... 53

    MONACO ...................................................................................................... 53

**V** ........................................................................................................................ 63

    LA GUERRA MONDIALE .................................................................................. 63

**VI** ....................................................................................................................... 70

    PROPAGANDA DI GUERRA ............................................................................... 70

**VII** ...................................................................................................................... 75

    LA RIVOLUZIONE ........................................................................................... 75

**VIII** ..................................................................................................................... 82

    L'INIZIO DELLA MIA VITA POLITICA ................................................................. 82

**IX** ....................................................................................................................... 87

    IL PARTITO DEI LAVORATORI TEDESCHI ........................................................... 87

**X** ........................................................................................................................ 90

    I SEGNI PREMONITORI DEL COLLASSO DEL VECCHIO IMPERO ............................ 90

**XI** ..................................................................................................................... 107

    NAZIONE E RAZZA ...................................................................................... 107

**XII** .................................................................................................................... 117

    IL PRIMO PERIODO NELLO SVILUPPO DEL PARTITO NAZIONALSOCIALISTA DEI LAVORATORI TEDESCHI ................................................................................. 117

**PARTE II** ........................................................................................................... 128

**I** ....................................................................................................................... 130

    TEORIA DEL MONDO E PARTITO ................................................................... 130

**II** ...................................................................................................................... 134

| | |
|---|---|
| Lo Stato | 134 |
| **III** | **154** |
| Cittadini e soggetti dello stato | 154 |
| **IV** | **156** |
| Personalita' e concetto dello stato nazionale | 156 |
| **V** | **161** |
| Teoria mondiale ed organizzazione | 161 |
| **VI** | **166** |
| La battaglia dei primi giorni il ruolo dell'oratore | 166 |
| **VII** | **173** |
| La battaglia con le truppe rosse | 173 |
| **VIII** | **182** |
| L'uomo forte e' piu' forte quando e' da solo | 182 |
| **IX** | **186** |
| Pensieri sul significato e sull'organizzazione dei reparti d'assalto | 186 |
| **X** | **200** |
| La falsita' del federalismo | 200 |
| **XI** | **209** |
| Propaganda e organizzazione | 209 |
| **XII** | **214** |
| La questione dei sindacati | 214 |
| **XIII** | **217** |
| Politica tedesca ed alleanze dopo la guerra | 217 |
| **XIV** | **229** |
| Politica orientale | 229 |
| **XV** | **240** |
| Difesa di emergenza come diritto | 240 |
| **ALTRA PUBBLICAZIONE** | **247** |

# AVVERTENZA AL LETTORE

La presente edizione di Mein Kampf è una ristampa integrale dell'edizione originale delle Nouvelles Éditions Latines (Parigi, 1934), con un aggiornamento dell'avvertenza al lettore in conformità con la sentenza della Corte d'appello di Parigi dell'11 luglio 1979 e del 30 gennaio 1980.

Tuttavia, la diffusione di quest'opera può rappresentare un pericolo in quanto rischia di riaccendere l'odio razziale o xenofobo e quindi di ledere la dignità della persona umana.

L'incitamento alla discriminazione, all'odio o alla violenza a causa dell'origine o dell'appartenenza o della non appartenenza, reale o presunta, a un'etnia, una nazione, una presunta razza o una determinata religione; l'apologia di tali atti; la diffamazione o l'ingiuria non pubblica nei confronti di una persona o di un gruppo di persone a causa della loro origine o appartenenza o non appartenenza a un'etnia, una nazione, una presunta razza o una determinata religione, sono puniti dalla legge del 29 luglio 1881 sulla libertà di stampa nei suoi articoli 23, 24, 32 e 33 modificati dalla legge del 1° luglio 1972.

**Articolo 23**: Saranno puniti con una multa da 200 a 40.000 franchi i direttori di pubblicazione, gli stampatori o i venditori ambulanti che, attraverso discorsi pronunciati in riunioni pubbliche, manifesti, affissioni o scritti, pamphlet, stampati di qualsiasi natura, avranno provocato discriminazione, odio o violenza a causa dell'origine o dell'appartenenza o della non appartenenza, reale o presunta, a un'etnia, una nazione, una presunta razza o una determinata religione.

**Articolo 24**: Saranno puniti con le pene previste dall'articolo 32 coloro che, con discorsi pronunciati in riunioni pubbliche, con scritti o stampati di qualsiasi natura, scritti o stampati venduti o distribuiti, manifesti o cartelloni esposti, avranno provocato discriminazione, odio o violenza a causa dell'origine o dell'appartenenza o della non appartenenza, reale o presunta, a un'etnia, una nazione, una presunta razza o una determinata religione, o provocato tali atti contro il titolare di una funzione pubblica a causa delle sue funzioni o dei suoi mandati a causa dell'origine o dell'appartenenza o della non appartenenza, reale o presunta, a un'etnia, una nazione, una presunta razza o una determinata religione.

**Articolo 32**: Saranno puniti con la reclusione da uno a sei mesi e con una multa da 200 F a 40.000 F coloro che, con discorsi pronunciati in riunioni pubbliche, scritti, stampati o con immagini, avranno fatto l'apologia di atti qualificati come crimini di guerra o crimini contro l'umanità o esaltato pubblicamente gli autori o i complici di tali atti.

**Articolo 33**: Saranno puniti con una multa da 200 F a 40.000 F coloro che, con discorsi pronunciati in riunioni pubbliche, scritti o stampati di qualsiasi natura, avranno provocato discriminazione, odio o violenza nei confronti di una persona o di un gruppo di persone a causa della loro origine o della loro appartenenza o non appartenenza a un'etnia, una nazione, una presunta razza o una determinata religione, o nei confronti del titolare di una funzione pubblica a causa delle sue funzioni o dei suoi mandati.

Le pene previste vanno da un mese a un anno di reclusione e da 200 F a 300.000 F di multa. Mein Kampf, scritto da Adolf Hitler nel 1924, è un documento storico indispensabile per la conoscenza dell'epoca, ma espone apertamente una dottrina razzista e xenofoba che ha portato alla seconda guerra mondiale e ai crimini contro l'umanità.

In quest'opera, Hitler espone il suo progetto di Stato razziale e di Impero, basato sulla gerarchia delle "razze", con gli "ariani" (tedeschi superiori) al vertice, destinati a dominare gli altri popoli. Questa delirante dottrina divide l'umanità in razze 'superiori' (civilizzatrici e dominatrici) e "inferiori " (gli slavi, per esempio), e presenta gli ebrei e i semiti come malvagi distruttori della civiltà. Gli antropologi, nella dichiarazione dell'UNESCO del 1950, hanno scientificamente confutato l'esistenza di gerarchie mentali o morali tra le etnie.

Secondo la testimonianza resa a Norimberga dal generale delle SS von dem Bach-Zelewski, la predicazione dell'inferiorità slava ed ebraica ha normalizzato l'omicidio di massa, portando direttamente alle camere a gas di Auschwitz e Majdanek.

**Attuazione delle dottrine hitleriane:**

- **Invasione della Polonia** (1939): Limitazione della natalità slava (polacchi, cechi, russi); trasferimenti di popolazione per fare spazio ai coloni tedeschi; selezione dei bambini in base alla loro "germanizzabilità" apparente; distruzione della cultura e delle élite slave (milioni di persone sterminate nei campi o sul posto); utilizzo degli slavi come riserva di manodopera schiavizzata.
- **Europa occidentale** (ad es. Alsazia, ordinanza di Norimberga 1942): politiche razziali che prevedevano il trasferimento delle "razze preziose" in Germania e delle "razze inferiori" in Francia.
- **Programma di eutanasia** (1939-1941): ordine segreto di Hitler dopo la dichiarazione di guerra, rivolto alle "vite indegne di essere vissute" (tedeschi malati di mente o deboli); morte accelerata da psichiatri in 6 centri di eutanasia con monossido di carbonio in docce camuffate (oltre 100.000 vittime); inganno delle famiglie con necrologi generici; interruzione del programma a causa delle proteste (clero e opinione pubblica) e dei sospetti legati al fumo dei forni crematori e ai trasferimenti.
- **Gli zingari**: definiti "asociali" (circolare del 1938: rischi per la salute pubblica, eredità criminale, parassiti); sterilizzazione forzata e campi di lavoro; arresto e trasferimento ad

Auschwitz nel 1942 in un "campo familiare" (privilegi minori); ordine di gassificazione nel 1944; in URSS e Ungheria, fucilati insieme agli ebrei e ai comunisti; circa 200.000 vittime.

- **L'antisemitismo**: misure immediate dopo il 1933: divieto per gli ebrei di ricoprire cariche pubbliche e di insegnare; boicottaggi; privazione della cittadinanza nel 1935; divieto di matrimoni interrazziali; leggi umilianti e spogliatrici; pogrom del 1938 (sinagoghe e case bruciate, migliaia di incarcerati). Minacce di Hitler (prima del 1939): la cospirazione ebraica causa la guerra, quindi lo sterminio degli ebrei; citazione dal libro: gasare 12.000-15.000 ebrei salverebbe milioni di tedeschi. In Polonia nel 1939: isolamento, carestia; nell'URSS nel 1941: commando della morte delle SS (inganno come "territorio ebraico autonomo"); fucilazioni di massa (testimonianza di Hermann Graebe a Norimberga: vittime spogliate, fucilate in fosse).

È indispensabile ricordare queste atrocità per impedirne il ripetersi. Le vittime dei peggiori crimini contro l'umanità, come l'Olocausto, non possono essere dimenticate. La lettura di quest'opera deve essere fatta con spirito critico e pedagogico, per combattere l'oscurantismo e le idee totalitarie.

# DATE IMPORTANTI NELLA CARRIERA DI HITLER

| | | |
|---|---|---|
| 20 Aprile | 1889 | Nato a Braunau, Austria. Padre un patriota Austriaco, madre una Boema di Praga. Infanzia trascorsa a Lambach, Austria. |
| | 1903 | Va a Vienna all'età di 14 anni. Impiegato come aiutante di un costruttore. |
| | 1912 | Lascia Vienna alla volta di Monaco. Lavora come carpentiere, disegnatore da un architetto, e pittore di acquerelli. |
| 3 Agosto | 1914 | Si arruola come privato nell'Esercito Tedesco. |
| | 1916 | Presta servizio nelle Somme. Viene fatto Soldato Scelto e viene decorato con la Croce di Ferro. |
| 7 Ottobre | 1916 | Ferito ed inviato a casa. |
| 14 Ottobre | 1918 | Viene gassato e resta temporaneamente cieco. |
| | 1919 | Dimesso dall'ospedale, ritorna a Monaco. Entra in politica unendosi al Partito dei Lavoratori Tedeschi. |
| 24 Febbraio | 1920 | Debutta come oratore al primo raduno di massa del Partito. |
| | 1920 | Adotta la Svastica come emblema del Partito. |
| | 1921 | Cambia il nome del Partito in Nazionalsocialista, organizza le Truppe d'Assalto. |
| 8 Novembre | 1923 | Proclama la rivoluzione Nazionalsocialista. Il Putsch di Hitler fallisce, ed il Partito viene sciolto. |
| 12 Novembre | 1923 | Arrestato. |
| Febbraio | 1924 | Processato. |
| 1 Aprile | 1924 | Imprigionato nella fortezza di Landsberg am Lech, comincia a scrivere il *Mein Kampf*. |
| Dicembre | 1924 | Rilasciato dalla prigione. |
| 27 Febbraio | 1925 | Riprende il comando del Partito Nazionalsocialista. |
| 27 Giugno | 1926 | Secondo raduno del Partito. |
| 11 Febbraio | 1927 | Rivolte contro i Comunisti. |
| 4 Luglio | 1927 | Nasce il giornale del Partito, *Der Angriff*. |
| 21 Agosto | 1927 | Terzo raduno del Partito. |
| Maggio | 1928 | I Nazisti ottengono 12 seggi al Reichstag. |

| | | |
|---|---|---|
| 14 Settembre | 1930 | Elezione del Quinto Reichstag. I Nazisti incrementano i seggi da 12 a 107, con un voto popolare di 6.275.000 persone. |
| 15 Marzo | 1931 | Parate, adunate di massa, discorsi, etc. vengono dichiarati illegali da Von Hindenburg. |
| Febbraio | 1932 | Fa giuramento di fedeltà al Reich e diventa candidato alla Presidenza. |
| 10 Aprile | 1932 | Hindenburg viene rieletto. |
| 24 Aprile | 1932 | Vince la maggioranza in cinque Stati Tedeschi, inclusa la Prussia. |
| 13 Agosto | 1932 | Rifiuta l'incarico di Vice Cancelliere. |
| 22 Novembre | 1932 | Rifiuta l'incarico di Cancelliere alle condizioni di Von Hindenburg. |
| 30 Gennaio | 1933 | Viene nominato Cancelliere. |
| Giugno | 1934 | Incontro con Mussolini a Venezia. |
| 30 Giugno | 1934 | 'Epurazione con il sangue' |
| 2 Agosto | 1934 | Morte di Von Hindenburg. Gli Uffici della Presidenza e della Cancelleria vengono uniti nella persona di Hitler. |
| 1 Marzo | 1935 | La Saar restituita alla Germania. |
| Marzo | 1935 | Rimilitarizzazione della Renania. |
| 25 Novembre | 1936 | Alleanza Nazista-Giapponese. |

# I

## LA MIA CASA

Oggi si rivela utile per me che il fato abbia deciso che Braunau sull'Inn dovesse essere il mio luogo natale. Questo piccolo paese si trova alla frontiera fra due Stati Tedeschi, l'unione dei quali viene vista da noi più giovani come un'operazione degna di essere portata a termine con tutti i mezzi in nostro potere.

L'Austria Tedesca dovrà ritornare alla grande Madrepatria Germania, ma non per ragioni economiche. No, no! Anche se l'unificazione, se osservata da questo punto di vista, era una questione indifferente, no, anche se fosse in realtà dannosa, dovrebbe comunque avvenire. Il sangue comune dovrebbe appartenere ad un Reich comune. Il popolo Tedesco non ha alcun diritto di cimentarsi in una politica coloniale finché non è in grado di radunare i propri figli sotto uno Stato comune.

Finché i confini del Reich non includano ogni singolo Tedesco e non siano certi di essere in grado di nutrirlo, non ci potrà essere alcun diritto morale per la Germania di acquisire territori esteri nonostante il suo popolo sia nel bisogno. Qui l'aratro sarà la spada, ed il pane quotidiano del mondo che verrà sarà bagnato dalle lacrime della guerra. Quindi accade che il piccolo paese di confine sia per me il simbolo di una grande impresa.

Non siamo noi uguali a tutti gli altri Tedeschi? Non abbiamo tutti un'unica appartenenza? Questo problema cominciò a ribollire nel mio cervello già da bambino. In risposta alla mia timida domanda, sono stato obbligato con segreta invidia ad accettare il fatto che non tutti i Tedeschi erano così fortunati da essere membri dell'impero Bismarck.

Non volevo diventare un impiegato. Né 'discorsi' né discussioni 'serie' facevano alcuna differenza per la mia riluttanza. Non volevo essere un impiegato e rifiutavo di esserne uno. Ogni tentativo, per citare l'esempio di mio padre, di suscitare amore o desiderio per questa chiamata aveva soltanto l'effetto contrario. Odiavo l'idea, e la cosa mi annoiava, di dovermi sedere legato ad un ufficio e di non essere padrone del mio stesso tempo riempiendo dei moduli.

Adesso, quando riguardo l'effetto su di me di tutti quegli anni, vedo due fatti che spiccano in maniera più evidente:

(1) sono diventato Nazionalista e

(2) ho imparato a cogliere e capire la storia nel suo senso reale.

La vecchia Austria era uno Stato di nazionalità.

In relativamente giovane età ho avuto l'opportunità di prendere parte nella battaglia per la nazionalità della vecchia Austria. Ci siamo radunati al Confine Meridionale ed alla società scolastica ed abbiamo espresso i nostri sentimenti con fiordalisi e con colori nero-rosso-oro, e ci fu supporto, e cantammo *Deutschland über Alles* preferendola all'Austriaca *Kaiserlied*, nonostante gli ammonimenti e le punizioni. Perciò i giovani venivano educati politicamente ad un età in cui un membro del cosiddetto Stato nazionale di solito sa molto poco della sua nazionalità, eccettuato il suo linguaggio.

Anche allora ovviamente non potevo essere annoverato fra gli indifferenti. Divenni presto un Nazionalista Tedesco fanatico – ma non, tuttavia, allo stesso modo in cui oggi il nostro partito lo concepisce.

Questo sviluppo progredì in me molto rapidamente, in maniera che quando avevo quindici anni avevo compreso la differenza fra il 'patriottismo' dinastico ed il 'nazionalismo' popolare; sapevo molto di più di quest'ultimo.

Non sapevamo già noi ragazzi che questo Stato Austriaco non aveva, e non potrebbe avere, alcun amore per noi Tedeschi?

La nostra conoscenza storica dei metodi della Casa degli Asburgo era corroborata da ciò che vediamo ogni giorno. Nel Nord e nel Sud il veleno delle razze straniere divorava il corpo della nostra nazionalità, ed anche Vienna stava visibilmente diventando una città sempre meno Tedesca. La Casa Reale stava diventando Ceca in ogni maniera possibile; e fu la mano della dea dell'eterna giustizia e dell'inesorabile punizione che fece sì che il nemico più mortale del Germanesimo in Austria, l'Arciduca Francesco Ferdinando, cadde sotto gli stessi proiettili a cui lui stesso aveva dato forma. Ed era il capo del movimento, che lavorava dall'alto per rendere l'Austria uno Stato Slavo!

Il seme della futura Guerra Mondiale, ed in realtà del collasso generale, sta nel disastroso collegamento del giovane Impero Tedesco con lo stato ombra Austriaco.

Nel corso di questo libro dovrò affrontare in maniera esauriente questo problema. Qui è sufficiente dire che sin dalla mia prima infanzia sono stato convinto che la distruzione dell'Austria fosse una condizione necessaria per la sicurezza della razza Tedesca; ed inoltre che il sentimento di nazionalità non è in alcun modo simile al patriottismo dinastico; ed anche che la Casa degli Asburgo aggredisse e ferisse la razza Tedesca.

Già allora percepivo queste deduzioni da questi fatti: intenso amore per la mia casa Tedesco-Austriaca e profondo odio contro lo Stato Austriaco.

La scelta della mia professione dovette essere presa più rapidamente di quanto mi aspettassi. La povertà e l'austerità mi obbligarono davvero a prendere una decisione rapida. I pochi mezzi della mia famiglia erano quasi esauriti dalla grave malattia di mia madre; la pensione, che mi giunse in quanto orfano, non era sufficiente per vivere, così fui obbligato a guadagnarmi in qualche modo da vivere da solo.

Con una valigia piena di vestiti e biancheria sono andato a Vienna pieno di determinazione. Speravo di evitare il mio destino, come fece mio padre cinquant'anni prima. Volevo diventare qualcosa – ma non un impiegato.

## II

## I MIEI STUDI E LE MIE BATTAGLIE A VIENNA

A Vienna ricchezze strabilianti e povertà degradante erano mescolati l'uno all'altro in un violento contrasto. Nelle zone centrali della città si sentiva il polso dell'Impero con i suoi cinquantadue milioni, con tutto il pericoloso fascino di quello Stato con molte nazionalità. L'abbagliante splendore della Corte attraeva il benessere e l'intelligenza del resto dell'Impero come un magnete, cosa a cui va aggiunta la politica di forte centralizzazione della Monarchia degli Asburgo. Questo offriva l'unica possibilità di mantenere unito insieme tutto quel pasticcio di nazioni. Il risultato fu una concentrazione straordinaria di tutta l'autorità nella capitale. Inoltre, Vienna non era soltanto il centro politico ed intellettuale della vecchia Monarchia del Danubio, ma era anche il centro amministrativo. Oltre ad ospitare alti ufficiali, Ufficiali di Stato, artisti e professori, c'era una quantità anche più elevata di lavoratori ed esisteva un'estrema povertà fianco a fianco al benessere dell'aristocrazia e della classe commerciante.

Migliaia di disoccupati vagavano tra i palazzi della Ringstrasse, e sotto tale *via triumphalis* le persone che non avevano una casa si affollavano nello squallore e nella sporcizia dei canali.

Difficilmente si potevano studiare meglio i problemi sociali in un'altra città Tedesca meglio che a Vienna. Ma non commettiamo errori. Questo studio non può essere fatto partendo dall'alto. Nessuno che sia imprigionato nelle spire di questo velenoso serpente può giungere a conoscere i suoi denti velenosi; le persone esterne sono o diverse, o non mostrano altro che chiacchiere superficiali e falsi sentimentalismi. Non so cosa sia più desolante: l'ignoranza dei bisogni sociali da parte di quelli che sono stati fortunati e quelli che sono sorti grazie ai loro stessi sforzi oppure l'altezzosa, indiscreta e senza tatto, anche se sempre gentile, condiscendenza di alcune signore alla moda con abiti da sera e pantaloni attillati, che sono lontane dal simpatizzare con la gente. Queste ultime di certo sbagliano maggiormente per mancanza di istinto di quanto possano esse stesse comprendere. Per questo sono stupite di vedere che i risultati della loro prontezza di impegno sociale sono sempre nulli e spesso producono un violento antagonismo; questo è prova dell'ingratitudine delle persone. Tali menti rifiutano di capire che il lavoro sociale non ha nulla a che fare con questo, e soprattutto che non devono cercare la gratitudine, perché non è questione di distribuire favori, ma di restaurare dei diritti.

Ho percepito anche allora che in questo caso l'unico metodo di migliorare le cose era un metodo duplice, vale a dire, un profondo sentimento di responsabilità sociale per creare migliori principi per il nostro sviluppo, combinato con spietata determinazione per distruggere le escrescenze a cui non si poteva porre rimedio.

Proprio come la natura si concentra non su mantenere ciò che esiste, ma sul coltivare nuova crescita in modo da portare avanti le specie, così nella vita umana non possiamo esaltare il male esistente che, data la natura dell'uomo, è impossibile in novantanove casi su cento, ma piuttosto assicurare dei metodi migliori per lo sviluppo futuro sin dall'inizio.

A Vienna, durante la mia battaglia per la sopravvivenza, ho percepito chiaramente che il compito sociale non avrebbe mai potuto consistere nel lavoro per il benessere, che è sia ridicolo che inutile, ma piuttosto nel rimuovere gli errori profondamente radicati nelle organizzazioni della nostra vita economica e culturale che sfociano con certezza nel degrado dell'individuo.

Poiché lo stato Austriaco ignorava all'atto pratico tutta la legislazione sociale, la sua incapacità di abolire le escrescenze malvagie incombeva gigantesca di fronte ai nostri occhi.

Non so cosa mi sconcertasse di più in quel periodo – la miseria economica dei nostri fedeli lavoratori, la loro crudezza morale, o il basso livello del loro sviluppo spirituale.

Non si solleva forse la nostra borghesia nell'indignazione morale quando apprende dalla bocca di qualche disgraziato vagabondo che a lui non importa di essere Tedesco o meno, che per lui è lo stesso fintanto che ha qualcosa per sopravvivere? Protestano fortemente tutti insieme in un tale vanto di 'orgoglio nazionale' ed il loro orrore per tali sentimenti trova una forte espressione.

Ma quanti veramente si chiedono perché essi stessi hanno un sentimento migliore? Quanti comprendono le molte reminiscenze della grandezza della loro terra natale, della loro nazione, in tutti i domini della vita culturale ed artistica, che tutte insieme danno loro un legittimo orgoglio di essere membri di una nazione così grandemente privilegiata? Quanti di loro sono coscienti di quanto l'orgoglio nella Madrepatria dipenda dalla conoscenza della sua grandezza in tutti questi domini?

Ho quindi imparato a capire rapidamente e completamente qualcosa di cui non mi ero reso conto in precedenza: La questione di 'nazionalizzare' un popolo è prima di tutto quella di creare condizioni sociali sane come base della possibilità di educare l'individuo. Perché soltanto quando un uomo ha capito attraverso l'educazione e l'istruzione come comprendere la grandezza culturale, economica e soprattutto politica della sua stessa Madrepatria, potrà e vorrà guadagnare tale orgoglio interiore di essere un membro di tale nazione. Posso lottare solo per ciò che amo, amare solo ciò che rispetto, e rispettare solo ciò che conosco in ogni aspetto.

In quel momento il mio interesse per le questioni sociali è stato risvegliato, ed ho cominciato a studiarle a fondo. Mi si è rivelato un mondo nuovo e sconosciuto.

Negli anni 1909-10 avevo migliorato la mia condizione al punto di non dovermi guadagnare il pane quotidiano come lavoratore assistente. Stavo lavorando in maniera indipendente come disegnatore e pittore di acquerelli.

La *psiche* della massa non è recettiva verso nulla che abbia il sapore di mezze misure e debolezza. Come una donna la cui sensibilità è influenzata meno dal ragionamento astratto piuttosto che da desideri intangibili e dal rispetto per la forza superiore, e che piuttosto si inchina all'uomo forte che domina i deboli, il popolo ama un governante severo piuttosto che uno supplicante e si sente più interiormente soddisfatto dalle dottrine che non hanno rivali piuttosto che da un'ammissione di libertà liberale, che non ha idea di come utilizzare. Sono poco coscienti della vergogna di essere spiritualmente terrorizzati come abuso alla loro libertà di esseri umani, calcolato al fine di portarli alla rivolta; né sono a conoscenza di ogni errore intrinseco nella loro posizione. Vedono soltanto la forza spietata e la brutalità delle affermazioni decise dei loro governanti, a cui alla fine si inchinano.

Se venisse messa in piedi una dottrina, superiore per verità ma spietata nella pratica, contro la Democrazia Sociale, tale dottrina vincerebbe, non importa quanto dura sarebbe la battaglia.

Prima che fossero passati due anni, tale dottrina di Democrazia Sociale mi divenne chiara, così come il suo uso come strumento tecnico.

Poiché la Democrazia Sociale conosce bene il valore della forza per esperienza, di solito attacca quelli in cui percepisce qualcosa di questo elemento, cosa che è comunque molto rara. Dall'altro lato, celebra ogni smidollato della fazione opposta, dapprima con cautela, poi più seriamente, secondo come le sue qualità siano riconosciute o immaginate. Teme una natura impotente, senza uno scopo, meno di una volontà forte, sebbene il suo atteggiamento possa essere differente.

Sa come far credere alla gente che solo lei stessa possiede il segreto della pace e della tranquillità, mentre conquista con cautela ma con decisione una posizione dopo l'altra, sia per mezzo di pressione silenziosa che per mezzo di una rapina diretta, quando l'attenzione pubblica è indirizzata verso altri problemi, o quando gli affari sembrano troppo insignificanti da richiamare interferenza pubblica.

Queste sono tattiche che sono completamente calcolate sull'insieme delle debolezze umane, ed il loro risultato è di una certezza matematica a meno che il lato opposto non impari anche come lottare contro il gas velenoso per mezzo del gas velenoso.

Deve essere detto al riguardo delle nature deboli che sono un caso di 'essere o non essere'. L'intimidazione nei posti di lavoro e nelle fabbriche, negli incontri e nelle dimostrazioni di massa, è sempre un successo a meno che non incontri una forza di intimidazione ugualmente forte.

La povertà che affliggeva i lavoratori prima o poi li guidava nel campo della Democrazia Sociale. Poiché in infinite occasioni la borghesia, non solo molto stupidamente ma in maniera molto immorale, fece una causa comune contro il più legittimo dei bisogni umani, spesso senza trarre o aspettarsi così alcun profitto per loro stessa, i lavoratori, anche il più disciplinato di loro, vennero portati fuori dai sindacati e verso la politica.

Quando avevo vent'anni, imparai a distinguere tra i sindacati come strumento di difesa dei diritti sociali del dipendente e di lotta per migliori condizioni di vita per lui, e l'unione come strumento di partito nella lotta di classe politica.

Il fatto che la Democrazia Sociale realizzò l'immensa importanza dei sindacati gli diede gli strumenti ed assicurò il suo successo; la borghesia non se ne rese conto e quindi perse la sua posizione politica. Pensò che lo sdegnoso rifiuto di lasciarla sviluppare logicamente gli avrebbe dato il colpo di grazia e l'avrebbe forzata verso direzioni senza logica. Perché è assurdo ed anche non vero sostenere che il movimento dei sindacati è essenzialmente ostile alla Madrepatria; la visione più corretta è il contrario. Se l'azione dei sindacati mira a migliorare la condizione di una classe che è uno dei pilastri della nazione ed ha successo nel farlo, la sua azione non va contro la Patria o lo Stato, ma è 'nazionale' nel senso più vero della parola. In questo modo aiuta a forgiare i principi sociali, senza i quali l'educazione generale della nazione non è pensabile. Ha il merito più alto perché, sradicando i cancri sociali, attacca le cause di malessere sia mentalmente che fisicamente ed aggiunge anche benessere alla nazione.

Finché si tratta di cose essenziali, la questione è in realtà superflua. Finché ci sono tra i lavoratori uomini con scarsa comprensione sociale o un'idea errata di giustizia e di correttezza, non è solo diritto ma dovere dei loro datori di lavoro, che dopotutto sono parte della nostra popolazione, proteggere gli interessi collettivi dall'avidità o dalla mancanza di ragionevolezza del singolo; perché mantenere vive la lealtà e la fede nelle masse di gente è nell'interesse della nazione, proprio come mantenere le persone sane.

Se il trattamento antisociale o indegno degli uomini provoca resistenza, allora, finché le autorità legali e giudiziarie sono preparate a fronteggiare il male, la battaglia può solamente essere decisa dalla fazione che è più forte. E' quindi inoltre evidente che ogni grosso gruppo di lavoratori, faccia a faccia con un datore di lavoro individuale, supportato dalla forza concentrata dei suoi affari, deve unirsi in un corpo unico se non vuole abbandonare ogni speranza di vittoria sin dall'inizio.

Nel corso di pochi decenni, sotto la mano esperta della Democrazia Sociale, il movimento sindacale crebbe da mezzo di protezione dei diritti sociali dell'uomo fino a diventare uno strumento per portare l'economia nazionale alla rovina. Gli interessi dei lavoratori non contavano nulla per i promotori di questo fatto. Perché in politica l'uso della pressione economica permette sempre l'estorsione, ogniqualvolta una fazione è sufficientemente senza scrupoli e l'altra possiede una sufficiente, stupida e timida pazienza.

All'inizio di questo secolo, il movimento sindacale aveva da lungo tempo cessato di servire il suo scopo iniziale. In ogni anno successivo, esso cadde sempre più sotto l'influenza della politica Socialdemocratica e finì per essere usato solamente come ariete per la guerra di classe.

Invece di opporsi a questo fatto prendendo l'offensiva, la borghesia si è sottomessa per essere pressata e molestata, ed ha finito per adottare misure del tutto inadeguate che, poiché vennero introdotte troppo tardi, erano inefficaci e furono facilmente respinte a causa della loro debolezza. Quindi tutto rimase in realtà com'era, ma il malcontento era più serio di prima.

'L'unione del libero commercio' scese sull'orizzonte politico e sulla vita di ogni uomo come una minacciosa nube tempestosa. Era uno dei più terribili strumenti di intimidazione contro la sicurezza e l'indipendenza nazionale, la solidità dello Stato e la libertà individuale. Era soprattutto questo che trasformò l'idea di Democrazia in una frase repellente e derisoria, portò vergogna per la libertà e prese in giro la fratellanza con le parole 'se non ti unirai a noi, romperemo la tua testa per te'. Ho quindi imparato qualcosa su questo 'amico dell'uomo'. Man mano che gli anni passavano, le mie opinioni divennero più larghe e profonde, ma non ho mai trovato un motivo per modificarle.

Non appena ottenni una migliore visione dei tratti esteriori della Democrazia Sociale, il mio desiderio di conoscere il nocciolo interno delle sue dottrine aumentò. La letteratura ufficiale del partito era quasi inutile per il mio scopo. Quando ha a che fare con le questioni economiche le sue affermazioni e discussioni non sono corrette, e per quanto riguarda lo scopo politico esse sono fallaci. Quindi mi sono sentito molto nauseato dai moderni metodi cavillosi di espressione e scrittura.

Infine ho compreso il collegamento tra questa dottrina di distruzione ed il carattere di una razza, che fino ad allora mi era quasi sconosciuto. Capire gli Ebrei è l'unica chiave per comprendere gli scopi interiori, quindi reali, della Democrazia Sociale. Per comprendere tale razza si deve sollevare il velo dei falsi concetti che riguardano l'oggetto ed il significato di questo partito, e rivelare il nonsenso del Marxismo non appena si solleva in una smorfia dalla nebbia e dalla foschia delle frasi sociali.

Oggi è per me difficile, se non impossibile, dire quando la parola 'Ebreo' cominciò per la prima volta a suggerirmi idee particolari. Non ho alcun ricordo di aver sentito la parola a casa durante la vita di mio padre. Se il vecchio gentiluomo ha menzionato il termine in qualche maniera particolare, credo lo abbia fatto in riferimento ad una cultura antiquata. La sua visione durante la sua vita fu più o meno quella di un cittadino del mondo, ed era in lui mescolata con un forte sentimento di nazionalità, che ha avuto anch'esso un effetto su di me.

Anche a scuola non ho trovato alcuna ragione che mi portò a modificare l'immagine che avevo ricevuto a casa. Alla *Realschule* sono arrivato a conoscere un ragazzo Ebreo che tutti noi trattavamo con molta considerazione; ma, avendo imparato qualcosa da diverse esperienze riguardanti il suo riserbo, non ci fidavamo particolarmente di lui.

Non avevo nemmeno quattordici o quindici anni quando cominciai ad incontrare con frequenza la parola 'Ebreo', in parziale connessione con il discorso politico. Cominciò a non piacermi molto, e non potevo sfuggire ad un senso di fastidio, che mi giunse quando le differenze religiose vennero discusse in mia presenza.

In quel periodo non vedevo la questione sotto altri aspetti. A Linz c'erano pochissimi Ebrei. Nel corso dei secoli, essi sono diventati di aspetto Europeo come le altre persone; infatti li vedevo come dei Tedeschi. La non correttezza di tale concetto non mi era chiara, perché l'unico segno distintivo che vedevo il loro era la loro religione poco familiare. Dato che credevo che fossero perseguitati per questo, la mia avversione verso le note a loro sfavore crebbe fino a diventare ripugnanza. Non avevo alcuna idea dell'esistenza di una deliberata ostilità verso gli Ebrei.

Poi sono arrivato a Vienna.

Confuso dalla massa di segni architettonici e schiacciato dalla durezza del mio stesso quartiere, all'inizio non ero cosciente della stratificazione delle persone in quella immensa città. Sebbene Vienna contasse qualcosa come duecentomila Ebrei nella sua popolazione di due milioni di persone, non riuscivo a vederli. Nelle prime settimane, i miei occhi e la mia mente non erano in grado di stare dietro al flusso di valori e di idee. Non finché mi sono gradualmente calmato e le immagini confuse cominciarono a diventare più chiare, quando ottenni una visione più profonda di questo nuovo mondo e mi scontrai con la questione Ebraica.

Non dirò che la maniera in cui stavo facendo la loro conoscenza era per me piacevole. Vedevo sempre l'Ebraismo come una religione, e quindi a causa dell'umana tolleranza non mi piaceva ancora attaccarli sul terreno religioso. Per cui consideravo il tono adottato dalla stampa antisemita di Vienna indegno delle tradizioni culturali di una grande nazione. Ero oppresso dal ricordo di alcuni eventi del Medioevo che non vorrei vedersi ripetere. Poiché i giornali in questione non avevano in generale una grande reputazione – come questo accadde non lo seppi mai con esattezza – li vedevo più come un prodotto di rabbia e gelosia che il risultato di una genuina anche se ostinata opinione.

Le mie stesse opinioni venivano rafforzate da ciò che mi sembrava essere una forma infinitamente più degna in cui la grande stampa rispondeva a tali attacchi oppure li ignorava silenziosamente – cosa che mi sembrava ancora più degna di rispetto.

Lessi con diligenza la cosiddetta stampa mondiale (*Neue Freie Presse, Wiener Tageblatt,* etc.), ma ero costantemente ripugnato dalle maniere di scarso valore con cui questi giornali si ingraziavano la Corte. Quasi tutti gli eventi nell'Hofburg venivamo riportati con tono di incantato entusiasmo e veniva fatta loro grande pubblicità, una pratica folle che anche se aveva a che fare con il 'più saggio Monarca' di tutti i tempi, era praticamente identica al comportamento di un *Auerhahn* (gallo) quando si accoppia.

Consideravo questo una macchia sulla Democrazia Liberale.

A Vienna continuai come prima a seguire tutti gli eventi della Germania con fiero entusiasmo, sia che riguardassero questioni politiche che culturali. Con orgogliosa ammirazione, confrontavo l'ascesa dell'Impero con la decadenza dello Stato Austriaco. Ma se gli eventi della politica estera mi provocavano in generale un concreto piacere, ero spesso angosciato dalla vita politica di casa, che non era soddisfacente. La campagna contro William II non aveva la mia approvazione. Lo vedevo non solo come l'Imperatore Tedesco, ma soprattutto come il creatore della marina Tedesca. Il fatto che il Reichstag proibì all'Imperatore di tenere dei discorsi mi fece quindi infuriare, perché il divieto provenne da un luogo che, ai miei occhi, era totalmente incompetente. Durante una singola seduta quelle papere di parlamentari misero insieme più chiacchiere senza senso di quanto possa fare nei secoli un'intera dinastia di imperatori, anche il più debole di essi.

Mi faceva infuriare che in uno Stato, in cui qualsiasi sciocco potesse arrogarsi il diritto di criticare e veniva dato ella nazione come 'legislatore' nel Reichstag, colui che indossa la Corona Imperiale potesse essere represso dall'istituzione più insipida ed assurda di tutti i tempi. Io ero ancora più disgustato del fatto che la stampa di Vienna, che si inchinava con rispetto davanti alla più bassa delle persone se essa apparteneva alla Corte, e che poi con un pretesto di ansia, ma, per come la vidi io, con ostilità malcelata, diede espressione alle sue obiezioni verso l'Imperatore Tedesco.

Fui obbligato ad ammettere che uno dei giornali antisemiti, il *Deutsch Volksblatt*, si comportava con maggiore decenza riguardo allo stesso argomento.

Anche la maniera nauseante in cui la stampa più influente adulava la Francia mi dava sui nervi. Ci si doveva vergognare di essere un Tedesco osservando questi soavi inni di elogio alla 'nazione dalla grande cultura'. Il miserabile assecondare la Francia più di una volta mi ha fatto gettare via questi 'giornali mondiali'. Mi rivolsi quindi al *Volksblatt*, che mi sembrava avere una visione in qualche modo più chiara, anche se minore, di questi fatti. Non ero d'accordo con il suo pungente tono antisemita, ma di quando in quando leggevo in esso delle discussioni che mi facevano riflettere.

In ogni caso imparai lentamente da questi suggerimenti delle cose sull'uomo e sul movimento che in seguito decisero il fato di Vienna: Il Dr. Karl Lueger ed il Partito Cristiano Socialista. Quando giunsi a Vienna, ero ostile verso entrambi. Ai miei occhi sia l'uomo che il movimento erano 'reazionari'.

Un giorno quando stavo camminando nel centro della città, incontrai improvvisamente un essere con un lungo caffettano con chiusure laterali nere. Il mio primo pensiero fu: E' un Ebreo? A Linz non erano così. Osservai l'uomo di nascosto e con cautela, ma più osservavo quello strano viso e lo studiavo in ogni caratteristica, più si formava nella mia mente in diverse maniere la mia domanda: Questo è un Tedesco?

Come sempre in tali occasioni ho cercato di rimuovere i miei dubbi per mezzo dei libri. Per la prima volta nella mia vita ho comprato degli opuscoli antisemiti per pochi soldi. Purtroppo, questi davano per scontato che chi li leggeva avesse almeno un minimo di conoscenza o di comprensione della questione Ebraica.

Infine il tono della maggior parte di essi era tale che io caddi nuovamente nel dubbio, perché le affermazioni contenute in essi erano supportate da discussioni inconsistenti e non scientifiche.

L'argomento sembrava così vasto ed il suo studio così infinito che, torturato dalla paura di commettere un ingiustizia, divenni nuovamente ansioso ed insicuro di me stesso.

Non potevo continuare a dubitare che fosse una questione non dei Tedeschi e di un'altra religione, ma di una nazione separata; perché, non appena cominciai a studiare l'argomento ed a prestare attenzione agli Ebrei, Vienna mi apparve sotto un'altra luce. Quindi, ovunque andassi, vedevo degli Ebrei, e più li vedevo, più mi appariva evidente ed ovvio che erano diversi dalle altre persone. La città interna e le zone a nord del Canale del Danubio in particolare brulicavano di una popolazione che non aveva alcuna somiglianza con i Tedeschi.

Ma, sebbene avessi ancora dei dubbi, le mie esitazioni vennero dissipate dallo stesso atteggiamento di una parte degli Ebrei. Nacque tra di loro un grande movimento, che era ampiamente rappresentato a Vienna, a favore dell'affermazione del carattere nazionale del Giudaismo; questo era il Sionismo. Di certo sembrava che solo una parte degli Ebrei fosse a favore di questo atteggiamento, e che una grande maggioranza di essi avrebbe condannato e, nei fatti, respinto con fermezza questo principio. Osservando più da vicino, tuttavia, questa apparenza si risolveva in una malvagia nebbia di teorie, prodotte semplicemente per ragioni di utilità – bugie, nei fatti. Perché il cosiddetto Ebreo Liberale rinnega i Sionisti, non perché non siano Ebrei, ma semplicemente come Ebrei di un credo che non era pratico, anzi no, forse anche pericoloso per il loro stesso Giudaismo.

Ma la loro solidarietà non cambiava. L'apparente discordia fra Ebrei Sionisti e Liberali mi disgustò rapidamente; non sembrava genuina e sembrava sempre più tutta una farsa; e, inoltre, indegna dell'elevazione morale e della purezza di quella nazione di cui si fanno sempre vanto.

Il Giudaismo soffrì ai miei occhi una pesante battuta d'arresto quando giunsi a conoscenza delle sue attività nella stampa, nella letteratura e nel teatro. Le proteste servili non erano più buone. Si dovevano solo osservare i loro poster e studiare i nomi dei creatori di queste orrende invenzioni del cinema e del teatro che erano opera loro, per diventare completamente incalliti.

Era una pestilenza con cui la nazione veniva inoculata, una pestilenza spirituale peggiore della Peste Nera.

Cominciai a studiare attentamente i nomi di tutti i creatori di questi sporchi prodotti della vita artistica così come essi venivano dati al popolo. Il risultato era dannoso in maniera crescente per l'atteggiamento che avevo avuto fino ad allora verso gli Ebrei. Sebbene i miei sentimenti potessero insorgere contro di esso anche migliaia di volte, la mia ragione doveva trarre le sue conclusioni.

Quindi cominciai ad esaminare la mia 'stampa mondiale' preferita dallo stesso punto di vista. Vidi le tendenze Liberali di tale stampa sotto un'altra luce; il suo tono dignitoso nelle risposte agli attacchi, il suo completo ignorarli, mi si rivelarono come un trucco scaltro e meschino; le loro critiche scritte in maniera brillante e teatrale favorivano sempre gli autori Ebrei, ed il loro avverso criticismo era rivolto solo ai Tedeschi. Il loro punzecchiare William II mostrava la consistenza dei loro metodi, come fece anche il loro encomio della cultura e della civiltà Francese. Il senso generale era talmente chiaro nel suo deprecare ogni cosa Tedesca da potere essere solamente intenzionale.

Adesso che mi rendevo conto che gli Ebrei erano i leader delle gerarchie Socialdemocratiche, come era in realtà, cominciai a piangere. La mia lunga battaglia mentale era giunta al termine.

Mi resi gradualmente conto che la stampa Socialdemocratica era prevalentemente controllata dagli Ebrei. Non diedi particolare importanza a tale circostanza in sé, ma accadeva esattamente lo stesso per gli altri giornali. Ma c'era un fatto impressionante: non c'era un singolo giornale a cui gli Ebrei fossero collegati che potesse essere descritto come genuinamente nazionale, nel senso che la mia educazione e le mie opinioni mi avevano insegnato.

Superai ogni riluttanza e cercai di leggere questa specie di roba Marxista sulla stampa, ma il mio disgusto verso di essa aumentava man mano che leggevo; cercavo di familiarizzare con gli autori di tale mucchio di furfanterie; dagli editori in giù erano tutti Ebrei.

Afferrai gli opuscoli Socialdemocratici che potevo e guardai i nomi dei loro autori – nient'altro che Ebrei. Annotai i nomi di quasi tutti i leader: la stragrande maggioranza apparteneva al 'popolo prescelto'; fossero essi membri del Reichsrat o segretari dei sindacati, capi di organizzazioni di agitatori di strada, si presentava sempre lo stesso sinistro quadro. I nomi di Austerlitz, David, Adler, Ellenbogen, e così via rimarranno sempre nei miei ricordi.

Allora mi divenne chiara una cosa; la leadership del partito, di cui avevo combattuto duramente e per mesi i minori sostenitori, era quasi interamente nelle mani di una razza straniera; per mia soddisfazione interiore sapevo infine che l'Ebreo non era Tedesco.

Fu soltanto allora che compresi pienamente il corruttore della nostra nazione. Più contendevo gli Ebrei, più imparavo a conoscere i loro metodi dialettici.

Cominciavano basandosi sulla stupidità dei loro oppositori, e se questo non aveva successo, essi stessi si fingevano stupidi. Se non funzionava, rifiutavano ciò che veniva detto e passavano immediatamente ad un altro argomento, e se ne uscivano con delle verità lapalissiane che, se si dava loro ragione, facevano subito riferire a qualcosa di piuttosto diverso; quindi, nuovamente nel loro terreno, si indebolivano e sostenevano di non avere conoscenze precise. In qualunque maniera si potessero attaccare questi apostoli, la mano scavava nella melma marcia. Se si colpivano in maniera così schiacciante che, davanti a dei testimoni, non avevano altra scelta che essere d'accordo, e se di pensava di aver fatto anche solo un passo avanti, essi il giorno successivo mostravano grande stupore. L'Ebreo dimenticava completamente ciò che era stato detto il giorno prima e ripeteva la sua vergognosa vecchia storia come se nulla fosse successo, mostrava rabbia ed imbarazzo e dimenticava qualsiasi cosa eccetto che il dibattito aveva provato la verità delle sue affermazioni.

Sono rimasto spesso fisso a guardare. Non si sapeva cosa ammirare di più – la loro superficialità o la loro arte nel mentire. Cominciai gradualmente ad odiarli. Tutto ciò aveva un lato positivo. Nell'ambito in cui i sostenitori o almeno i propagandisti della Democrazia Sociale giunsero alla mia attenzione, il mio amore per la mia nazione aumentò inevitabilmente.

Sotto la spinta della mia esperienza quotidiana, cominciai a cercare le fonti della dottrina Marxista. Le sue opere mi furono chiare in casi isolati; il mio occhio osservatore segnava ogni giorno un successo, e con poca immaginazione fui in grado di dedurre le sue conseguenze. L'unica domanda che rimaneva era se i suoi fondatori si godessero i risultati della sua creazione, come si vede nella sua forma più recente, o se fossero loro stessi vittime di un errore.

Quindi cominciai ad abituarmi ai fondatori della dottrina in maniera da studiare i principi del movimento. Il fatto che io abbia ottenuto il mio obiettivo più rapidamente di quanto osassi sperare inizialmente fu grazie alla conoscenza che avevo guadagnato sulla questione Ebraica, sebbene al tempo non fossi andato molto in profondità. Soltanto questo rese possibile per me un confronto pratico delle sue realtà tra le affermazioni teoriche dei primi apostoli della Democrazia Sociale, poiché mi ha insegnato a comprendere i metodi verbali del popolo Ebraico, il cui scopo è nascondere o per lo meno coprire le loro idee; il loro vero obiettivo non è di venire letti fra le righe, ma è ben nascosto e celato fra di esse.

Fu in questo periodo che avvenne in me il cambiamento più grande che abbia mai sperimentato. Da fiacco cittadino del mondo, divenni un fanatico antisemita.

Durante i miei studi sull'influenza della nazione Ebraica lungo periodi estesi della storia umana, mi sorse l'oscura domanda per cui l'imperscrutabile Destino, per ragioni sconosciute a noi poveri mortali, non abbia decretato la vittoria finale di quella piccola nazione.

La dottrina Ebraica del Marxismo rifiuta il principio aristocratico della Natura, ed al posto dell'eterno privilegio della forza e della robustezza sostituisce la massa ed il peso morto dei numeri. Quindi nega il valore dell'individuo fra gli uomini, combatte l'importanza della nazionalità e della razza, privando quindi l'umanità del suo intero valore della sua esistenza e della sua cultura. Quindi, come principio dell'universo, condurrebbe alla fine di tutti gli ordini concepiti dal genere umano. E dato che in questo grande indefinito organismo potrebbe esserci come risultato null'altro che il caos, come conseguenza dell'applicazione di tale legge, allo stesso modo la rovina sarebbe l'unico risultato dei suoi abitanti.

Se l'Ebreo, con l'aiuto del suo credo Marxista, conquistasse le nazioni di questo mondo, la sua corona sarebbe la corona mortuaria della razza umana, ed il pianeta galleggerebbe ancora nell'etere senza il genere umano, come fece milioni di anni fa.

La Natura eterna si prende un'inesorabile vendetta su ogni usurpazione del suo reame.

Quindi allora credevo che avrei dovuto agire secondo l'Onnipotente Creatore; difendendomi dagli Ebrei, lotto per il lavoro del Signore.

# III

## CONSIDERAZIONI POLITICHE RISULTANTI DAL MIO PERIODO A VIENNA

Il pensiero politico era in generale più grande e più esteso nella Monarchia del Vecchio Danubio piuttosto che nella stessa Germania nello stesso periodo – con l'eccezione della Prussia, di Amburgo, e della Costa Nord Orientale. Con 'Austria' mi riferisco per questo scopo a quella parte del grande Impero degli Asburgo che, poiché era insediata da Tedeschi, mostrava in ogni aspetto non solo le forze storiche nella formazione di tale Stato, ma mostrava anche nella sua popolazione le persone in grado di supportare questa creazione, politicamente così artificiosa, con la sua vita culturale interna nel corso di molti secoli. Man mano che il tempo avanzava, la vita ed il destino di tale Stato dipendeva sempre più dal mantenere viva questa cellula-seme dell'Impero.

Il fatto che l'agglomerato di razze chiamato 'Austria' sia stato infine distrutto non implica incompetenza politica della Germania della vecchia *Ostmark*, ma fu l'inevitabile risultato dell'impossibilità di mantenere permanentemente uno stato di cinquanta milioni di persone che consisteva in razze diverse, con l'auto di dieci milioni di persone, a meno che non venissero stabiliti dei principi assolutamente definiti al momento giusto.

Il Tedesco-Austriaco è sempre stato abituato a vivere nei confini del grande Impero, e non ha mai perso il senso del dovere che questo implicava. In tale stato lui soltanto, guardando oltre le frontiere della più ampia terra della Corona, vedeva ancora le frontiere dell'Impero. Sebbene in realtà fosse il suo destino essere separato dalla Madrepatria comune, cercò sempre di esse maestro di tale immenso compito e di mantenere in Germania ciò che i suoi antenati avevano una volta strappato via dall'Est nelle loro battaglie lunghe un'era. E non si dovrebbe dimenticare che questo era sempre possibile anche con le forze divise, perché nel cuore e nei ricordi i migliori uomini non cessarono mai di essere in simpatia con la madrepatria comune – e nuovamente rimase a loro soltanto un brandello della loro madrepatria.

Il cerchio della visione del Tedesco-Austriaco era più ampio di quello del resto dell'Impero. Le sue relazioni economiche abbracciavano di frequente quasi tutto il molteplice Impero. Quasi tutte le imprese di dimensioni molto grandi erano nelle sue mani. Forniva la maggior parte dei migliori esperti tecnici ed ufficiali. Inoltre, portava avanti il commercio estero, perché fino ad ora gli Ebrei non hanno messo le loro mani in questo dominio che è stato suo sin dai tempi antichi. La recluta Tedesco-Austriaca potrebbe forse entrare in un reggimento tedesco, ma tale reggimento potrebbe essere anche posizionato in Erzegovina, così come a Vienna o in Galizia. I corpi degli ufficiali continuavano ad essere Tedeschi, con gli alti ufficiali Tedeschi in numero preponderante. L'arte e la scienza erano Tedesche.

Lasciando perdere gli sviluppi artistici più recenti, che potrebbero essere semplicemente la produzione di una razza Negroide, i possessori ed i diffusori delle vere idee artistiche erano i Tedeschi, e soltanto i Tedeschi. Nella musica, nell'architettura, nella scultura e nella pittura Vienna era la fonte che riforniva l'intera Monarchia Duale con un flusso inesauribile, che sembrava non prosciugarsi mai.

Infine, l'intero fardello della politica veniva portato dai Tedeschi, sebbene si potesse contare fra di loro qualche Ungherese.

Anche qui, ogni tentativo di mantenere integro questo Impero fu vano, perché mancavano le cose essenziali.

Nell'Impero Austriaco delle razze c'era una sola maniera possibile di conquistare le tendenze centrifughe delle nazioni individuali: lo Stato deve essere governato dal centro ed organizzato internamente a tale scopo.

In alcuni occasionali lucidi intervalli, l'Imperatore si rese conto di ciò, ma questo venne presto dimenticato oppure accantonato perché troppo difficile da realizzare.

In Germania era soltanto questione di superare la tradizione politica, poiché il paese era sempre stato unito da radici culturali comuni e la popolazione del Reich era fatta da membri di una singola razza. In Austria accadeva il contrario. Nei vari paesi, a parte l'Ungheria, non c'erano ricordi di un grande passato, o forse il passare del tempo li aveva estinti; essi erano deboli ed offuscati ad ogni livello. Ma al loro posto in questi paesi si svilupparono delle forze popolari, tutte tese ad aggirare con fermezza un periodo in cui gli Stati nazionali cominciavano a formarsi ai margini della Monarchia, e le cui popolazioni, che erano razzialmente imparentate o identiche alle nazionalità dell'Austria, erano in posizione di esercitare una maggiore attrattiva di quanto potesse fare l'Austria Tedesca.

Anche Vienna non riuscì a sostenere tale battaglia.

In Budapest, che si era sviluppata fino a diventare una città capitale, Vienna per la prima volta trovò una rivale il cui compito non era rinsaldare insieme tutta la Monarchia, ma rafforzare una parte di essa.

Presto Praga seguì l'esempio di Budapest, e poi Lemberg, Laibach ed altri centri.

Già alla morte di Giuseppe II (1790) si poteva chiaramente delineare il corso di questo processo. La sua velocità dipendeva da diversi fattori, che stanno parzialmente nella stessa Monarchia, ma che erano per altri aspetti il risultato della posizione politica dell'Impero, in diversi momenti e verso i paesi esteri.

Se la battaglia per mantenere questo Stato doveva essere presa sul serio e combattuta fino alla fine, la centralizzazione consistente e spietata potrebbe da sola conseguire l'obiettivo. Ma l'omogeneità di forma deve essere espressa tramite i fondamenti di principio di un linguaggio unico di Stato, e gli strumenti tecnici per tutto questo devono essere spinti a forza nelle mani dell'amministrazione, perché senza di essi uno stato unificato non può durare. Inoltre, l'unica maniera di produrre una coscienza di stato uniforme e permanente era attraverso le scuole e l'educazione. Non poteva essere ottenuta in dieci o vent'anni, ma doveva essere pensata nei secoli, perché, come in tutte le questioni di colonizzazione, la fermezza di intenti è di grandissima importanza, molto più dello sforzo spasmodico.

L'Impero Austriaco non era formato da razze simili e non era tenuto insieme dal sangue comune, ma piuttosto da un pugno comune. Per questo motivo, la debolezza nella leadership non porterebbe necessariamente al torpore nello Stato, ma stimolerebbe tutti gli istinti individuali, dovuti alla razza, il cui sviluppo viene scoraggiato nei periodi in cui predomina una volontà.

Aver fallito nel comprendere tutto questo è forse il crimine più tragico della Casa degli Asburgo.

Ci fu un momento in cui il Fato sostenne ancora una volta più in alto la sua torcia su questa terra; poi venne spenta per sempre. Giuseppe

II, Imperatore Romano sulla nazione Tedesca, realizzò con intensa ansia come la sua Casata fosse stata cacciata nell'angolo più remoto dell'Impero e fu destinata ad affondare le vortice di una Babilonia di razze, a meno che le mancanze dei suoi predecessori venissero compensate all'ultimo momento. Tale 'amico dell'uomo' si impegnò con energia sovrumana per riparare le mancanze dei governanti precedenti, e cercò di recuperare in dieci anni ciò che era stato lasciato decadere per secoli. I suoi successori non furono pari a lui né nei compiti né nella mente o nella forza di volontà.

La Rivoluzione del 1848 avrebbe dovuto essere una lotta di classe in ogni dove, ma in Austria fu l'inizio di una nuova battaglia fra nazionalità. Ma il Tedesco, sia dimenticando che non realizzando tale fatto, si mise egli stesso al servizio del movimento rivoluzionario, e facendo questo sigillò il proprio destino. Giocò il suo ruolo per stimolare lo spirito della democrazia mondiale, che in breve tempo lo privò dei principi che stavano alla base della sua stessa esistenza.

La formazione di un corpo parlamentare di rappresentanza, senza aver precedentemente stabilito un principio di lingua comune per lo Stato, mise la prima pietra della fine del predominio della razza Tedesca; e da quel momento lo stesso Stato fu condannato alla distruzione. Ciò che accadde in seguito fu la storica riduzione di un Impero.

Non desidero divagare nei dettagli, perché non sono oggetto di questo libro. Desidero semplicemente mettere insieme questi eventi allo scopo di considerarli più da vicino, eventi che costantemente, quali cause della decadenza delle nazioni e degli stati, possiedono un significato per la nostra epoca, e tali eventi aiutarono infine a gettare le basi del mio pensiero politico.

Fra le istituzioni che possono avere indicato al cittadino ordinario, anche non dotato di vista acuta, che la Monarchia si stava disintegrando, la prima era quella che doveva aver scelto la forza come sua qualità essenziale – il Parlamento o, come veniva chiamato in Austria, il Reichsrat.

E' evidente che il Parlamento d'Inghilterra, la terra della democrazia 'classica', era parente di questo organo. Tale benedetta istituzione venne perciò trapiantata nella sua interezza, e fondata a Vienna con le minori modifiche possibili.

Il sistema bicamerale inglese inaugurò la sua nuova vita con la *Abgeordnetenhaus* e la *Herrenhaus*. Ma le stesse Case erano in qualche modo differenti. Quando nacque la Casa del Parlamento di Barry, così com'era, dalle acque del Tamigi, egli prese ispirazione dalla storia dell'Impero mondiale Inglese per gli ornamenti delle centoventi nicchie, supporti e pilastri del suo magnificente edificio. Quindi con le loro sculture ed i loro dipinti le Case dei Lord e del Popolo divennero il tempio della gloria della nazione.

Qui venne la prima difficoltà per Vienna. Perché quando il Danese Hansen completò l'ultimo pennacchio del palazzo di marmo dei rappresentanti del popolo, il suo unico compito era di ornarlo con soggetti provenienti dall'antichità. Uomini di stato Greci e Romani e filosofi abbelliscono questo teatrale edificio della 'Democrazia Occidentale', e con simbolica ironia le quadrighe in cima agli edifici si dirigono lontano l'una dall'altra verso le quattro direzioni dei cieli, simboleggiando quindi in maniera perfetta le tendenze divergenti che c'erano all'interno. Le nazionalità avrebbero preso tutto questo come un insulto ed una provocazione se la storia Austriaca fosse stata glorificata in tale lavoro, proprio come nell'Impero Tedesco dove non accadde, finché si udì il tuono delle battaglie della Guerra Mondiale, di osare consacrare l'edificio di Paul Wallot, il Reichstag di Berlino, con un'iscrizione 'Al Popolo Tedesco'.

Il destino della razza Tedesca nello Stato Austriaco dipendeva dalla sua forza nel Reichsrat. Fino al momento in cui vennero introdotti il suffragio universale ed il voto segreto, c'era sempre una maggioranza Tedesca in Parlamento. Ma la situazione venne resa intollerabile dal comportamento inaffidabile dei Socialdemocratici che si facevano sempre avanti in opposizione agli interessi Tedeschi, in questioni critiche che riguardavano la razza Tedesca – in maniera da evitare di allontanare i suoi aderenti tra le varie razze straniere. Anche allora i Socialdemocratici non potevano essere visti come un partito Tedesco. Dopo che venne introdotto il suffragio universale, la superiorità

Tedesca cessò anche come maggioranza numerica. Non c'era più nulla che sbarrava la strada alla de-Germanizzazione dello Stato.

Il desiderio di preservare la nazione, quindi, mi ha portato a provare poco entusiasmo per la rappresentanza popolare, con cui la razza Tedesca è sempre stata tradita anziché essere rappresentata. Inoltre, questi erano mali che, come molti altri, erano attribuibili non al fatto in sé, ma allo Stato Austriaco. Nei primi giorni pensavo ancora che se la maggioranza tedesca fosse stata restaurata nei rispettivi organi, non ci sarebbe occasione di proseguire con la mia opposizione di principi, fintanto che il vecchio Stato continui ad esistere. Ci volle poco tempo per stimolare la mia immaginazione quando vidi la miserabile commedia che si rivelava davanti ai miei occhi.

Oggi in Occidente la Democrazia è il precursore del Marxismo, che non sarebbe concepibile senza una Democrazia. E' il terreno fertile di tale pestilenza mondiale a cui viene permesso di svilupparsi qui. Nella sua forma esteriore di espressione – il sistema parlamentare – apparve come una 'mostruosità di lerciume e fuoco' (*eine Spottgeburt aus Dreck und Feuer*), in cui, per mio dispiacere, il fuoco sembrava essersi estinto troppo rapidamente. Sono più che grato alla Fortuna di aver messo tale questione di fronte ai miei occhi a Vienna affinché la esaminassi, perché temo che in Germania non avrei potuto rispondere alla domanda così facilmente. Se avessi imparato a conoscere l'assurdità di tale istituzione detta Parlamento per la prima volta a Berlino, forse sarei caduto nell'estremo opposto, e senza nessuna apparente buona ragione mi sarei schierato con quelle persone ai cui occhi il bene del popolo e dell'Impero sta nell'esaltazione dell'idea Imperiale, e che quindi si pongono in maniera cieca contro l'umanità del tempo.

In Austria questo non era possibile. Lì non era così facile scivolare da un errore nell'altro. Se il Parlamento non valeva nulla, gli Asburgo valevano ancora meno.

Il Parlamento decide di qualcosa; anche se le conseguenze di questo sono devastanti, nessun uomo è responsabile; nessuno può essere chiamato a rispondere di questo. Perché può essere definito prendersi la responsabilità per un Governo che ha causato il danno, semplicemente ritirarsi dall'incarico? O che la coalizione venga modificata, o addirittura il Parlamento sciolto? Perché come può una maggioranza mutevole di uomini essere ritenuta responsabile in qualche maniera? Non è ogni concetto di responsabilità strettamente connesso con la personalità? Si può nella pratica incriminare la persone leader del Governo per la condotta, l'esistenza e l'attuazione di cose che vengono realizzare soltanto secondo la volontà ed il desiderio di una grande assemblea di uomini?

E compito dell'uomo capo di stato consistere così tanto nella produzione di un piano o di un pensiero creativi come nell'arte, con cui rende il genio della sua proposta comprensibile ad un gregge di stupide pecore allo scopo di implorare il loro consenso finale? Deve essere criterio di uno statista essere così forte nell'arte della persuasione come nelle capacità di statista nella scelta delle grandi linee di condotta o decisioni?

Crediamo che il progresso venga al mondo dall'intelligenza combinata della maggioranza e non dal cervello di un individuo? O immaginiamo che in futuro possiamo dispensare di tale concetto la cultura umana? Non sembra, al contrario, ancora più necessario oggi che mai in precedenza?

Negando l'autorità dell'individuo e sostituendolo nel gruppo di massa in qualsiasi momento, il principio parlamentare dell'accordo di maggioranza fa torto al principio naturale di base dell'aristocrazia, secondo cui la visione delle classi superiori non deve in alcuna maniera essere legata alla decadenza di oggi dei nostri diecimila superiori.

E' difficile per un lettore di giornali Ebraici immaginare il male coinvolto in questa moderna istituzione di controllo democratico per mezzo del Parlamento, a meno che non abbia imparato a pensare e ad esaminare le cose da solo. Questa è stata la prima causa per cui tutta la nostra vita politica è stata così incredibilmente inondata con tutto ciò che è principalmente senza senso. Questo finché i veri leader vengono allontanati dalle attività politiche, che consistono principalmente non nel lavoro creativo e nella produzione, ma nel mercanteggiare e trattare l'attrazione verso di loro.

Non dobbiamo mai e poi mai dimenticare una cosa: una maggioranza non può essere un sostituto per l'Uomo. E' sempre sostenitrice di politiche non solo stupide, ma anche codarde; e proprio come un centinaio di sciocchi non fanno un uomo saggio, una decisione eroica non è incline a provenire da cento codardi.

Il risultato di tutto questo è la terrificante rapidità dei cambiamento nelle posizioni più importanti e negli uffici di un tale stato, un fatto che è in ogni caso sfavorevole e che frequentemente opera con effetti assolutamente catastrofici; perché non solo lo stupido e l'inefficiente cade vittima di tali metodi di procedura, ma ancor di più i veri leader, se mai il Fato decidesse di mettere tali personaggi in una simile posizione.

Quindi il risultato sarà un impoverimento spirituale ancora maggiore delle classi governanti. Chiunque può giudicare quale sia il risultato per la nazione e per lo Stato.

Il nostro concetto ordinario dell'espressione 'opinione pubblica' dipende soltanto in misura molto piccola dalle nostre personali esperienze di conoscenza, ma in maniera principale, d'altra parte, su ciò che ci viene detto; e questo ci viene presentato nella forma della cosiddetta 'illuminazione' in maniera persistente ed empatica. La visione politica della massa percepisce il risultato finale soltanto di ciò che è stato una dura battaglia di ricerca dell'anima e dell'intelletto.

Di gran lunga la parte più efficace della 'educazione' politica, che in questo caso si chiama in maniera molto appropriata 'propaganda', è ciò che accade sotto la stampa, che assume essa stessa il 'lavoro di illuminazione' e quindi mette in piedi una sorta di scuola per adulti, cosi com'era. Tale istituzione è, tuttavia, non nelle mani dello Stato, ma è aggrappata a forze che sono per la maggior parte molto inferiori per carattere. In qualità di giovane, quando ero a Vienna ho avuto le migliori opportunità di acquisire conoscenza dei proprietari e degli intelligenti operatori di tale macchina di educazione di massa. All'inizio, non potevo fare altro che immaginare il breve tempo che richiese per tale potere maligno creare con successo nello Stato un'opinione pubblica ben definita, nonostante il fatto che potesse includere un'ingannevole sovversione delle vere visioni ed intenzioni del pubblico. In pochi giorni tale assurdità divenne un atto di Stato di grandi conseguenze, mentre allo stesso tempo i problemi basilari venivano dimenticati, oppure venivano rimossi dai ricordi e dall'attenzione della massa.

Quindi, nel corso di poche settimane, vennero fatti apparire dal nulla con successo di nomi, e ad essi si collegarono incredibili speranze nella mente pubblica; venne data loro una popolarità che un uomo davvero grande non potrebbe mai sperare di ottenere in tutta la sua vita – nomi che un mese prima non si erano mai sentiti; mentre al contrario personaggi pubblici e di Stato antichi e conosciuti con fiducia morivano dall'alto della loro inefficienza fintanto che si parlava dei loro contemporanei, oppure venivano sopraffatti dall'abuso dei loro nomi che sembravano diventare simboli di infamia. E' necessario studiare questo vergognoso metodo Ebraico in maniera simultanea e da centinaia di direzioni, che come per incanto getta sozzura sotto forma di diffamazione e calunnia sull'abito pulito di un uomo onorevole, in maniera da poter stimare la minaccia di questi furfanti della stampa nella sua totalità ed al livello corretto.

Dovremmo cogliere facilmente ed abbastanza rapidamente questa aberrazione umana senza senso se confrontiamo il sistema democratico parlamentare con la vera Democrazia Tedesca.

Il punto più rimarchevole in principio è che un certo numero – diciamo cinquecento – di uomini vengono eletti, e sono chiamati a decidere su ogni tipo di questione. In pratica, quindi, loro e solamente solo sono il Governo; perché se viene selezionato un gabinetto tra di loro che, finché si parla del paese, si occupa di controllare gli affari dello Stato, questa è in realtà soltanto una messinscena. Il cosiddetto Governo non può, come dato di fatto, intraprendere alcuna azione senza prima ottenere il consenso dell'assemblea generale. Non può tuttavia essere reso responsabile di nessuna cosa, perché la decisione finale non è mai nelle sue mani, ma in quelle delle maggioranza parlamentare. Esso esiste unicamente per eseguire la volontà della maggioranza in tutti i casi.

Non è lo scopo della Democrazia di oggi formare un assemblea di uomini saggi, ma piuttosto prenderli da una folla di nullità servili che possano essere facilmente portate verso determinate direzioni, specialmente se l'intelligenza di ognuno di loro è limitata. Soltanto così si può giocare la partita dei partiti politici nel suo attuale insano senso. Ma questo permette anche alle persone che in realtà tirano le fila di restare sicure dietro le quinte, senza alcuna possibilità di essere mai resi personalmente responsabili. Perché oggi una decisione, non importa quanto dannosa per la nazione, non può essere messa in conto a nessuno dei mascalzoni che sono sotto gli occhi del pubblico, mentre può essere sempre messa sule spalle di un'intera sezione.

Quindi in pratica non c'è alcuna responsabilità, perché questa può ricadere soltanto su un singolo individuo, e non su un assemblea di parlamentari chiacchieroni. Tale istituzione può essere piacevole o profittevole soltanto per dei mendaci leccapiedi che evitano la luce del giorno, e deve essere odiosa per ogni uomo buono e retto che sia pronto a prendersi una responsabilità personale. Quindi, questo tipo di Democrazia è diventato lo strumento della razza che, per far avanzare i propri scopi, adesso ed in futuro deve evitare la luce del giorno. Soltanto un Ebreo può dare valore ad un'istituzione che è altrettanto falsa e sporca di lui stesso.

La vera Democrazia Tedesca si comporta al contrario di quanto detto sopra con la libera scelta del Leader, insieme al suo obbligo di assumersi l'intera responsabilità per tutto ciò che fa e che causa. Questo non include nessun voto di maggioranza sulle questioni individuali, ma semplicemente la decisione di un uomo che la supporta con la propria vita e con tutto ciò che ha. Perché a chiunque obbietti che, visti i requisiti, sarebbe molto difficile trovare una persona pronta a dedicare la sua persona a compiti così rischiosi, può essere data una sola risposta: 'Dio sia ringraziato, l'intero fulcro della Democrazia Tedesca è che nessuno scalatore senza valore e scansafatiche morale possa entrare dalla porta di servizio e governare i suoi fedeli compatrioti, ma che gli incompetenti ed i deboli siano spaventati dall'immensità della responsabilità da assumersi'.

Il regime parlamentare negli ultimi anni ha contribuito continuamente al progressivo indebolimento del vecchio Stato degli Asburgo. Dato che la predominanza dell'elemento Tedesco è stata interrotta dalla sua azione, si è sviluppato un sistema che mette le nazionalità l'una contro l'altra. Ma la linea generale di sviluppo è stata diretta contro i Tedeschi. In particolare, dai tempi in cui il diritto di successione al trono cominciò a dare all'Arciduca Francesco Ferdinando una certa influenza, sorse uno schema deliberatamente mirato ad accrescere l'influenza Ceca, che era la politica delle persone al comando. Il futuro governatore della Monarchia Duale cercò con ogni mezzo in suo potere di dare impeto al processo di de-Germanizzazione e di assisterlo lui stesso, o almeno favorirlo con la sua protezione. Quindi i villaggi puramente Tedeschi furono, con una giostra di mezzi ufficiali, spinti lentamente ma con fermezza verso la zona pericolosa delle lingue miste. Nella stessa Bassa Austria il processo stava progredendo sempre più rapidamente, e molti Cechi consideravano Vienna la loro città principale.

Il pensiero preponderante di questi Asburgo, la cui famiglia parlava Ceco per scelta (la moglie dell'Arciduca era stata una contessa Ceca ed aveva sposato il Principe in maniera morganatica, e le cerchie in cui era nata erano anti-Tedesche per tradizione), stava lentamente stabilendo uno Stato Slavo in Europa Centrale, secondo linee strettamente Cattoliche, come protezione contro la Russia Ortodossa. In questa maniera, come accadde spesso con gli Asburgo, la religione venne nuovamente chiamata in causa per servire un concetto puramente politico – un concetto inoltre nocivo se visto dal punto di vista Tedesco. Il risultato fu più che tragico sotto molti aspetti. Sia la Casa degli Asburgo che la Chiesa Cattolica ne approfittarono come avevano sperato.

Gli Asburgo persero il trono, e Roma era un grande Stato.

Perché evocando forze religiose per servire ai suoi scopi politici, la Corona stimolò uno spirito che all'inizio pensava fosse impossibile. Il tentativo di bandire il Germanesimo dalla vecchia Monarchia, con ogni mezzo possibile, trovò risposta nel movimento Pan-Germanico in Austria.

Dopo la Grande Guerra la Casa degli Asburgo mise lentamente ma deliberatamente in opera, con la sua ultima scintilla di determinazione, il lavoro per sradicare la pericolosa razza Tedesca – perché era certamente questo lo scopo della politica filo-Slava – e la rivolta infiammò la nazione, che era determinata a resistere fino alla fine, in una maniera sconosciuta nella storia più recente della Germania.

Per la prima volta degli uomini di sentimento nazionale e patriottico diventarono dei ribelli – ribelli non contro lo Stato in se stesso, ma contro un sistema di governo che, ne erano convinti, aveva lo scopo finale di distruggere il suo carattere come nazione.

Per la prima volta nella recente storia Tedesca nacque una distinzione fra il patriottismo ordinario dinastico e l'amore nazionale per la Madrepatria ed il Popolo. Non si dovrebbe dimenticare che, come regola generale, mantenere uno stato o il governo non è lo scopo più grande dell'esistenza dell'uomo, ma piuttosto lo è conservare il suo carattere nazionale.

I diritti umani sono al di sopra dei diritti dello Stato. Se, nella sua battaglia per i diritti umani, una razza affonda, significa che ha pesato troppo poco sulla bilancia del Destino per essere adatta a continuare ad esistere in questo mondo terrestre. Perché se un uomo non è preparato o non è capace di lottare per la propria vita, la Provvidenza ha già decretato la sua fine.

Il mondo non è fatto per razze dal cuore vigliacco.

Ogni cosa collegata con l'ascesa e il declino del movimento pan-Germanico da una parte, e la sorprendente avanzata del Partito Cristiano-Socialista dall'altra, dovevano per me essere le più profonde conseguenze come oggetto di studio.

Comincerò il mio esame con i due uomini che possono essere visti come i fondatori ed i leader dei due movimenti: Georg von Shoenerer ed il Dr. Karl Lueger.

Considerandoli come uomini essi torreggiano, entrambi, molto al di sopra delle personalità parlamentari. In quella palude di corruzione politica universale le loro intere vite rimasero pulite ed incorruttibili. Ed anche la mia personale simpatia cade prima di tutto sul Pan-Germanico Schoenerer, ma poi si collegarono gradualmente anche al leader Cristiano-Socialista. Quando confrontai le loro capacità, Schoenerer mi sembrò essere un pensatore migliore e più concreto riguardo ai problemi basilari. Visualizzò la fine esecutiva dello Stato Austriaco con più chiarezza e correttezza di chiunque altro. Se i suoi ammonimenti riguardo alla Monarchia degli Asburgo fossero stati ascoltati, in particolare nell'Impero, il disastro della guerra mondiale della Germania contro tutta Europa non sarebbe mai avvenuto.

Ma, sebbene Schoenerer realizzò l'interiorità dei problemi, si sbagliava riguardo all'elemento umano. Questo fu il punto di forza di Lueger. Aveva una rara conoscenza degli uomini, ed in particolar evitava di commettere l'errore di vedere gli uomini migliori di quello che erano. Quindi, prese in maggior considerazione le vere possibilità di vita, mentre Schoenerer aveva scarsa comprensione di come comunicare la sua conoscenza teorica al pubblico, e di presentarla in una forma tale che potesse adattarsi alla capacità della massa di gente per assorbirla – perché questo è, e sempre sarà, limitato. Quindi tutta la sua conoscenza non aveva la saggezza di un veggente, senza mai una possibilità di diventare realtà pratica.

Sfortunatamente aveva una percezione per la maggior parte imperfetta degli straordinari limiti della prontezza di battaglia della borghesia, a causa della loro situazione negli affari, che le persone sono troppo preoccupate di perdere, e che quindi li allontanano dall'azione. Questa mancanza di comprensione del significato dello strato inferiore della società era la cura dell'estrema inadeguatezza delle sue visioni sulla questione sociale.

Il Dr. Lueger era opposto a Schoenerer in tutto. Comprese soltanto in maniera troppo perfetta che la forza di combattere dell'alta borghesia al giorno d'oggi è scarsa ed insufficiente per guadagnare una vittoria per un grande nuovo movimento. Era preparato per renderci disponibili tutti i mezzi di potere, per attirare a lui le forti istituzioni esistenti, quindi per trarre il maggior profitto possibile per il suo movimento da tali antiche fonti di potere.

Lueger basò il suo nuovo partito prima di tutto sulla classe media che era minacciata di estinzione, e quindi si assicurò una classe di aderenti estremamente difficili da scuotere, pronti sia per grandi sacrifici che capaci di lotta tenace. La sua estrema intelligenza nel mantenere i rapporti con la Chiesa Cattolica presto conquistò il giovane clero. Infatti, il vecchio Partito Clericale fu obbligato a ritirarsi dal campo, oppure essi si unirono in maniera sensibile al nuovo partito nella speranza di riguadagnare gradualmente la loro posizione.

Gli scopi che questo uomo davvero eccezionale mise davanti a lui erano intensamente pratici. Desiderava catturare Vienna, il cuore della Monarchia. Da quella città le orme della vita filtrarono nel corpo malato e consumato dell'Impero decadente. Se il cuore era sano, il resto del corpo era destinato a rivivere - un'idea in linea di principio corretta, ma il periodo per metterla in pratica era limitato.

Qui sta la debolezza dell'uomo. I suoi risultati come borgomastro della città sono immortali nel miglior senso della parola, ma anche così, non poteva salvare la Monarchia. Era troppo tardi.

Il suo rivale, Schoenerer, vide questo con maggiore chiarezza.

Ciò che il Dr.Lueger prese in mano nella pratica ebbe successo in maniera meravigliosa; ciò che sperava di ottenere come risultato non portò a nulla. Schoenerer fallì nel portare a termine il suo desiderio; le sue paure si realizzarono, ahimè! In una maniera terribile.

Quindi nessuno di loro ottenne il suo scopo finale. Lueger non poté salvare l'Austria, e Schoenerer non poté preservare la razza Tedesca dalla rovina.

Per noi oggi è maggiormente istruttivo studiare le cause del fallimento di entrambi questi partiti. Perché è essenziale, dato che in molti punti le condizioni oggi sono simili a quelle di un tempo, e può aiutarci ad evitare di fare gli stessi errori che portarono alla morte di un movimento ed alla sterilità dell'atro.

Il destino, che sorpassò il movimento Pan-Germanico, era dovuto al fatto che esso non diede all'inizio una suprema importanza a guadagnare seguaci tra le grandi masse di gente. Crebbe borghese e rispettabile, ma sotto era radicale.

La posizione Tedesca in Austria era già disperata al tempo dell'ascesa del Pan- Germanesimo. Ogni anno il Parlamento stava assumendo sempre più una politica di graduale estinzione della razza Tedesca. L'unica speranza di ogni tardivo tentativo di salvarla sta nella rimozione di tale istituzione; c'era tuttavia una scarsa prospettiva di questo.

I Pan-Germanici andarono al Parlamento e ne uscirono sconfitti. Il forum in cui i Pan-Germanici misero il loro caso era cresciuto, non più grande ma più insignificante; perché gli uomini parlano soltanto alle cerchie che sono lì per ascoltarli, o che recepiscono le loro parole attraverso i rapporti della stampa.

Ma il forum più grande ed il più diretto per come guarda agli ascoltatori non è la camera del Parlamento, ma un grande incontro pubblico. Perché sono presenti migliaia di persone che sono venute semplicemente per ascoltare ciò che lo speaker ha da dire loro, mentre nella camera del Parlamento sono presenti solo poche centinaia di persone, e la maggior parte di loro è presente soltanto allo scopo di ricevere il proprio stipendio come membri e non per ricevere un'illuminazione dalla saggezza di uno dei 'Rappresentanti del popolo'.

Parlare davanti ad un tale forum è realmente come gettare perle ai porci. In realtà non ne vale la pena! Non è possibile avere alcun successo. Ed era così che andò. I membri Pan-Germanici divennero rauchi man mano che parlavano - ma non avevano alcun peso. La stampa li ignorò oppure mutilò i loro discorsi in modo che ogni consecutivo - o anche il significato stesso - venisse distorto o completamente perso, ed il pubblico ricevesse soltanto un quadro molto brutto degli scopi del nuovo movimento. Ciò che i singoli membri dissero non era importante; l'importanza sta in ciò che ricevevano i lettori. Questo consisteva in meri ritagli presi dai loro discorsi che, dato che erano troncati, potevano - ed avevano lo scopo di - produrre un impressione di mancanza di senso. Quindi l'unico forum davanti a cui parlarono veramente consisteva in miseri cinquecento uomini, e questo ci dice già abbastanza.

Il peggio doveva ancora arrivare.

Il movimento Pan-Germanico poteva sperare di avere successo soltanto se avesse realizzato sin dal primo momento che non era questione di formare un nuovo partito, ma piuttosto una nuova visione generale della vita. Solo questo poteva richiamare le forze interiori per combattere fino in fondo tale immensa battaglia. A tale scopo, servono soltanto i migliori e più consistenti cervelli.

Se la lotta per un sistema mondiale non viene condotta da eroi, pronti a sacrificare tutto, sarà impossibile trovare in breve tempo dei guerrieri preparati a morire. Un uomo che lotta solo per se stesso non può avere molto altro per la causa comune.

La dura lotta che il movimento Pan-Germanico fece con la Chiesa Cattolica si spiega soltanto perché era dovuta alla mancanza di comprensione del carattere psicologico del popolo.

La nomina di Cechi come parroci era uno dei molti metodi utilizzati per trasformare l'Austria in uno stato Slavo in generale. Venne fatto più o meno come segue: il clero Ceco venne introdotto al posto di parroci Tedeschi puri, e questi presto cominciarono ad imporre gli interessi della razza Ceca su quelli della Chiesa, e divennero nuclei del processo di de-Germanizzazione.

Il clero Tedesco collassò quasi interamente, ahimè! Prima di questo stato di cose, non solo essi stessi erano quasi inutili in una lotta per la causa Tedesca, ma d'altra parte erano incapaci di affrontare gli attacchi con sufficiente forza di resistenza. Quindi la razza Tedesca stava lentamente ma in maniera irresistibile arretrando contro gli abusi della religione da una parte, e della debolezza di difesa dall'altra.

Georg Schoenerer non era uno che faceva le cose a metà. Intraprese la battaglia contro la Chiesa sotto la convinzione che tale battaglia da sola potesse salvare la razza Tedesca. Il movimento *Los von Rom* sembrò una forma di attacco più potente, anche se più difficile, ma era votato a lasciare il castello ostile in rovina. Se avesse avuto successo, le infelici divisioni religiose in Germania sarebbero rimaste per sempre, ed una tale vittoria avrebbe prodotto un immenso guadagno per la forza interna dell'Impero e della nazione Tedesca. Ma sia le sue supposizioni che i suoi ragionamenti riguardanti la battaglia non erano corretti.

Non c'è dubbio che il potere nazionale di resistenza del clero Cattolico di nazionalità Tedesca era inferiore in ogni questione che riguardava la razza Germanica rispetto ai loro compagni non-Tedeschi, in particolare i Cechi; ossia, il clero Ceco trattava la loro razza in maniera soggettiva, e la Chiesa in maniera oggettiva, quindi la devozione dei preti Tedeschi alla Chiesa era soggettiva ed era oggettiva riguardo alla razza Tedesca.

Confrontiamo l'atteggiamento che le nostre classi ufficiali, per esempio, stanno adottando verso un movimento di rinascita nazionale con ciò che sarebbe stato adottato dalle classi ufficiali di ogni altra nazione in simili circostanze. O immaginiamo che i corpi degli ufficiali in ogni altro luogo del mondo rigettino le necessità nazionali con la frase 'autorità di Stato'. Come è accaduto a noi cinque anni fa? E' stato tutto definito come se fosse perfettamente naturale, anzi no, molto meritevole!

Nel corso dei miei studi del movimento Pan-Germanico e della sua battaglia con Roma, allora e più tardi giunsi alla seguente conclusione: Attraverso la sua scarsa comprensione del significato del problema sociale, il movimento perse la forza combattiva della massa; andando in Parlamento, perse la sua forza vitale e si seppellì da solo sotto tutte le debolezze inerenti a questa istituzione. La sua battaglia contro la Chiesa lo screditò verso molte sezione delle classi media e bassa, e lo privò di molti dei migliori elementi, che si potrebbero definire come essenzialmente nazionali.

I risultati pratici della *Kulturkampf* in Austria furono praticamente nulli.

I partiti politici non dovrebbero avere nulla a che fare con i problemi religiosi, fintanto che essi non minino alla base la morale della razza; allo stesso modo, la religione non dovrebbe immischiarsi con gli intrighi di partito.

Se i dignitari della Chiesa fanno uso delle istituzioni religiose ed anche delle dottrine per ferire la loro stessa nazionalità, non devono avere alcun seguito; le loro stesse armi non devono essere usate contro di loro.

Un leader politico non deve mai immischiarsi con le dottrine e le istituzioni religiose del suo popolo, altrimenti non sarebbe un politico ma piuttosto un riformatore, se ha le qualità per fare questo!

Qualsiasi altro atteggiamento porterebbe alla catastrofe, specialmente in Germania.

Il Protestantesimo aiuterà sempre a far avanzare tutto ciò che è Tedesco, sia esso un problema di purezza interiore che di incremento del sentimento nazionale, o la difesa della vita Tedesca, della lingua, anzi no addirittura la libertà Tedesca, perché tutte queste sono sue parti essenziali; ma esso è molto ostile verso ogni tentativo di salvare la nazione dalle grinfie del suo nemico più mortale, perché il suo atteggiamento verso il Giudaismo è stato definito più o meno come un dogma. Nonostante tutto vaghi indeciso intorno alla questione - ed a meno che la questione non venga risolta, tutti i tentativi di realizzare un risveglio Tedesco restano senza significato e senza possibilità di successo.

Non assumono forse oggi entrambi i nostri credi un atteggiamento verso la questione Ebraica che non è in armonia né con l'importanza della nazione né con le necessità della religione? E confrontiamo anche l'atteggiamento di ogni rabbino Ebraico verso le questioni anche di minore importanza dell'Ebraismo come razza con quelle del nostro clero, la maggior parte dei quali sono stati sospesi - entrambi i credi inclusi! E' questo che accade sempre in noi se si tratta di difendere un'idea astratta. 'Autorità di Stato', 'Democrazia', 'Pacifismo', 'Solidarietà Internazionale' etc., sono semplicemente nostre idee che convertiamo sempre in concetti fissi e puramente dottrinali, in modo che tutti i problemi di urgente necessità nazionale vengano giudicati da questo punto di vista.

Per quasi ogni aspetto in cui il movimento Pan-Germanico ha fallito, le disposizioni del Partito Cristiano-Socialista erano ponderate bene ed in maniera corretta. Esso possedeva la necessaria conoscenza del significato delle masse, e sin dall'inizio attirò a sé una determinata sezione di queste tramite affermazioni dirette del suo solido carattere. E poiché riuscì veramente a conquistare le classi media e bassa, si guadagnò un seguito fedele e permanente, pronto a sacrificarsi. Evitò di lottare con qualsiasi istituzione religiosa e quindi guadagnò il supporto delle potenti organizzazioni rappresentate dalla Chiesa. Realizzò il valore della propaganda su larga scala e si specializzò per influenzare psicologicamente gli istinti delle masse.

Il fatto che questo partito fallì nel suo sogno di salvare l'Austria era dovuto ai suoi metodi, che erano errati sotto due aspetti, ed all'oscurità dei suoi scopi. Invece di essere fondato su basi razziali, il suo antisemitismo dipendeva da concetti religiosi. La ragione per cui tale errore poté avanzare era la stessa che scatenò il secondo errore. I suoi fondatori pensavano che se il Partito Cristiano-Socialista doveva salvare l'Austria, non doveva porre le sue basi sul principio razziale, perché ne sarebbe conseguita in ogni caso una generale dissoluzione dello Stato. I leader del Partito consideravano che la situazione a Vienna richiedesse il più possibile di evitare tendenze distruttive, ed il supporto di ogni punto di vista che conduceva all'unità.

Vienna al tempo era così fortemente impregnata di elementi Cechi che nulla tranne l'estrema tolleranza di tutti i problemi razziali poteva evitare che questi elementi fossero anti-Tedeschi sin dall'inizio. Se si doveva salvare l'Austria, non si potevano lasciar perdere. Quindi i leader del partito fecero degli sforzi particolari per conquistare il maggior numero di commercianti Cechi di Vienna, opponendosi alla scuola di pensiero liberale di Manchester, e sperarono da lì di aver scoperto un grido di guerra per la lotta contro il Giudaismo basato sulla religione, che avrebbe messo in ombra ogni differenza di razza nella vecchia Austria.

E' ovvio che una battaglia che poggiava su tali basi avrebbe preoccupato gli Ebrei solo ad un livello molto limitato. Se il peggio era già arrivato, una goccia di acqua santa li avrebbe sempre tolti di impaccio ed avrebbe preservato il loro Giudaismo allo stesso tempo. Questo fare le cose a metà distrusse il valore della posizione antisemita del Partito Cristiano Socialista.

Era un antisemitismo ipocrita ed era ancora peggio, perché le persone erano cullate nella sicurezza e pensavano di aver preso il nemico per le orecchie, mentre in realtà erano loro ad essere presi per il naso.

Se il Dr. Karl Lueger avesse vissuto in Germania, lo avremmo contato come uno dei grandi uomini della nostra razza; fu la sua sfortuna, e del suo lavoro, che si trovasse in quello stato impossibile che era l'Austria. Al tempo della sua morte, la piccola fiamma nei Balcani stava già cominciando a diffondersi più avidamente ogni mese che passava, così il Destino con gentilezza gli evitò la sofferenza di vedere ciò che credeva sarebbe stato in grado di evitare.

Il Movimento Pan-Germanico aveva abbastanza ragione nella sua teoria dello scopo della rigenerazione Tedesca, ma fu sfortunato nella sua scelta dei metodi. Era nazionalista, ma ahimè non abbastanza sociale da conquistare la massa. Il suo antisemitismo era basato sul vero apprezzamento dell'importanza del problema razziale e non sulle teorie della religione. D'altra parte, la sua battaglia contro il credo stabilito fu in errore sia nei fatti che nelle tattiche.

Le idee del movimento Cristiano Socialista sullo scopo di una rinascita Tedesca erano troppo vaghe ma, come partito, esso fu fortunato ed intelligente nella sua scelta dei metodi. Realizzò l'importanza della questione sociale, ma fu in errore nella sua lotta contro gli Ebrei ed era abbastanza ignorante della forza e del concetto di nazionalità.

In quel periodo ero preda della scontentezza, man mano che realizzavo quanto lo Stato fosse vuoto ed impossibile da salvare. Sentivo con assoluta certezza che in tutte le cose c'era l'infelicità della razza Tedesca. Ero convinto che lo Stato fosse sicuro di controllare ed ostacolare ogni grande Tedesco e di supportare ogni uomo ed ogni cosa che fossero anti-Tedeschi. Odiavo la variegata collezione di razze che c'erano nella capitale. Odiavo la variegata collezione di Cechi, Polacchi, Ungheresi, Ruteniani, Serbi, Croati, e più di tutti l'onnipresente escrescenza fungina - Ebrei ed ancora Ebrei!

Vedendo che il mio cuore non era in amore con la Monarchia Austriaca, ma batteva sempre per un Reich Tedesco, potevo guardare al collasso di tale Stato soltanto come all'inizio della salvezza della nazione Tedesca. Quindi il mio desiderio di andare in tale terra divenne più grande, terra verso cui il mio amore e desiderio segreti mi hanno attirato sin dalla mia prima infanzia. Speravo di farmi un giorno un nome come architetto e, sia che il Destino mi avesse reso grande o meno, di dedicarmi al devoto servizio della Nazione. Volevo avere la mia parte di fortuna, essere sul posto e giocare il mio ruolo nel paese in cui il desiderio più bruciante del mio cuore era destinato ad essere soddisfatto: l'unione della mia amata casa con la Madrepatria comune, il Reich Tedesco.

Vienna mi diede gli insegnamenti più duri e consistenti di tutta la mia vita; soltanto adesso apprezzo pienamente il valore essenziale di quegli anni di disciplina. E' per questo che ho trattato quel periodo quasi pienamente - perché mi diede la mia prima istruzione nelle questioni che riguardavano i principi del partito che, anche se è nato su scala molto piccola, dopo cinque anni[1] è ben avviato a diventare un grande movimento popolare. Non so quale sarebbe stato il mio atteggiamento oggi verso il Giudaismo, la Democrazia Sociale, tutto ciò che significa il Marxismo, la questione sociale, etc., se la forza del destino non mi avesse dato i fondamenti di opinione, basati sull'esperienza personale, nel primo periodo della mia vita.

---

[1] Scritto nel 1924

# IV

# MONACO

Nell'estate del 1912 andai a Monaco. Una città Tedesca! Quanto era diversa da Vienna! Mi sono sentito male pensando a quella Babilonia di razze. Il dialetto era praticamente uguale al mio e mi ricordava della mia giovinezza con il suo collegamento alla Bassa Baviera. In mille modi diversi, mi era caro oppure lo diventò. Appartengo a quella città più di qualsiasi altro luogo al mondo, e questo è dovuto al fatto che è legata in maniera inseparabile al mio sviluppo.

In Austria gli unici aderenti all'idea dell'alleanza erano gli Asburgo ed I Tedeschi. Per i primi era dovuto alla pulsione ed al calcolo, e per i secondi alla facile credulità, perché immaginavano che avrebbero reso un grande servizio all'Impero Tedesco per mezzo della Triplice Alleanza che lo avrebbe rinforzato e lo avrebbe messo in sicurezza; alla stupidità politica, poiché le loro fantasie non combaciavano con i fatti, perché essi stavano realmente aiutando ad incatenare l'Impero alla carcassa morta di uno Stato che era destinato a trascinarlo nel profondo degli abissi; in maniera più particolare, tuttavia, perché tale alleanza stava contribuendo sempre più a de-Germanizzare la stessa Austria. Perché sin da quando gli Asburgo credevano che un'alleanza con l'Impero li avrebbe assicurati contro ogni interferenza da parte di quest'ultimo - e purtroppo in questo avevano ragione - erano in grado di continuare la loro politica di liberarsi gradualmente dell'influenza Tedesca nel paese con più facilità e meno rischi. Non avevano alcuna necessità di avere paura delle proteste da parte del Governo Tedesco, che era noto per 'l'obiettività' del suo punto di vista, ed inoltre quando avevano a che fare con i Tedeschi Austriaci potevano sempre zittire ogni voce insistente che si sarebbe potuta sollevare contro qualche particolarmente disgraziata istanza di favoritismo mostrata verso gli Slavi, mediante un riferimento alla Triplice Alleanza.

Se si fosse fatto uno studio maggiormente illuminato della storia e della psicologia razziale in Germania, nessuno potrebbe mai aver creduto per un istante che il Quirinale di Roma e gli Hofburg di Vienna avrebbero combattuto fianco a fianco su un fronte comune. L'Italia si sarebbe trasformata in un vulcano prima che ogni Governo avesse mai osato inviare un singolo Italiano sul campo, eccetto come nemico, per conto del così fanaticamente odiato Stato degli Asburgo. Ho visto più di una volta infiammarsi a Vienna il passionale disdegno ed il profondo odio che ossessionava gli Italiani contro lo Stato Austriaco. Gli errori della Casa degli Asburgo nel corso dei secoli contro la libertà e l'indipendenza Italiane erano troppo grossi per essere dimenticati, anche supponendo che ci fosse desiderio di farlo.

Non c'era tale volontà né tra il popolo né nel Governo Italiano. Per l'Italia, quindi, c'erano soltanto due maniere possibili di avere a che fare con l'Austria - l'alleanza o la guerra. Avendo scelto la prima, potevano prepararsi con calma per la seconda.

La politica di alleanza Tedesca fu sia senza senso che rischiosa, specialmente da quanto le relazioni dell'Austria con la Russia hanno teso sempre più verso la risoluzione per mezzo della guerra.

Perché venne quindi completamente conclusa un'alleanza? Semplicemente per assicurare il futuro del Reich quando era nella posizione di farlo restando in piedi. Ma il futuro del Reich non era altro che una questione di rendere capace la nazione Tedesca di continuare la sua esistenza.

La popolazione della Germania cresceva di 900.000 anime per ogni anno. La difficoltà di sostenere questa nuova armata di persone si aggravava necessariamente ogni anno e doveva finire in una catastrofe, a meno che non si trovassero in tempo i mezzi per affrontare il pericolo.

Restavano due sole maniere di ottenere lavoro e pane per il popolo che cresceva: sia acquisizione territoriale che politica di commercio coloniale. Entrambe vennero prese in considerazione, esaminate, raccomandate, e combattute da vari punti di vista, finché infine si scelse la seconda. La prima opzione sarebbe indubbiamente stata la più saggia delle due. L'acquisizione di territori freschi per ospitare la popolazione in eccesso contiene dei vantaggi infinitamente più grandi, specialmente se si considera il futuro, e non il presente.

C'è un'altra ragione per cui questa soluzione sarebbe stata quella giusta: molti Stati Europei oggi sono come delle piramidi che stanno in piedi sulla loro punta. I loro possedimenti in Europa sono ridicoli a confronto del loro enorme fardello di colonie, commercio estero, etc. Si potrebbe dire: la punta in Europa, la base in tutto il mondo, al contrario dell'Unione Americana, la cui base copre il suo stesso continente ed il cui vertice è il punto di contatto con il resto del globo. Da qui deriva la grande forza interna di questo Stato e la debolezza della maggior parte dei Poteri coloniali Europei.

Anche l'Inghilterra non dà prova del contrario, perché noi siamo troppo inclini a dimenticare la vera natura del mondo Anglosassone nella sua relazione con l'Impero Britannico. Anche solo a causa della sua comunanza di lingua e cultura con l'Unione Americana, l'Inghilterra non si può confrontare con nessun altro stato d'Europa.

Quindi l'unica speranza Tedesca di portare avanti una politica territoriale sensata sta nell'acquisizione di nuove terre nella stessa Europa. Le colonie sono inutili per tale obiettivo se non appaiono adatte per insediare Europei in gran numero.

Tuttavia nel diciannovesimo secolo non era più possibile acquisire tali territori da colonizzare con metodi pacifici. Una politica coloniale di questo tipo si potrebbe realizzare soltanto per mezzo di una dura lotta, che sarebbe molto più appropriata per lo scopo di guadagnare territorio nel continente vicino a casa piuttosto che terre al di fuori d'Europa.

Per una tale politica c'era soltanto un alleato in Europa - l'Inghilterra. L'Inghilterra era l'unico Potere che poteva proteggere le nostre spalle, supponendo che iniziassimo una nuova invasione Tedesca *(Germanenzug)*. Avremmo dovuto avere altrettanto diritto di farlo di quanto abbiano avuto i nostri antenati. I nostri pacifisti non esitano a mangiare il pane dell'Est, sebbene il primo aratro sia stato la spada.

Nessun sacrificio sarebbe stato troppo grande per ottenere l'affetto dell'Inghilterra. Avrebbe significato rinunciare alle colonie ed all'importanza sul mare, ed astenerci da interferire con l'industria Britannica per mezzo della nostra competizione.

Ci fu un momento in cui l'Inghilterra ci avrebbe lasciato parlare in questo senso; perché essa capiva molto bene che, a causa dell'aumento della sua popolazione, la Germania avrebbe dovuto cercare una qualche soluzione e trovarla sia in Europa, con l'aiuto dell'Inghilterra, o in qualche altra parte del mondo senza di essa.

Il tentativo fatto da Londra all'inizio del secolo di ottenere un *rapprochement* con la Germania era dovuto prima di tutto a questo sentimento. Ma i Tedeschi erano adirati all'idea di 'dover togliere le castagne Inglesi dal fuoco per lei' - come se fosse possibile un'alleanza su qualsiasi base tranne che la reciprocità! Secondo tale principio si sarebbe potuto benissimo fare l'affare con l'Inghilterra. Avremmo dovuto sapere che la diplomazia Britannica era troppo intelligente per concedere qualsiasi favore senza reciprocità da parte nostra.

Immaginiamo che la Germania, con una politica estera avveduta, avesse recitato il ruolo che il Giappone ha avuto nel 1904 - possiamo difficilmente stimare le conseguenze che ci sarebbero state per la Germania.

Non ci sarebbe mai stata una Guerra Mondiale.

Tale metodo, tuttavia, non fu mai e per nulla adottato.

Restava quindi ancora una possibilità: industria e commercio mondiale, potere marittimo e colonie. Se una politica di acquisizione territoriale in Europa poteva essere perseguita soltanto in alleanza con l'Inghilterra contro la Russia, una politica coloniale e di commercio mondiale, d'altra parte, era concepibile soltanto in alleanza con la Russia contro l'Inghilterra. In questo caso avrebbero dovuto trarre le loro conclusioni senza pietà ed inviare l'Austria a fare i bagagli.

Adottarono una formula di 'pacifica conquista del mondo', che era destinata a distruggere per sempre la politica di forza che avevano seguito fino ad allora. Forse non erano abbastanza sicuri di loro nei tempi in cui delle minacce abbastanza incomprensibili giunsero in Inghilterra. Infine si decisero a costruire una flotta, nuovamente non allo scopo di attaccare e distruggere l'Inghilterra, ma per difendere la 'pace mondiale' e per la 'pacifica conquista del mondo'. Quindi vennero costretti a mantenerla su scala modesta, non solo per quanto riguarda il numero, ma anche per il tonnellaggio individuale delle navi e dei loro armamenti, così da rendere evidente che il loro scopo finale era uno scopo 'pacifico'.

Il discorso riguardante la 'pacifica conquista economica del mondo' fu il più grosso pezzo di follia mai messo in piedi come principio guida di una politica di Stato, in particolare perché non si astennero dal citare l'Inghilterra per provare che era possibile metterlo in pratica. Il danno fatto dai nostri professori con i loro insegnamenti storici e le loro teorie si può difficilmente sanare di nuovo, e semplicemente prova in maniera lampante quante persone 'imparano' la storia senza capirla o assimilarla. Anche in Inghilterra essi dovettero confessare una forte confutazione della teoria; ed ancora nessuna nazione si era preparata meglio alla conquista economica con la spada, o la mantenne più tardi in maniera spietata, dei Britannici. Non è l'impronta dello stato Britannico trarre guadagni economici dalla forza politica e contemporaneamente convertire ogni guadagno economico in potere politico? Quindi fu un completo errore immaginare che l'Inghilterra fosse personalmente troppo codarda da versare il proprio sangue in difesa della sua politica economica! Il fatto che i Britannici non possedessero un esercito nazionale non dava prova del contrario, perché non è la forma militare delle forze nazionali che conta, ma piuttosto la volontà e la determinazione di fare uso di ciò che c'è. L'Inghilterra possedeva da sempre gli armamenti che le servivano. Lottò sempre con qualsiasi arma necessaria per assicurarsi il successo. Lottò per mezzo di mercenari finché i mercenari erano abbastanza buoni, ma si impadronì del sangue migliore in tutta la nazione, ogni volta che tale sacrificio fosse necessario per assicurarsi la vittoria; ma la determinazione a lottare, la tenacia, e la condotta risoluta delle sue guerra c'erano sempre.

In Germania tuttavia, man mano che il tempo passava essi incoraggiavano, per mezzo di scuole, stampa, e giornali a fumetti, un'idea della vita Britannica, ed addirittura dell'Impero, che era votata a portare verso un'inopportuna autoillusione; perché ogni cosa divenne gradualmente contaminata da questa spazzatura, ed il risultato fu una bassa opinione degli Inglesi che finirono per vendicarsi molto amaramente.

L'idea errata andò così nel profondo che tutti furono convinti che l'uomo Inglese, come lo immaginavano, fosse un uomo d'affari sia furbo che estremamente codardo. Non venne mai in mente ai nostri validi professori importatori di conoscenza che non fosse possibile mettere insieme una cosa così vasta come l'Impero mondiale Britannico e mantenerla in piedi soltanto con metodi truffaldini e scorretti. I pochi che avvisarono di questo vennero o ignorati o zittiti. Ricordo distintamente il divertimento in viso ai miei camerati in armi quando furono faccia a faccia con i Tommies nelle Fiandre. Dopo i primi giorni di lotta, sorse nel cervello di ogni uomo l'idea che tali Uomini Whisky non corrispondevano esattamente alle persone che gli autori di fumetti comici e di articoli di giornale pensavano fosse giusto descriverci.

Cominciai a riflettere sulla propaganda e sulle forme più utili di essa.

Questa falsificazione di certo aveva la sua convenienza per le persone che la diffusero; furono in grado di dimostrare con degli esempi, per quanto essi potessero essere scorretti, la correttezza di una conquista economica del mondo. Dovevamo avere successo dove l'uomo Inglese aveva avuto successo; mentre il fatto che noi eravamo molto più onesti - essendo liberi da quella specifica *perfidia* Britannica - era considerato come un vantaggio speciale. Si sperava che avrebbe attirato a noi le nazioni più piccole ed avrebbe guadagnato la fiducia di quelle più grosse.

Il valore della Triplice Alleanza fu psicologicamente di scarsa importanza, poiché la forza che lega un'alleanza diminuisce più essa si limita a mantenere una condizione esistente. D'altra parte, un'alleanza cresce tanto più forte quanto più i Poteri di contrattazione individuali sono in grado di sperare di ottenere scopi di espansione definiti e tangibili; nel qual caso, come sempre, la forza sta non nella difesa, ma nell'attacco.

Questo venne realizzato in diversi settori, ma sfortunatamente non dai cosiddetti 'professionisti'. In particolare Ludendorff, che allora era colonnello nel Grande Staff del Generale, sottolineò queste debolezze in un memorandum del 1912.

Naturalmente gli 'uomini di stato' rifiutarono di dare alcun significato o importanza al problema.

Per la Germania lo scoppio della Guerra nel 1914 fu un vero colpo di fortuna, indirettamente per via dell'Austria, e lo fu anche che gli Asburgo furono quindi obbligati a prendervi parte; se questo fosse accaduto al contrario, la Germania sarebbe stata lasciata da sola. La connessione con l'Austria privò la Germania delle migliori e più promettenti prospettive che le alleanze possono averle dato. Al posto di esse, infatti, c'era una tensione crescente con la Russia ed anche l'Italia. A Roma il sentimento era universalmente a favore della Germania, ma, nel profondo del cuore di ogni singolo Italiano, era anti-Austriaco e fuoriusciva spesso con una fiammata.

Nella modesta compagnia che frequentai, non ho tentato di nascondere la mia convinzione che il miserabile trattato con uno Stato destinato alla distruzione avrebbe portato ad un catastrofico collasso della Germania, a meno che essa decidesse di slegarsi da esso finché era ancora in tempo. Non mi allontanai mai neppure per un istante da questa convinzione, solida come una roccia, quando il fiume della Guerra sembrò finalmente aver reso impossibile ragionare e riflettere, e l'impeto dell'entusiasmo portava avanti con sé le persone in alte posizioni il cui unico dovere era considerare la realtà con freddezza. Anche quando io stesso ero al fronte, in ogni maniera in cui si discutesse il problema esprimevo la mia opinione che più rapidamente l'alleanza sarebbe stata rotta, meglio sarebbe stato per la nazione Tedesca, e che sacrificare la Monarchia degli Asburgo non sarebbe un sacrificio per la Germania se essa potesse così ridurre il numero dei suoi nemici, perché i vari milioni di elmetti di ferro non sono stati fabbricati per mantenere una dinastia decrepita, ma per salvare la Nazione

Tedesca.

Prima della Guerra a volte sembrava che ci fossero dei segnali che almeno in un campo esistesse un lieve dubbio sulla correttezza della politica dell'alleanza che si stava seguendo. Di volta in volta le cerchie Conservatrici in Germania cominciarono ad ammonire contro troppa fiducia ma, come ogni altra cosa che era ragionevole, l'avviso venne lasciato sfuggire al vento. Erano convinti di essere sulla strada per conquistare il mondo, e che il successo sarebbe stato illimitato, e che non sarebbe stato necessario sacrificare nulla.

Ancora una volta i 'non professionisti' stavano marciando dritti verso la distruzione, portando con loro la nazione innocente come il Pifferaio Magico con i ratti.

La marcia vittoriosa dell'industria e della tecnica Tedesche ed i trionfi del commercio Tedesco li fecero dimenticare del fatto che tutto questo era possibile soltanto nel caso di uno Stato forte. Molti, al contrario, andarono molto oltre e proclamarono la loro convinzione che lo Stato doveva la sua esistenza semplicemente a questi sviluppi, che era prima di tutto un'istituzione economica e che doveva essere guidato secondo le leggi dell'economia, così che sarebbe davvero dipeso dal commercio, una condizione che venne spacciata come la più sana e più naturale di tutte le condizioni.

Tuttavia lo stato non ha nulla che fare con nessun concetto economico preciso o con lo sviluppo economico. Non è un assemblea di negoziati commerciali che dura per un certo periodo ed ha limiti definiti allo scopo di portare a termine obiettivi commerciali, ma l'organizzazione di una comunità, omogenea per natura e sentimento, che serve per il prosieguo ed il mantenimento della propria specie, e per il compimento del destino stabilito per loro dalla Provvidenza. Questo, e null'altro, è l'oggetto ed il significato di uno Stato.

Lo Stato Ebraico non ha confini se si parla di spazio; era illimitato per quanto riguarda lo spazio, ma legato al suo concetto di se stesso come razza. Questo popolo quindi è sempre stato uno Stato all'interno dello Stato. Fu uno dei trucchi più intelligenti mai inventati quando lo Stato venne marchiato dalla 'religione' e quindi assicurò la tolleranza, che l'Ariano è sempre pronto ad estendere al credo religioso. Perché la religione Mosaica non è altro che una dottrina per la conservazione della razza Ebraica. Quindi, essa abbraccia quasi ogni branca della conoscenza sociologica, politica ed economica che possa mai contestarla.

Ogni volta che ci fu un avanzamento di potere politico in Germania, anche gli affari cominciarono a guardare in alto; mentre ogni volta che gli affari monopolizzarono la vita del nostro popolo e soffocarono le virtù della mente, lo Stato si ruppe nuovamente e portò gli affari con sé.

E se ci chiediamo ancora quali sono le forze che fanno e mantengono gli Stati, vediamo che hanno una sola denominazione: abilità e prontezza di sacrificio dell'individuo per il bene della comunità. Che tali virtù non hanno nessuna relazione con l'economia è ovvio per il semplice fatto che l'uomo non sacrifica mai se stesso allo scopo di fare affari - vale a dire che gli uomini non muoiono per affari, ma per gli ideali. Niente dimostrava meglio la superiorità psicologica dell'uomo Inglese per realizzare un ideale nazione meglio delle ragioni che si trovava per lottare. Mentre noi lottavamo per il pane quotidiano, l'Inghilterra lottava per la libertà - non la sua, ma quella delle piccole nazioni. In Germania presero in giro questo affronto e si arrabbiarono, provando quindi quanto senza intelligenza e stupidi fossero diventati gli statisti Tedeschi dopo la Guerra. Non avevamo la più pallida conoscenza della natura delle forze che potrebbero portare gli uomini alla morte per loro stessa volontà e desiderio.

Finché il popolo Tedesco continuava a pensare nel 1914 di stare lottando per degli ideali, restò sul proprio terreno; ma nel momento in cui divenne evidente che stava semplicemente lottando per il loro pane quotidiano, fu felice di gettare la spugna. Il nostro intelligente 'uomo di stato' tuttavia era divertito da questo cambiamento di atteggiamento. La convinzione precedente alla della Guerra che fosse possibile lasciare il mondo aperto per la nazione Tedesca, o in realtà conquistarlo per mezzo di un metodo pacifico di politica di commercio e colonizzazione, era un segnale tipico che le virtù genuine che fanno e mantengono gli Stati se ne erano andate, insieme alla conseguente visione interiore, alla forza di volontà ed alla determinazione di ottenere grandi cose. Per legge di natura, il risultato immediato di tutto questo fu la Guerra Mondiale con tutte le sue conseguenze.

Per la prima volta allora mi feci mentalmente queste domande, colorate com'erano dalla mia posizione verso la politica di alleanza della Germania e verso la politica economica dell'Impero dal 1912 al 1914, e vidi sempre più con certezza che la soluzione dell'enigma stava in quella forza di cui avevo fatto conoscenza a Vienna, ma da un altro punto di vista: la dottrina e la visione mondiale del Marxismo e la sua influenza organizzativa.

Innumerevoli volte cominciai a considerare come si sarebbe potuto fare un tentativo di dominare questa pestilenza mondiale. Studiai gli scopi, le lotte ed il successo della legislazione speciale di Bismarck. Il mio studio mi diede gradualmente dei principi solidi come il granito per le mie convinzioni - al punto che da allora non dovetti mai più pensare di cambiare le mie idee personali sulla questione. Feci anche uno studio approfondito della relazione tra Marxismo e Giudaismo.

Nel 1913 e nel 1914 cominciai ad esprimere le mie convinzioni in varie cerchie, che oggi sono in parte ancora vere per il movimento Nazionalsocialista, ossia che la questione del futuro della Germania sia la distruzione del Marxismo.

Il declino interno della nazione Tedesca era iniziato molto prima di tutto questo ma, come nella vita, alle persone non erano chiari i distruttori della loro esistenza. A volte cercarono di curare la malattia, ma spesso scambiarono i sintomi per la causa. Dato che nessuno lo sapeva o voleva saperlo, la lotta contro il Marxismo non valeva molto di più di una raccomandazione senza senso di un ciarlatano.

# V

## LA GUERRA MONDIALE

Nella mia eccitante gioventù, nulla mi preoccupava più di essere nato in un periodo in cui era evidente che le uniche persone che possedevano dei templi eretti in loro onore erano i mercanti e gli ufficiali di Stato. Le onde degli eventi politici sembravano essersi calmate ad un livello tale che il futuro sembrava davvero appartenere ad una 'pacifica competizione tra le nazioni'; ossia, come truffa reciproca, l'interruzione di metodi spicci e violenti. I vari Stati cominciarono a mostrare favore verso le imprese che si tagliavano le gambe l'una con l'altra, rubavano i rispettivi clienti e contratti, e cercavano di trarre vantaggio l'una dall'altra in ogni maniera possibile, e su tutta la scena dominava un baccano tanto innocuo quanto rumoroso. Tale sviluppo non solo sembrava essere permanente, ma sembrava - con approvazione universale - dover rimodellare il mondo in un soffio e farlo diventare un enorme magazzino, nel cui vestibolo irrompono i più abili approfittatori ed i meno audaci ufficiali che lì verrebbero immagazzinati per tutta l'eternità.

Perché non potevo essere nato cento anni prima? - Da qualche parte intorno ai tempi della Guerra di Liberazione, quando un uomo valeva ancora qualcosa, oltre che agli 'affari'?

Quando la notizia dell'assassinio dell'Arciduca Francesco Ferdinando raggiunse Monaco (io ero a casa in quel momento e sentii solo in maniera vaga ciò che era successo), la mia prima paura fu che le pallottole forse provenissero dalle pistole degli studenti Tedeschi che, esasperati dal favore che il Presunto Erede mostrava verso gli Slavi, desideravano liberare la nazione Tedesca dal loro nemico di casa. Potevo immaginare velocemente quale sarebbe stato il risultato di tutto questo: una nuova ondata di persecuzione che sarebbe quindi stata 'spiegata e giustificata' davanti al mondo intero. Ma quando subito dopo udii i nomi dei presunti criminali e seppi che erano noti per essere Serbi, cominciai a sentire un leggero orrore per la vendetta dell'imperscrutabile Destino.

Il più grande amico degli Slavi era caduto vittima delle pallottole di fanatici degli Slavi.

Oggi viene fatta un'ingiustizia al Governo di Vienna quando piovono rimproveri su di esso per quanto riguarda la forma ed il contenuto dell'ultimatum che ha emesso. Nessun altro Potere nel mondo potrebbe aver agito diversamente in una situazione simile. Al suo confine meridionale, l'Austria aveva un nemico inesorabile e mortale che sfidava la Monarchia ad intervalli sempre più brevi e non avrebbe mai mollato finché sarebbe giunto il momento di gettare l'Impero in rovina. C'era una buona ragione per temere che questo sarebbe accaduto quando il vecchio Imperatore morì; quando questo accadde, la Monarchia potrebbe forse non essere stata più in grado di offrire una seria opposizione. Negli anni più recenti lo Stato è dipeso dalla vista di Francesco Giuseppe in maniera così grande che la sua morte, agli occhi delle masse popolari, sarebbe stata equivalente alla morte dello stesso Stato.

Certo, è davvero ingiusto rimproverare le cerchie di Governo per aver forzato la Guerra che forse sarebbe stata altrimenti evitata. Non si sarebbe potuta evitare, ma si poteva ritardare di uno o forse due anni almeno. Ma la maledizione della Germania, così come della diplomazia Austriaca, fu che avevano sempre cercato di ritardare l'inevitabile giorno in cui dovevano riconoscere che erano obbligate a sollevarsi in un momento sfavorevole. Possiamo essere certi che qualsiasi ulteriore tentativo di mantenere la pace sarebbe stato trasformato in Guerra nel momento meno favorevole.

Per molti anni i Socialdemocratici hanno agitato la Germania verso la guerra contro la Russia nella maniera più disgraziata, mentre il Partito di Centro per ragioni religiose ha fatto ruotare la politica Tedesca principalmente sull'Austria- Ungheria. Allora le conseguenze di tale errore dovettero persistere. Ciò che accadde era destinato non poter essere evitato in nessun caso. La colpa del Governo Tedesco sta nel fatto che, al solo scopo di preservare la pace, mancò il momento favorevole per l'azione, e rimase impigliato in un'alleanza per mantenere la pace nel mondo, e quindi infine divenne la vittima di una coalizione mondiale che si opponeva all'urgenza di mantenere la pace del mondo con la determinazione di portare avanti una guerra mondiale.

La battaglia del 1914 non fu forzata dalle masse, santo cielo! Ma venne desiderata con passione dall'intera nazione. Volevano vedere una fine all'incertezza generale. Vale a dire che è questa la sola ragione per cui oltre due milioni di uomini e giovani Tedeschi unirono i colori di spontanea volontà per questa timorosa battaglia ed erano preparati a difenderli fino all'ultima goccia di sangue. Era scoppiata una guerra più rapidamente di quanto il mondo avesse mai visto.

Le notizie dell'oltraggio erano ancora scarsamente note a Monaco quando mi vennero in mente due idee contemporaneamente: prima di tutto che era assolutamente inevitabile, secondo che lo Stato degli Asburgo sarebbe stato obbligato ad aderire a questa alleanza; perché ciò che avevo temuto di più era la possibilità che un giorno la stessa Germania, forse direttamente a causa di tale alleanza, sarebbe scivolata in un conflitto di cui l'Austria non sarebbe stata la causa primaria, e che lo Stato Austriaco, per ragioni di politica interna, non avrebbe sviluppato una sufficiente risolutezza per venire in auto dei suoi alleati. Il vecchio Stato doveva lottare, che lo volesse o no.

Il mio atteggiamento verso il conflitto era sia semplice che chiaro. Ai miei occhi non era l'Austria che stava lottando per prendersi una piccola soddisfazione sulla Serbia, ma la Germania che lottava per la sua vita, la nazione Tedesca per il suo 'essere o non essere', la sua libertà ed il suo futuro. Avrebbe dovuto seguire le orme di Bismarck; la giovane Germania doveva nuovamente difendere ciò per cui i padri avevano eroicamente lottato da Weissenburg a Sedan e a Parigi. Ma se la battaglia doveva essere vittoriosa, il nostro popolo avrebbe con le sue stesse forze preso nuovamente posizione contro le grandi nazioni, perché il Reich Tedesco non poteva ergersi come possente guardiano della pace a meno che non fosse preparato a limitare il pane quotidiano dei suoi figli per il bene di quella pace.

Il Tre di Agosto ho inviato una petizione a Sua Maestà Re Ludovico III affinché mi ammettesse al servizio in un reggimento Bavarese. L'Ufficio del Gabinetto in quei giorni di certo aveva molto da fare, e la mia gioia fu la più immensa quando la mia petizione venne approvata il giorno stesso.

Allora ebbe inizio per me come per ogni Tedesco il periodo più grandioso ed indimenticabile della mia vita sulla terra. A confronto degli eventi di quella possente battaglia tutto il passato cadde nel vuoto dimenticatoio. Ripenso con orgoglio e dolore a quei giorni, e ritorno alle settimane dell'inizio dell'eroica lotta della nostra nazione a cui la gentile Fortuna mi permise di prendere parte.

Questo continuò anno dopo anno; l'orrore aveva preso il posto del romanticismo della battaglia. L'entusiasmo gradualmente si raffreddò e la gloriosa esuberanza affondò nell'agonia della morte. Venne un momento in cui ogni uomo dovette lottare tra l'urgenza dell'autoconservazione e la chiamata del dovere. Nell'inverno del 1915-16 questa battaglia si era già conclusa dentro di me. La mia volontà fu infine vittoriosa. Nei primi giorni fui in grado di unirmi agli attacchi con sorrisi e risate; ma adesso ero calmo e determinato. Quindi continuai fino alla fine.

Il giovane volontario era cresciuto fino a diventare un vecchio soldato. Questo cambiamento aveva avuto luogo in tutto l'esercito. La lotta perpetua lo invecchiò e lo rese più duro, e ruppe chiunque non poteva restare in piedi contro la tempesta. Solo allora si poteva formare un giudizio di quell'esercito. Dopo due-tre anni, durante i quali combatteva continuamente una battaglia o un'altra, contro nemici superiori per numero ed armamento, subendo fame e privazioni - quello era il periodo giusto per considerare la virtù di tale esercito.

Anche se passano migliaia di anni, nessuno può parlare di eroismo senza pensare all'Esercito Tedesco nella Guerra Mondiale. Tra le nebbie del passato compariranno gli elmetti grigi, senza mai sobbalzare o girarsi, un monumento all'immortalità. Finché ci sono dei Tedeschi, essi rifletteranno che questi uomini una volta erano figli della loro nazione.

In quei giorni non mi importava nulla di politica, non potevo formare un'opinione su certe manifestazioni che afflissero l'intera nazione, ma che preoccupavano prima di tutto noi tutti.

Ero arrabbiato per il modo in cui si considerava giusto prendere in considerazione il Marxismo.

Il Marxismo, il cui scopo finale ed eterno è la distruzione di tutti gli stati nazionali non-Ebraici, vide per suo disgusto, in quei giorni di Luglio del 1914, come la classe dei lavoratori Tedeschi, che era stata assiduamente intrappolata, si fosse risvegliata e si stesse diffondendo sempre più rapidamente ora dopo ora al servizio della Madrepatria.

In pochi giorni la nebbia e l'inganno di quell'infame tradimento nazionale si era dissipata nell'aria, e la gang di capi Ebraici si trovò improvvisamente sola ed abbandonata, proprio come se non fosse più esistita alcuna traccia della follia e della pazzia con cui le masse erano state inoculate per sessant'anni. Quello fu un brutto momento per i traditori del Lavoro Tedesco. Tuttavia non appena i capi si resero conto del pericolo che li minacciava, tolsero rapidamente i tappi delle bugie dalle loro orecchie ed impudentemente imitarono la rivolta nazionale.

Ma quello era il momento di attaccare l'intera sovversiva associazione di quegli Ebrei avvelenatori della nostra nazione.

Ora - poiché i lavoratori Tedeschi avevano riscoperto la via verso la nazionalità - avrebbe dovuto essere una preoccupazione urgente del Governo sradicare senza pietà le persone che si agitavano contro la nazionalità. In un tempo in cui i migliori stavano cadendo al fronte, le persone che erano rimaste avrebbero almeno potuto estirpare il parassita. Invece, Sua Maestà l'Imperatore in persona tese la mano ai vecchi criminali, gli diede protezione, e fece in modo che loro mantenessero la loro associazione.

Ogni teoria generale mondiale *(Weltanschauung)*, sia essa di natura religiosa o politica - talvolta è difficile dire dove inizi una e finisca l'altra - non lotta così negativamente per distruggere il mondo di ideali opposto, di quanto positivamente lotti per stabilire il proprio. Quindi la sua battaglia sta nell'attacco piuttosto che nella difesa. Per cui la determinazione dei suoi scopi le dà un vantaggio, perché tale scopo è la vittoria delle sue stesse idee, anche se è difficile definire quando lo scopo negativo di distruzione della dottrina ostile si possa definire ottenuto ed assicurato.

Quindi una teoria mondiale ha dei piani più definiti ed è anche più potente nell'attacco piuttosto che nella difesa, perché la decisione finale sta nell'attacco e non nella difesa. Ogni tentativo di combattere una teoria mondiale per mezzo della forza giunge all'afflizione del suo scopo fintanto che la battaglia fallisce di prendere la forma di un'aggressione in favore di un nuovo concetto intellettuale. E' solo quando due teorie mondiali lottano ad armi pari che la forza bruta, persistente e spietata, può portare ad una decisione per mezzo delle armi in favore della fazione che essa supporta. E' in questa maniera che la lotta contro il Marxismo era fallita a quei tempi. Era la ragione per cui la legislazione di Bismarck che riguardava il Socialismo alla fine nonostante tutto fallì, ed era destinata a fallire. Le mancava la piattaforma di una nuova teoria mondiale, che necessitava di combattere per essere definita; perché solo la proverbiale saggezza degli alti ufficiali di Stato potrebbe rendere possibile immaginare che la sciocchezza riguardo alla cosiddetta 'autorità di Stato' o 'ordine e tranquillità' sia un incentivo sufficiente per lottare fino alla morte.

Nel 1914 contestare la Democrazia Sociale era infatti concepibile, ma la mancanza di ogni sostituto pratico pose dei dubbi su quanto a lungo una contestazione si sarebbe potuta mantenere con successo. Sotto questo aspetto c'era un grande vuoto.

Molto prima della Guerra avevo questa opinione, e per tale ragione non potevo decidermi ad unirmi a nessuno dei partiti esistenti allora. Man mano che la Guerra Mondiale proseguì, potei confermare la mia opinione ancora di più per mezzo dell'ovvia impossibilità, direttamente conseguente alla mancanza di un movimento che avrebbe dovuto essere molto più di un Partito Parlamentare, di riprendere con durezza la lotta contro la Democrazia Sociale.

Parlai frequentemente di questo ai miei camerati più intimi. Fu allora che concepii per la prima volta l'idea di diventare un politico attivo più avanti; e questa fu la ragione per cui ho spesso assicurato alla piccola cerchia di miei amici che desideravo lavorare come oratore dopo la Guerra, oltre alla mia professione.

# VI

## Propaganda di guerra

Nel periodo in cui stavo seguendo con attenzione tutti gli eventi politici, il lavoro della propaganda restava per me sempre estremamente interessante. In essa vidi uno strumento che l'organizzazione Socialista-Marxista aveva controllato a lungo con capacità da maestro ed aveva utilizzato appieno. Giunsi presto a realizzare che l'uso corretto della propaganda era un'arte che era praticamente sconosciuta ai partiti borghesi. Il solo movimento Cristiano-Socialista, specialmente al tempo di Lueger, applicò tale strumento con una certa virtuosità e deve ad esso molto del suo successo.

Noi facevamo propaganda?

Ahimè posso rispondere di no. Tutto ciò che era stato fatto in questa direzione era così inadeguato ed ostinato nell'errore sin dall'inizio che non era della benché minima utilità - a volte era addirittura dannoso. Un esame sistematico della propaganda di guerra della Germania non lascia alcun dubbio che essa fosse insufficiente nella forma ed errata psicologicamente.

Sembrava addirittura che fossimo incerti sulla domanda basilare: la propaganda è uno strumento che porta ad un fine?

Essa è uno strumento, e deve essere giudicato dal punto di vista del suo dovere di servire. Deve essere conformata in modo da adattarsi a tale obiettivo. E' anche chiaro che l'importanza dell'obiettivo può variare dalla posizione della generale necessità a quella in cui le qualità della propaganda debbano variare per essere in armonia con essa. L'obiettivo per cui lottavamo, man mano che la Guerra continuava, era il più nobile ed il più convincente che l'uomo possa immaginare.

Era la libertà e l'indipendenza della nostra nazione, la sicurezza del nutrimento futuro e - l'onore della nazione.

Per quanto riguarda la questione dell'umanità, Moltke disse che in guerra l'essenziale è portare le cose a termine rapidamente, e che i metodi più duri portano con maggior efficacia a questo fine.

La propaganda nella Guerra era un mezzo per un fine, e la Guerra era una battaglia per la vita della nazione Tedesca; quindi, la propaganda poteva soltanto basarsi sui principi che avevano valore per tale obiettivo. Le armi più crudeli erano umane se conducevano ad una vittoria più rapida.

Questo era l'unico atteggiamento possibile da adottare verso la questione della propaganda di guerra in una simile battaglia per la vita o la morte,

Se le persone in posizioni elevate fossero state chiare su quanto appena detto, non ci sarebbe stata alcuna incertezza sulla forma e sull'impiego di tali armi; perché non si tratta né più né meno di un'arma - un'arma veramente terribile nelle mani di persone che la comprendono.

Tutta la propaganda dovrebbe essere popolare e dovrebbe adattare il suo livello intellettuale alla capacità recettiva del meno intellettuale delle persone a cui si desidera rivolgersi. Quindi deve affondare la sua elevazione mentale in proporzione alla quantità delle masse a cui si deve aggrappare. Se - come per la propaganda da fare durante la guerra - l'obiettivo è quello di radunare un'intera nazione nel suo cerchio di influenza, l'attenzione per cercare di evitare un livello intellettuale troppo elevato non è mai sufficiente.

La capacità recettiva delle masse è molto limitata, e la loro comprensione è scarsa; d'altra parte, essi hanno una grande capacità di dimenticare. Premesso questo, tutta la propaganda efficace deve essere limitata a pochissimi punti che devono essere esposti sotto forma di slogan finché anche l'ultimo uomo sia in grado di comprendere ciò che ogni slogan significa. Se si sacrifica questo principio per il desiderio di avere molte sfaccettature, si dissiperà l'efficace lavoro della propaganda, perché il popolo non sarà in grado di digerire o trattenere il materiale che gli viene offerto. Inoltre si indebolirà ed infine cancellerà la sua stessa efficacia.

Era, ad esempio, fondamentalmente errato dipingere il nemico come ridicolo, come fece la stampa comica Austriaca e Tedesca rendendolo un punto fermo della loro propaganda; errore, perché, quando invece incontravano il nemico in carne e ossa, i nostri uomini erano portati a ricevere un'impressione totalmente diversa di esso, che di conseguenza si prendeva la sua vendetta nella maniera più terribile; perché il soldato Tedesco, davanti all'impressione diretta del potere di resistenza del nemico, sentiva quindi di essere stato fino a quel momento ingannato dai fabbricanti delle sue informazioni e, invece di rinforzare o almeno confermare il suo ardore per la battaglia, faceva il contrario. Gli uomini si spezzarono sotto questo peso.

D'altro lato la propaganda di guerra Britannica ed Americana era psicologicamente corretta. Mostrando il Tedesco al loro popolo come un barbaro ed un Unno, preparavano il singolo soldato agli orrori della guerra e quindi aiutavano a mettere da parte il suo disappunto. La più terribile delle armi che adesso si rivolgeva contro di loro era per loro soltanto una conferma delle informazioni che avevano già ricevuto, e rinforzava la loro fede nella correttezza delle affermazioni del proprio Governo, mentre aumentava la loro rabbia ed il loro odio contro il nemico malvagio. Quindi il soldato Britannico non percepì mai che le informazioni che riceveva da casa fossero false, mentre la Germania finì per rifiutare tutto ciò che proveniva da lì come un puro inganno e *Krampf*.

Cosa dovremmo ad esempio dire al riguardo di un poster che pubblicizza un nuovo sapone se descrive altri saponi come se fossero 'buoni'? Dovremmo scuotere la testa nel vederlo. Era fondamentalmente errato, discutendo l'argomento del rimorso di guerra, suggerire che la Germania poteva essere annoverata come parzialmente responsabile dello scoppio della catastrofe; la cosa più adatta sarebbe stata spostare incessantemente tutto il peso sulle spalle del nemico, anche se questo non corrispondeva al reale corso degli eventi, come se fosse così nonostante la realtà. Le masse non sono in posizione di distinguere dove cominci l'illegalità straniera e dove finisca la nostra.

La stragrande maggioranza delle persone sono così femminili in natura e nei punti di vista che i loro pensieri e le loro azioni sono governati più dal sentimento e dalle emozioni che dalla considerazione ragionata. Questo sentimento è, tuttavia, poco complicato ma molto semplice e consistente. Non si differenzia molto, ma è sia positivo che negativo, amore o odio, verità o menzogna, mai metà di uno e metà dell'altro, e così via. Questo fatto è stato sfruttato dalla propaganda Britannica con grande genialità. In Inghilterra non c'era nessuna mezza affermazione che avrebbe potuto dare adito a dubbi.

La prova della loro comprensione della natura primitiva del sentimento delle masse popolari sta nella pubblicazione di orrori che si adattavano a questa condizione, ed in maniera sia intelligente che spietata preparavano il terreno per la solidità morale al fronte, anche quando subiva grosse sconfitte, ed inchiodando il nemico Tedesco come se fosse l'unica causa della Guerra - una bugia, con la sua inqualificabile impudenza ed il modo un cui fu messa davanti alla nazione, presero in considerazione la natura sentimentale ed estremista del pubblico, e guadagnarono così credito.

La modifica dei metodi non dovrebbe alterare l'essenza di ciò che la propaganda di guerra ha lo scopo di ottenere; il suo dare a intendere deve essere lo stesso sia alla fine che all'inizio. Lo slogan può essere messo sotto diverse luci, ma ogni trattamento che si effettua su di esso dovrebbe sempre finire con lo slogan. La propaganda non può lavorare con solidità ed in maniera consistente in nessun'altra maniera.

Il successo di ogni pubblicità, sia negli affari che in politica, è dovuto alla continuità ed alla consistenza con cui viene impiegata. L'esempio della propaganda nemica era tipico anche di questo. Si limitava a pochi punti di vista, era indirizzata soltanto alle masse, e veniva perseguita con instancabile perseveranza.

Nel corso di tutta la Guerra si fece uso delle idee e delle forme di espressione di base che erano state ritenute corrette sin dall'inizio, e non si prendeva in considerazione nemmeno una minima variazione.

All'inizio l'impudenza delle sue affermazioni apparve folle - ma più tardi divenne poco piacevole.

I Britannici compresero anche un'altra cosa - ossia che quest'arma intellettuale si può impiegare efficacemente soltanto con le masse, ma che, se ha successo, essa ripaga ampiamente del suo costo.

La propaganda per loro valeva come un'arma di prima classe, mentre per noi era l'ultimo mezzo per politici senza ufficio per creare un ormeggio vivo e sottile per eroi di modesto calibro.

Tutto sommato, il suo successo fu praticamente nullo.

# VII

## LA RIVOLUZIONE

Era l'estate del 1915 quando il nemico cominciò a sganciare su di noi dei volantini dal cielo. Il loro contenuto era quasi sempre lo stesso, sebbene cambiassero la forma di presentazione: l'angoscia in Germania era in aumento; la Guerra non sarebbe mai finita, mentre le prospettive di vincere erano sempre più flebili; le persone a casa desideravano la pace, ma il 'militarismo' ed il Kaiser non la permettevano; il mondo intero - che sapeva molto bene tutto questo - non stava intraprendendo la guerra contro la nazione Tedesca, ma solo contro l'uomo che ne era responsabile, il Kaiser: così la Guerra non sarebbe finita finché tale nemico dell'umanità pacifica non sarebbe stato rimosso. Ma le nazioni democratiche e liberali, dopo la fine della guerra, avrebbero accettato la nazione Tedesca nella lega della pace mondiale perpetua, che era assicurata una volta che il 'militarismo Prussiano' sarebbe stato distrutto.

C'è da notare un punto in questo tipo di propaganda. In ogni parte del fronte dove c'erano dei Bavaresi, essa era fermamente decisa contro la Prussia, dichiarando non solo che la Prussia era la parte realmente colpevole, ma che nei paesi Alleati non c'era alcuna inimicizia verso la Baviera; tuttavia non c'era alcuna possibilità di aiutarla fintanto che restava unita per servire il militarismo della Prussia e per togliergli le castagne dal fuoco.

Anche nel 1915 questo tipo di persuasione cominciò ad avere davvero un effetto definito. I sentimenti contro la Prussia aumentarono piuttosto visibilmente nella truppa - e le autorità non presero nemmeno una volta delle misure per sradicarli. Nel 1916 le lettere di lamentela provenienti da casa stavano avendo un'influenza diretta, ed allora non fu più necessario in maniera particolare per il nemico disseminare queste lamentele al fronte per mezzo dei volantini lanciati dal cielo. Le sciocche lettere scritte dalla donne Tedesche costarono a centinaia di migliaia di uomini le loro vite nel periodo che seguì.

Accadeva già un fenomeno obiettabile. Il fronte malediceva e si lamentava, ed era arrabbiato e scontento - a volte con ragione. Mentre loro digiunavano e soffrivano, le loro genti stavano a casa in povertà, mentre gli altri avevano più che abbastanza e facevano baldoria. Anche al fronte sotto questo aspetto non tutto andava come dovrebbe. Le crisi insorgevano facilmente, ma erano eventi 'casalinghi'. Lo stesso uomo che si era lamentato e brontolava pochi minuti dopo faceva il suo dovere in silenzio, come se fosse naturale. Una compagnia che era stata scontentata, aggrappata al bordo della trincea e che doveva difendere il destino della Germania, dipendeva da quelle poche centinaia di metri di buche di fango. Al fronte c'era sempre il vecchio glorioso esercito di eroi.

Fui ferito nell'Ottobre del 1916, ma venni fortunatamente recuperato ed inviato a casa in Germania con un treno ambulanza. Erano passati due anni da quando avevo visto l'ultima volta casa mia, un periodo piuttosto infinito in quelle circostanze. Andai in un ospedale vicino a Berlino. Che cambiamento!

Ahimè il mondo era nuovo sotto molti aspetti. Qui lo spirito dell'esercito al fronte sembrava non trovare posto. Incontrai per la prima volta qualcosa che fino ad ora non si era mai sentito al fronte - il vanto della propria codardia!

Non appena fui in grado di camminare, ottenni il permesso di visitare Berlino. Ovunque era evidente una pesante povertà. Una città di milioni di persone faceva la fame. C'era molto scontento. In alcune case, dove fecero visita i soldati, il tono era più o meno lo stesso che all'ospedale. Si aveva l'impressione che quelle persone cercassero di proposito tali luoghi dove ventilare le proprie opinioni.

A Monaco le condizioni erano molto, molto peggiori. Quando mi fui rimesso e mi dimisero dall'ospedale, venni inviato ad un battaglione di riserva e sentii ancora una volta di non riconoscere quasi la città - rabbia, scontento e maledizioni ovunque andassi. I soldati che tornavano dal fronte avevano certe peculiarità, spiegabili con il loro servizio al fronte, che erano abbastanza incomprensibili ai comandanti anziani dei battaglioni di riserva, ma erano ovvie per un ufficiale che era anch'esso appena tornato a casa. Il rispetto che gli uomini avevano per una persona così era molto differente da quello per un ufficiale di retrovia. Tranne che per queste eccezioni, lo spirito generale era miserabile. Imboscarsi era visto come un segno di intelligenza superiore, la devozione verso il dovere come un segno di debolezza e di mente ristretta. Gli uffici erano pieni di Ebrei. Quasi ogni impiegato era Ebreo, e quasi ogni Ebreo un impiegato. Ero colpito di vedere questa massa di combattenti della razza prescelta, e non potevo non confrontarli con la scarsità di rappresentanti che avevano al fronte.

Nel mondo degli affari andava ancora peggio. Qui la nazione Ebraica era in realtà divenuta 'indispensabile'.

Lo sciopero delle munizioni alla fine del 1917 non produsse i risultati sperati per lasciare a secco il fronte armato; collassò troppo rapidamente per mancanza di munizioni, perché esso - era inteso - doveva condannare l'esercito alla sconfitta. Ma quanto grande e quanto disgraziato era il danno morale che era stato fatto! Primo, qual era l'esercito che stava andando a combattere se anche il popolo a casa non desiderava la vittoria? Per chi si facevano questi grandi sacrifici e privazioni? Il soldato era in lotta per la vittoria; a casa scioperavano contro di lui! Secondariamente che effetto stava avendo tutto questo sul nemico?

Nell'inverno tra il 1917 ed il 1918 nubi oscure coprirono il cielo del mondo Alleato. Tutte le speranze basate sulla Russia erano finite. Gli alleati che avevano offerto il più grande sacrificio di sangue sull'altare dei loro interessi comuni avevano raggiunto la fine delle loro forze ed erano alla mercé dei loro impietosi aggressori. Paura e tristezza entrarono nel cuore dei soldati, che fino ad allora erano stati posseduti da una fede cieca. Avevano paura dell'imminente primavera. Perché, vedendo che fino ad allora non erano riusciti finora a spezzare il Tedesco quando poteva mettere soltanto una parte delle sue forze sul Fronte Occidentale, come potevano contare sulla vittoria ora che le forze non più divise di questo tremendo Stato di eroi sembravano radunarsi per un attacco contro l'Occidente?

Nel momento in cui le divisioni Tedesche ricevettero i loro ordini finali per lanciare il grande attacco, in Germania scoppiò lo Sciopero Generale. Il mondo fu inizialmente esterrefatto. Poi la propaganda del nemico respirò nuovamente e balzò in aiuto all'ultimo momento.

Fu questo il mezzo per rivitalizzare in un colpo solo la fiducia dei soldati Alleati che stava sprofondando, perché rappresentava la possibilità di vittoria che era adesso nuovamente una certezza, e perché trasformava la depressione terrificante riguardo agli imminenti eventi in fiducia e determinazione.

I giornali Britannici, Francesi ed Americani cominciarono a seminare tale convinzione nel cuore dei loro lettori, mentre venne impiegata una propaganda intelligentissima per eccitare le truppe al fronte.

'La Germania sull'orlo della rivoluzione! La Vittoria Alleata è inevitabile!' Questa fu la migliore medicina per rimettere nuovamente in piedi il Tommy o il *poilu* medi.

Tutto questo era il risultato dello sciopero delle munizioni. Rivitalizzava la fede nella vittoria nelle nazioni nemiche e si liberava di quell'opprimente depressione del fronte Alleato; di conseguenza migliaia di soldati Tedeschi pagarono per questo con il loro sangue. Ma i promotori di questo sciopero disgraziato e dispettoso erano quelli che si aspettavano di ottenere i posti più alti nello Stato nella Germania rivoluzionaria.

Fui fortunato ad essere nelle prime due e nelle ultime offensive. Queste ultime mi fecero la più tremenda impressione che mai ricevetti in tutta la mia vita - tremenda perché per l'ultima volta la battaglia perse il suo carattere di difesa e divenne un'offensiva, come accadde nel 1914.

Al culmine dell'estate del 1918 c'era un caldo opprimente lungo tutto il fronte. A casa c'erano molte dispute. Riguardo a cosa? Nella varie unità dell'esercito si udivano molti rumori. Sembrava che la Guerra adesso fosse senza speranza, e che solo gli sciocchi potessero pensare che avremmo vinto. Non era la nazione, ma erano i capitalisti e la Monarchia ad essere interessati a proseguire la Guerra. Queste erano le notizie che giungevano da casa, e che si discutevano al fronte. All'inizio il fronte ebbe una scarsa reazione ad esse. Cosa ci importava del suffragio universale? Era per questo che avevamo lottato per quattro anni? Il fronte, nella sua vecchia condizione di stabilità, non era di grande utilità per i nuovi scopi di guerra dei Signori Ebert, Scheidemann, Barth, e Liebknecht. Non potevamo capire perché gli scansafatiche avessero il diritto di arrogarsi il controllo dello stato.

Le mie nozioni politiche erano fisse sin dall'inizio. Ero riluttante verso quella miserabile gang di dilettanti di partito che avevano tradito la nazione. Avevo già visto da lungo tempo che tale gang non stava in realtà pensando al bene della nazione, ma soltanto a riempire le loro tasche vuote. Ed il fatto che fossero pronti a sacrificare il loro paese per questo, ed a lasciare affondare la Germania se fosse stato necessario, ai miei occhi li rendeva adatti ad essere impiccati. L'attenzione che si portava verso i loro desideri significava sacrificare gli interessi delle classi dei lavoratori per il beneficio di molti scippatori; metterli in pratica era impossibile a meno che non fossimo pronti a lasciar andare la Germania. La maggior parte dell'esercito la pensava ancora come me. In Agosto e Settembre i segni di decadimento aumentarono sempre più rapidamente, anche se gli effetti degli attacchi nemici non erano confrontabili con lo spavento delle nostre battaglie di difesa. Al confronto di esse, le battaglie delle Somme e nelle Fiandre erano cose del passato, una memoria terrificante.

Alla fine di Settembre la mia divisione giunse per la terza volta nelle posizioni che avevamo preso d'assalto come reggimento di giovani volontari. Che ricordi!

Adesso, nell'autunno del 1918, gli uomini erano differenti; c'erano discussioni politiche tra le truppe. Il veleno proveniente da casa stava cominciando ad avere i suoi effetti qui come ovunque. I giovani soccombevano ad esso tutti insieme - erano venuti dritti da casa.

Durante la notte fra il 13 ed il 14 Ottobre gli Inglesi cominciarono a lanciare cartucce di gas sul fronte occidentale prima di Ypres. Eravamo ancora su una collina a sud di Werwick la sera del 13 Ottobre, quando fummo colpiti da un fuoco battente che durò diverse ore, che continuò per tutta la notte con maggiore o minore violenza. A mezzanotte circa alcuni di noi caddero - alcuni per sempre.

Verso l'alba sentii un dolore che peggiorava ogni quarto d'ora, ed alle sette circa vacillai con gli occhi infuocati, e fu l'ultima volta che presi parte a quella guerra. Poche ore dopo i miei occhi erano diventati carboni ardenti, ed intorno a me era tutto oscuro. Venni inviato all'ospedale di Pasewalk in Pomerania e mentre ero lì fui destinato a vedere la Rivoluzione.

Voci negative continuavano a provenire dalla marina che si diceva fosse in fermento, ma questo mi sembrava una cosa nata dall'immaginazione eccitata di qualche giovane piuttosto che una questione che riguardava un gran numero di uomini. In ospedale tutti parlavano di fine della Guerra, che speravano arrivasse rapidamente, ma nessuno immaginava che sarebbe giunta immediatamente. Non ero in grado di leggere i giornali. A Novembre la tensione aumentò. Quindi un giorno il disastro ci investì improvvisamente e senza preavviso. Arrivarono dei marinai sui camion che chiamavano la rivolta, ed alcuni giovani Ebrei presero il ruolo di leader in questa lotta per la 'libertà, bellezza e dignità' della nostra vita nazionale. Nessuno di loro era mai stato al fronte.

I giorni seguenti portarono con loro il periodo peggiore della mia vita. Le voci erano sempre più definite. Ciò che credevo fosse un problema locale sembrava essere una rivoluzione generale. Oltre a tutto questo, giunsero voci angoscianti dal fronte. Volevano capitolare. Ebbene si - era possibile una cosa del genere? Il 10 Novembre venne un pastore anziano all'ospedale per un breve discorso; quindi avevamo sentito tutto. Ero presente e profondamente colpito. L'anziano sembrava tremare quando ci disse che la Casa degli Hohenzollern non indossava più la corona Imperiale - che la Patria era diventata una Repubblica. Quindi tutto era stato vano. Inutili tutti i sacrifici e le privazioni, inutili i digiuni e la sete per molti ed infiniti mesi, inutili le ore che avevamo trascorso facendo il nostro dovere, uniti dalla paura della morte, ed inutili le morti di due milioni di uomini!

Ed il nostro paese?

Ma - era questo l'unico sacrificio che saremmo stati chiamati a sopportare? La Germania del passato valeva meno di quanto pensassimo? Non aveva alcun obbligo verso la sua storia? Eravamo degni di indossare la gloria del passato? In quale luce può essere presentato questo atto a giustificazione per le generazioni future?

Miserabili, depravati criminali!

In quell'ora, più cercavo di chiarirmi le idee su quell'evento tremendo, più arrossivo di rabbia e vergogna. Cos'era il dolore ai miei occhi in confronto a tutta questa miseria?

I giorni e le notti seguenti furono ancora peggiori. Sapevo che tutto era perso. In quelle notti nacque il mio odio verso i fautori di tale atto.

L'Imperatore William era stato il primo Imperatore Tedesco ad offrire la mano dell'amicizia ai leader del Marxismo, non comprendendo che questi furfanti sono senza onore. Mentre tenevano la mano dell'imperatore, l'altra mano stava già toccando il pugnale.

Con gli Ebrei non c'è da stupirsene - c'è soltanto la maniera dura 'o così, o così'. Decisi di diventare un politico.

# VIII

## L'INIZIO DELLA MIA VITA POLITICA

Alla fine di Novembre del 1918 ritornai a Monaco. Mi unii nuovamente al battaglione di riserva del mio reggimento, che era in mano ai Consigli dei 'Soldati'. L'intera cosa era per me così repellente che decisi prontamente di uscirne il più velocemente possibile. Accompagnato dal mio fedele camerata di Guerra, Schmiedt Ernst, andai a Traunstein e lì rimasi finché il campo non venne smantellato. Nel Marzo 1919 ritornammo a Monaco.

La situazione era impossibile, e tendeva irresistibilmente verso un'estensione della Rivoluzione. La morte di Eisner accelerò solamente gli sviluppi, e portò infine alla dittatura dei Consigli, meglio definita come controllo transitorio da parte degli Ebrei, che era l'idea e lo scopo originario delle persone che diedero origine alla Rivoluzione. In quel periodo transitarono per la mia mente infiniti schemi.

Nel corso della nuova Rivoluzione, le mie prime azioni portarono su di me la volontà insana del Consiglio Centrale. Il 27 Marzo 1919 venni quasi arrestato di mattina presto, ma quando presentai il mio fucile ai miei presunti carcerieri, i tre giovani persero coraggio e ritornarono da dove erano venuti.

Pochi giorni dopo la liberazione di Monaco, venni convocato per presenziare ad una commissione per l'inquisizione sugli eventi rivoluzionari nel Secondo Reggimento di Fanteria.

Questa fu la mia prima incursione nella politica più o meno pura. Poche settimane dopo tutto questo, mi venne ordinato di frequentare un 'corso' per i membri della Forza di Difesa. L'intenzione di fondo di questo corso era di fornire al soldato dei principi ben definiti per guidare i suoi pensieri come cittadino di uno Stato. Per quanto mi riguardava, il suo valore consisteva nel fatto che avrei dovuto essere in grado di fare la conoscenza di qualche camerata che la pensava come me, e con cui avrei potuto discutere della situazione del momento. Eravamo tutti più o meno convinti che la Germania non potesse essere salvata dal collasso, che era sempre più imminente, da parte dei perpetratori del crimine di Novembre, i Partiti di Centro e Socialdemocratici; inoltre i cosiddetti gruppi 'Borghesi-Nazionali' non potrebbero, nemmeno con le migliori intenzioni al mondo, essere mai in grado di riparare ai danni che erano stati fatti.

Quindi all'interno della nostra piccola cerchia discutemmo della formazione di un nuovo partito. I principi di base che prendemmo in considerazione erano gli stessi che vennero più tardi realizzati nel Partito dei Lavoratori Tedeschi. Lo scopo del nuovo movimento era di puntare sin dall'inizio alla possibilità di penetrare le masse popolari; perché, se tale qualità fosse stata mancante, l'intero lavoro appariva senza senso e superfluo. Quindi decidemmo di chiamarlo 'Partito Sociale Rivoluzionario' - perché l'idea sociale della nuova fondazione coinvolgeva davvero una rivoluzione.

Inoltre c'erano delle ragioni ancora più profonde. Tutta l'attenzione che in precedenza nella mia vita avevo dedicato ai problemi economici mi avevano lasciato sempre più o meno sull'orlo delle idee che nascevano dalla mia considerazione dei problemi sociali. Soltanto più tardi potei allargare questi confini come risultato della mia considerazione della politica di alleanza Tedesca.

Quest'ultima fu un gran parte il risultato di una falsa stima economica e della vaghezza di principi con cui la nazione Tedesca sarebbe stata approvvigionata di cibo in futuro. Tali idee erano basate sulla supposizione che in ogni caso il capitale fosse soltanto una conseguenza del lavoro, ed inoltre era, come lo stesso lavoro, la base per correggere tutti i fattori che potessero sia allargare che restringere l'attività umana. Quindi era questo il significato nazionale di capitale - ossia che esso stesso dipendesse interamente dalla grandezza, dalla libertà e dal potere dello Stato - ossia la nazione - e che l'unione dei due era diretta a far sì che lo Stato e la nazione venissero aiutati dal capitale, per mezzo del semplice metodo di mantenerlo ed incrementarlo. Questo collegamento dipendente del capitale con lo Stato libero ed indipendente obbligò quest'ultimo ad avere lo scopo di rendere la nazione libera e potente.

Quindi il dovere dello Stato verso il capitale era in confronto semplice e chiaro. Doveva semplicemente fare sì che il capitale restasse il servitore dello Stato e non contemplare di ottenere il controllo della nazione. Prendendo questo atteggiamento, lo Stato potrebbe confinarsi in due obiettivi: il mantenimento di un'economia nazionale efficiente ed indipendente da un lato, e dei diritti sociali dei lavoratori dall'altro.

Prima di allora non ero stato in grado di distinguere così chiaramente come avrei voluto il capitale, come puro risultato del lavoro creativo, dal capitale che doveva la sua esistenza semplicemente alla speculazione. Non avevo mai saputo come cominciare a pensare riguardo a questo. L'argomento veniva adesso affrontato in maniera esauriente da una delle varie letture che ho menzionato prima - Gottfried Feder.

Subito dopo aver ascoltato la prima lettura di Feder, mi entrò in testa l'idea di aver finalmente scoperto la strada verso uno dei principi essenziali su cui potrebbe essere fondato un nuovo partito.

Riconobbi in un attimo solo che qui era soltanto questione di verità teorica che sarebbe stata di immensa importanza per il futuro della nazione Tedesca.

L'intensa liquidazione del capitale di borsa proveniente dalle finanze della nazione offrì la possibilità di combattere l'internazionalizzazione dell'amministrazione finanziaria Tedesca, senza dover minacciare il principio di un'esistenza nazionale indipendente con una lotta contro il capitale. Lo sviluppo della Germania stava di fronte ai miei occhi in maniera troppo chiara per non rendermi conto che si sarebbe dovuta combattere la battaglia più dura, ma non contro le nazioni nemiche, bensì contro il capitale internazionale. La lettura di Feder mi diede uno splendido grido di guerra per l'imminente battaglia.

In questo caso alcuni sviluppi successivi hanno anch'essi dato prova di quanto fosse corretto il nostro sentore in quel periodo. Non veniamo più derisi dai nostri sciocchi politicanti borghesi; oggi si rendono addirittura contro, a meno che non mentano nelle loro parole, che il capitale internazionale non era soltanto il più grande agitatore di guerra, ma che, anche adesso che la Guerra è finita, non si risparmia per trasformare la pace in un inferno.

Per me e per tutti gli altri veri Nazionalsocialisti esiste una sola dottrina: la Nazione e la Madrepatria. Ciò per cui dobbiamo lottare è la sicurezza dell'esistenza e l'incremento della nostra razza e della nostra nazione, il nutrimento dei suoi figli e la purezza del suo sangue, la libertà e l'indipendenza per la Madrepatria, ed affinché la nostra nazione sia in grado di maturare per il compimento della missione a lei affidata dal Creatore dell'universo.

Stavo cominciando ad imparare dall'inizio, e solo allora giunsi alla corretta comprensione di essi, gli insegnamenti e le intenzioni dell'Ebreo Karl Marx. Soltanto allora compresi pienamente il suo *Capitale*, ed allo stesso modo la lotta della Democrazia Sociale contro l'economia della nazione, ed il fatto che il suo scopo è preparare il terreno per il dominio da parte del capitale realmente internazionale dei finanzieri e della borsa.

In maniera diversa, anche questo corso degli eventi produsse grandi risultati. Un giorno annunciai la mia intenzione di parlare. Una delle persone che prendeva parte pensò di poter spezzare una lancia per gli Ebrei, e cominciò a difenderli in una lunga discussione. Questo mi stimolò ad oppormi. La stragrande maggioranza dei presenti era dalla mia parte. Tuttavia il risultato fu che, pochi giorni più tardi, mi venne ordinato di unirmi ad un reggimento di Monaco come 'istruttore'.

A quei tempi la disciplina era piuttosto fiacca fra le truppe. Stavano soffrendo per i postumi del periodo dei Consigli dei Soldati. Soltanto per gradi e con calma fu possibile la transizione dall'obbedienza 'di consenso' - la maniera gentile con cui descrivevano il porcile che stava sotto Kurt Eisner - verso la disciplina militare e la subordinazione. Allo stesso modo le truppe dovettero imparare a sentirsi ed a immaginare loro stessi come dei membri della nazione e della Patria. Le mie nuove attività vanno in questa direzione. Le ho cominciate pieno di amore e di passione. Posso anche ostentare qualche successo; nel corso dei miei discorsi conquistai centinaia, anzi no, migliaia dei miei camerati per farli tornare alla loro nazione e Madrepatria. Ho 'nazionalizzato' le truppe e fui in grado di aiutare a rinforzare la disciplina in generale. Inoltre feci la conoscenza di alcuni camerati che la pensavano come me e che più tardi su unirono a me per gettare le basi del nuovo movimento.

# IX

## IL PARTITO DEI LAVORATORI TEDESCHI

Un giorno ricevetti degli ordini dal mio quartier generale al fine di capire cosa stava accadendo in una società che in apparenza era politica e che stava tenendo un meeting nei giorni successivi, con il nome di 'Partito dei Lavoratori Tedeschi'; avrebbe parlato anche Gottfried Feder. Dovevo andare all'incontro e osservare la gente, e poi fare rapporto.

La curiosità che si percepiva nell'esercito riguardo ai partiti politici era più che comprensibile. La Rivoluzione aveva dato ai soldati il diritto di essere politicamente attivi, e tutti, anche il più inesperto, ne fecero pieno uso. Ma non fu fino al momento in cui i Partiti di Centro e Socialdemocratici realizzarono con loro dispiacere che le simpatie dei soldati stavano cominciando ad andarsene dai partiti rivoluzionari verso il movimento Nazionale e la resurrezione del paese, che essi videro un motivo di ritirare la concessione all'esercito e proibirgli di prendere parte nella politica.

La borghesia, che soffriva davvero di debolezza senile, pensò seriamente che l'esercito sarebbe tornato alla sua condizione iniziale di semplice parte della difesa della Germania, mentre l'idea del Centro e dei Marxisti era semplicemente di estrarre il dente avvelenato e pericoloso del nazionalismo, senza il quale un esercito non è nulla se non una forza di polizia perpetua, e non è più una forza militare in grado di affrontare un nemico; questo venne ampiamente provato negli anni che seguirono. Quindi io decisi di presenziare al suddetto incontro di questo partito di cui prima non avevo alcuna conoscenza.

Fui contento quando il discorso di Feder terminò. Avevo visto abbastanza e mi stavo preparando ad andarmene quando l'annuncio che adesso chiunque poteva parlare mi indusse a restare. Non sembrò accadere nulla di notevole finché all'improvviso un 'professore' si alzò a parlare, e gettò dei dubbi sulla correttezza del ragionamento di Feder, e quindi - dopo che Feder gli rispose molto bene - fece improvvisamente appello alla 'base dei fatti' e si prese la briga di suggerire che il giovane partito fosse il più adatto a intraprendere la battaglia per separare la Baviera dalla Prussia, e che quindi la Pace sarebbe migliorata molto per la Germania, ed altre simili cose senza senso. A quel punto dovetti semplicemente alzarmi per andare a parlare e dire all'istruito gentiluomo la mia opinione su quel punto - in maniera così efficace che il presidente uscì dall'edificio come un cagnolino bagnato prima che avessi terminato.

Durante il giorno ripensai più di una volta alla questione, ed ero preparato a lasciarla cadere senza problemi, ma con mio grande stupore meno di una settimana più tardi ricevetti una cartolina che diceva che ero stato ammesso come membro del Partito dei Lavoratori Tedeschi; venni anche invitato a presenziare ad un incontro della commissione di tale partito il Mercoledì successivo.

Ero ancora più stupito di questo metodo di incrementare gli iscritti, e non sapevo se esserne annoiato o riderne. Non mi ero mai immaginato unirmi ad un partito preconfezionato; volevo fondarne uno da solo. In realtà non mi era mai venuta in mente l'idea.

Stavo per mandare per iscritto la mia risposta agli autori dell'invito, quando la curiosità prese il sopravvento, e decisi di andarci nel giorno stabilito in modo da spiegare a parole le mie ragioni.

Giunse Mercoledì. Fui preso piuttosto alla sprovvista quando mi dissero che il presidente della Società per il Reich in persona sarebbe stato presente. Volevo ritardare la mia dichiarazione di un po'. Infine egli comparve. Era l'uomo che era stato speaker di apertura quando Feder fece la sua lettura.

Questo mi incuriosì ancora, e rimasi per vedere cosa sarebbe accaduto. Imparai i nomi di questi gentiluomini ad ogni livello. Il presidente dell'organizzazione nel Reich era un Signor Harrer, il presidente di Monaco era Anton Drexler.

I minuti dell'ultimo incontro furono trascorsi con delle letture, e venne fatto voto di ringraziamento al lettore. Poi venne l'elezione dei nuovi membri - ossia il compito di ammettere me.

Cominciai a fare domande. Oltre che qualche principio guida, non c'era nulla - nessun programma, nessun opuscolo, niente di stampato, nemmeno un miserabile timbro; ma ovviamente c'erano moltissima fiducia e buone intenzioni. Non aspettai oltre per sorridere. Sapevo bene cosa stavano provando questi uomini; era il desiderio di un nuovo movimento, che sarebbe dovuto essere più di un partito nel senso stretto del termine. Mi si pose la domanda più dura della mia vita. Non avrei mai dovuto unirmi ad uno dei partiti esistenti, ed avrei spiegato le mie ragioni con maggiore precisione. Ai miei occhi sembrava un vantaggio che quella ridicola piccola banda, con i suoi pochi membri, non si fosse evoluta in una 'organizzazione', ma offriva ancora all'individuo una vera apertura per l'attività personale. C'era del lavoro da fare, e più era piccolo il movimento, e più rapidamente poteva essere formato in maniera corretta. Era ancora possibile determinare il carattere, l'obiettivo, ed i metodi di questa società, e questo era quasi impossibile nel caso dei grandi partiti già esistenti.

Più questo mi ripassava nella mente, più crebbe in me la convinzione che qualche piccolo movimento come questo potesse lastricare la via per la resurrezione nazionale, e che i partiti politici al Parlamento non lo avrebbero mai fatto, perché erano aggrappati troppo da vicino a concetti obsoleti, o avevano interesse a spingere il nuovo regime. Perché ciò che qui andava proclamato era una nuova teoria del mondo, e non un nuovo grido di chiamata per le elezioni.

Dopo due giorni di agonizzante meditazione e di domande, finalmente mi decisi a fare il passo. Era il punto di svolta decisivo della mia vita. La ritirata non era né possibile né desiderabile.

Fu così che diventai membro del Partito dei Lavoratori Tedeschi, e mi venne dato un tesserino di membro provvisorio che portava il numero 'Sette'.

# X

## I SEGNI PREMONITORI DEL COLLASSO DEL VECCHIO IMPERO

Il Vento che la nazione ed il Reich Tedesco stanno subendo è così forte che sembrano aver perso ogni potere di sentimento o riflessione, come se fossero colti dalle vertigini. E' quasi impossibile ricordare le antiche altezze, tanto sognante ed irreale sembra la grandezza e la gloria di quei tempi confrontata con l'attuale miseria; cosa che spiega perché gli uomini venivano anche troppo facilmente abbagliati dalla grandiosità, e dimenticavano di cercare i segni premonitori del grande collasso, che nonostante tutto doveva essere presente in qualche maniera. Tali segni erano visibilmente presenti, sebbene molto pochi cercarono di trarre un qualche insegnamento da essi. Oggi questo è necessario più che mai.

La maggior parte delle persone in Germania adesso riconoscono il collasso Tedesco semplicemente per mezzo della generale povertà economica e dei suoi risultati. Quasi tutti sono personalmente afflitti da essa - una ragione eccellente perché ogni individuo si renda conto della catastrofe. Ma il popolo intero non collega il collasso con le questioni politiche, culturali o morali.

Senza dubbio questo accade tra le masse; ma il fatto che i settori intelligenti della comunità vedano il collasso prima di tutto come una 'catastrofe economica' e pensino che il recupero debba avvenire dal lato economico, è una delle ragioni perché fino ad oggi non è stata possibile alcuna cura. Non finché non ci si renda conto che l'economia può soltanto essere seconda, o anche terza, e che i fattori dell'etica e della razza devono venire prima, allora si capiranno le cause dell'attuale infelicità o si comprenderà una possibilità di scoprire mezzi e metodi di curarla.

La causa più semplice, e quindi più comunemente ritenuta tale, delle nostre sfortune e dell'attuale decadenza è la sconfitta nella Guerra. Probabilmente ci sono molti che credono seriamente a tale cosa senza senso, ma molti di più hanno in bocca tale argomento mentendo consciamente. Quest'ultimo fatto si adatta a tutti quelli che si affollano intorno al contributo del governo a tutto questo. Non dichiararono forse gli apostoli della riconciliazione mondiale che la sconfitta Tedesca distrusse essenzialmente il 'militarismo' e che il popolo Tedesco avrebbe gioito della loro gloriosa resurrezione? Perché l'intera Rivoluzione era sempre accompagnata dalla frase che per mezzo di essa si ottenne la vittoria sullo standard Tedesco, ma che attraverso di essa solamente la nazione Tedesca avrebbe ottenuto piena libertà a casa ed all'estero? Non era forse così, bugiardi mascalzoni?

E' una caratteristica della genuina impudenza Ebraica che la sconfitta militare sia stata posta come causa del collasso, mentre l'organo centrale di tutto il tradimento, il *Vorwärts* di Berlino, scrisse che questa volta alla nazione Tedesca non sarebbe stato permesso di portare a casa la bandiera della vittoria! E' questo che deve essere preso come causa del nostro collasso?

La risposta all'affermazione che la perdita della Guerra è la causa può essere la seguente:

Naturalmente, la sconfitta in Guerra ebbe un effetto spaventoso sul destino del nostro paese, ma non fu la causa, fu la conseguenza delle cause. Un popolo intelligente e ben disposto sa che una conclusione infelice a tale battaglia di vita o di morte, deve per forza portare a risultati disastrosi. Ma c'erano sfortunatamente delle persone i cui poteri razionali sembrarono non funzionare al momento giusto, o che, anche se la conoscevano benissimo, lottavano contro la verità e la negavano. Loro sono in realtà la causa colpevole del collasso, e non la sconfitta in Guerra, come adesso hanno scelto di sostenere. Perché la sconfitta in Guerra fu essenzialmente un risultato della loro azione e non, come asseriscono adesso, dovuta alla 'cattiva leadership'. Il nemico non era fatto di codardi; anche loro sapevano come morire; sin dal primo giorno erano in numero maggiore dell'esercito Tedesco ed a causa dei loro armamenti tecnici avevano l'intero mondo al loro servizio; ed non possiamo nemmeno dimenticare il fatto che le vittorie

Tedesche, che continuarono per quattro anni di dura lotta contro il mondo intero, erano dovute, a parte l'eroismo e l'organizzazione accurata, solamente ad una guida perfetta.

L'organizzazione ed il comando dell'esercito Tedesco erano le più grandi che il mondo avesse mai visto. I fallimenti giacciono nei limiti dei poteri umani di resistenza. Il collasso di tale esercito non fu la causa delle nostre attuali sfortune, ma essenzialmente fu la conseguenza di altri crimini, una conseguenza che attirò un ulteriore collasso, e questa volta uno più evidente.

Non vengono infatti le nazioni sempre rovinate dalla sconfitta in una guerra e soltanto da questo? A questo si può rispondere molto brevemente. E' sempre così se la sconfitta militare della nazione è dovuta a pigrizia, codardia, mancanza di carattere - ossia nei fatti la mancanza di valore da parte di tale nazione. Se non è così, la sconfitta militare sarà uno sprone per un recupero futuro, e non la pietra tombale della nazione.

La storia fornisce innumerevoli esempi per provare la correttezza di questa affermazione.

La sconfitta militare Tedesca fu, ahimè, non una catastrofe immeritata, ma un castigo dell'eterna punizione. Ci siamo più che meritati la sconfitta. Se il fronte, lasciato a se stesso, avesse davvero ceduto, e se il disastro naturale fosse veramente stato dovuto al suo fallimento, la nazione Tedesca avrebbe accettato la sconfitta con uno spirito abbastanza diverso. Avrebbero sostenuto le conseguenti sfortune a denti stretti oppure sarebbero stati sopraffatti dal dolore. La rabbia e la furia avrebbero riempito i loro cuori contro il nemico, a cui gli scherzi della fortuna avevano dato la vittoria. Non ci sarebbero state né allegria né danze, la codardia non sarebbe cresciuta con orgoglio e non avrebbe glorificato la sconfitta, le truppe in lotta non sarebbero state prese in giro ed i loro colori non sarebbero stati gettati nella polvere; ma soprattutto tutto questo disgraziato stato di cose non sarebbe mai insorto, stato di cose che indusse un ufficiale Britannico, il Colonnello Repington, a proclamare con disprezzo: 'Ogni tre Tedeschi uno è un traditore'.

No, il collasso militare era tutto tranne la conseguenza di una serie di insane manifestazioni e di coloro che le promuovevano; avevano già infettato la nazione in tempi di pace. La sconfitta fu il primo catastrofico risultato visibile di un avvelenamento morale, un indebolimento della volontà di autoconservazione, e delle dottrine che molti anni prima avevano cominciato a minare alla base le fondamenta della nazione e del Reich.

Era naturale che l'intero, terribile e bugiardo spirito dell'Ebraismo, e le organizzazioni combattenti del Marxismo, dovessero guardare ad esso in modo che ogni singolo uomo debba essere caricato della diretta responsabilità del disastro che tutti, insieme a lui, cercarono con volontà sovrumana ed energia di evitare la catastrofe che lui aveva previsto, e di salvare la nazione da un periodo di profonda pena ed umiliazione. Addebitando a Lunderdorff la responsabilità di aver perso la Guerra Mondiale, tolsero l'arma della giustificazione morale dalla mano dell'unico avversario abbastanza pericoloso da poter avere successo a portare i traditori della Patria davanti alla giustizia.

Dobbiamo quasi guardare a questo come un grande colpo di fortuna per la nazione Tedesca, ossia che il periodo di dilagante follia giunse al punto in cui sfociò in quella terribile catastrofe; perché se le cose fossero apparse in maniera diversa, la nazione sarebbe andata forse in rovina più lentamente, ma anche con maggior certezza. La malattia sarebbe divenuta cronica, mentre, nel momento più acuto del disastro, essa divenne almeno chiara ed ovvia agli occhi di un considerevole numero di osservatori. Non fu per caso che gli uomini sconfissero la peste più facilmente della tubercolosi. La prima giunge in terrificanti ondate di morte ed è causa di shock per il genere umano, l'altra cresce lentamente; la prima induce terrore, l'altra una graduale indifferenza. Il risultato è che gli uomini lottano contro la prima con la loro energia, mentre cercano di fermare la consunzione con metodi deboli. Quindi gli uomini hanno sconfitto la peste, ma la tubercolosi li affligge. Lo stesso accade per le malattie del corpo politico. Nella lunga pace degli anni precedenti la Guerra, alcuni mali comparirono e vennero riconosciuti come malvagi, sebbene non venne data all'atto pratico nessuna attenzione alle loro cause - tranne alcune eccezioni. Queste eccezioni erano prima di tutto il fenomeno della vita economica della nazione, che colpisce le singole persone più intensamente dei mali che comparvero in molte altre direzioni.

C'erano molti segni di decadenza, che avrebbero dovuto indurre delle serie riflessioni.

Il sorprendente aumento di popolazione in Germania prima della Guerra portò la questione di fornire il necessario nutrimento sempre più alla luce in tutte le azioni ed i pensieri politici ed economici. Ma purtroppo non poterono decidersi ad andare dritti alla soluzione corretta, perché immaginarono di poter ottenere il loro obiettivo con metodi più scadenti. La rinuncia ad acquisire nuovi territori, e la sostituzione con la follia della conquista economica, erano rivolte a portare infine ad una industrializzazione senza limiti e dannosa.

Il primo e più fatale risultato fu l'indebolimento della classe contadina che portò con sé. Mentre questa classe affondava, il proletariato affollava le grandi città, cresceva in numero, finché alla fine l'equilibrio venne completamente perso. Il profondo solco fra ricchi e poveri adesso era preponderante. Le cose superflue e la povertà vivevano così vicine, che le conseguenze non potevano che essere deplorevoli. La povertà e la grande disoccupazione cominciarono a creare caos fra il popolo, e si lasciarono dietro scontento ed amarezza.

C'erano addirittura dei fenomeni peggiori legati all'industrializzazione della nazione. Insieme alla definitiva affermazione del Commercio come padrone dello Stato, il denaro divenne un dio che tutti dovevano servire, e davanti al quale tutti dovevano inchinarsi. Ebbe inizio un periodo di demoralizzazione, particolarmente duro perché giunse in un periodo in cui la nazione aveva più bisogno che mai di ispirazione eroica dell'ordine più elevato, in un momento in cui il pericolo la stava presumibilmente minacciando. La Germania avrebbe dovuto prepararsi a supportare con la spada il suo sforzo di assicurarsi il pane quotidiano per mezzo di 'lavori di economia pacifica'.

Purtroppo, il dominio del denaro ricevette approvazione dalla parte che avrebbe dovuto essere la più opposta ad esso. Fu un'ispirazione particolarmente infelice quando Sua Maestà indusse la nobiltà ad entrare nel circolo della nuova finanza. Si deve ammettere che, per scusarsi di lui, anche Bismarck non si rese conto del pericolo; ma, in pratica, guidò le virtù ideali portandole al secondo posto che era quello del denaro, perché era chiaro che, una volta che si era intrapresa tale strada, la nobiltà della spada avrebbe dovuto svolgere presto un ruolo secondario rispetto a quello della finanza.

Prima della Guerra, l'internazionalizzazione degli affari Tedeschi era già avviata, viaggiando per i sentieri dei problemi delle quote. Una parte dell'industria Tedesca fece un tentativo determinato di evitare il pericolo, ma alla fine cadde vittima degli attacchi combinati dell'avido capitalista, grandemente aiutato dal suo amico più fedele, il movimento Marxista.

La guerra persistente contro le 'industrie pesanti' della Germania era l'evidente inizio dell'internazionalizzazione, a cui si mirava con l'aiuto del Marxismo nella Rivoluzione. Mentre scrivo queste righe, il successo arride all'attacco generale sulle Ferrovie di Stato Tedesche, che devono essere trasferite ai capitalisti internazionali. Quindi, la Democrazia Sociale 'internazionale' ha ancora una volta ottenuto uno dei suoi obiettivi principali.

La prova migliore del successo del processo di industrializzazione in Germania è il fatto che quando la Guerra era finita, uno dei leader dell'industria e del commercio Tedeschi fu in grado di dare la sua opinione che il commercio era la forza che poteva nuovamente rimettere in piedi la Germania. Queste parole sottolineate da Stinnes causarono una confusione incredibile; ma vennero colte e divennero con allarmante rapidità il motto di tutti gli imbroglioni e dei chiacchieroni, che in guisa di 'uomini di stato' hanno sperperato le fortune della Germania sin dalla Rivoluzione.

Una delle prove peggiori della decadenza in Germania prima della Guerra era l'universale apatia che era sempre più evidente in qualsiasi cosa che venisse intrapresa. Essa è sempre il risultato dell'incertezza di un uomo riguardo ad una cosa ed alla codardia che nasce da questo e da altre cause. Il sistema educativo era la causa di questo difetto. C'erano un gran numero di punti deboli nell'istruzione Tedesca prima della Guerra. Era modellata su un sistema a senso unico, con una visione orientata alla mera conoscenza e molto poco verso la capacità produttiva pratica.

Si dava ancora meno valore alla formazione del carattere, e molto poco all'incoraggiamento di gioia e responsabilità, e nessun valore alla coltivazione della forza di volontà e della decisione. Il risultato di questo non era un uomo forte, ma piuttosto un flessibile possessore di molta conoscenza - ed era questo che noi Tedeschi eravamo universalmente considerati prima della Guerra, ed era per questo che godevamo di una considerazione. Il Tedesco piaceva perché era un uomo utile, ma a causa della debolezza della sua forza di volontà era poco rispettato. C'era una buona ragione perché lasciava in scarsa considerazione la nazionalità e la Madrepatria più di quasi ogni altra nazione. Quel bel proverbio che dice 'Con il proprio cappello in una mano, si può andare in tutto il mondo' dice già tutto.

Questa plasmabilità divenne disastrosa quando governò la forma con cui la Monarchia doveva essere approcciata. La forma consisteva nel non dare alcuna risposta, ma di essere d'accordo con ogni cosa che Sua Maestà decidesse di ordinare. Ed era anche in questa direzione che la dignità di un uomo libero era maggiormente necessaria; diversamente, tale servilismo era destinato ad essere un giorno la rovina della Monarchia.

Questo è piuttosto buono per gli adulatori di professione, ma ogni uomo come si deve - ed i migliori uomini dello Stato lo sono ancora - proverà soltanto repulsione quando tale cosa senza senso viene difesa. Per loro la storia è storia, e la verità è verità, anche quando si tratta di un monarca. No, la felicità di possedere sia un grande uomo che un grande monarca è talmente rara in molte nazioni, che esse devono rallegrarsi se il Destino crudele le risparmia da un terribile disadattato.

Per cui la virtù ed il significato dell'idea monarchica non possono stare soltanto nella persona del Monarca, a meno che il destino non progetti di mettere la corona in testa ad un brillante eroe come Federico il Grande, o ad un personaggio saggio come William I. Questo più accadere soltanto una volta in molti secoli - molto difficilmente accade più spesso.

Diversamente, la concezione ha la precedenza sulla persona, ed il suo significato deve basarsi esclusivamente ed in maniera intrinseca sull'istituzione, e lo stesso Monarca entra nella cerchia di coloro che lo servono.

Un risultato dell'educazione errata era la paura di addossarsi delle responsabilità, e la conseguente debolezza nella gestione dei problemi essenziali.

Prenderò qualche esempio dal mucchio, di cui mi ricordo.

Nelle cerchie dei giornalisti è uso descrivere la stampa come un grande potere all'interno dello Stato. E' vero che la sua importanza è attualmente immensa. E' molto difficile sopravvalutarla - ciò che essa fa in realtà è continuare l'educazione fino in età avanzata.

E' un interesse di base per lo Stato e la nazione vedere che le persone non cadano nelle mani di insegnanti malvagi, ignoranti, o anche mal disposti. E' dovere dello Stato, quindi, vegliare sull'educazione del popolo, ed evitare che prenda una direzione errata, e dovrebbe tenere d'occhio in particolare ciò che sta facendo la stampa; perché la sua influenza sull'uomo è di gran lunga la più forte e la più penetrante di tutte, poiché la sua azione non è transitoria, ma continua. La sua immensa importanza sta nella sua uniforme e costante ripetizione dei suoi insegnamenti. Qui, come ovunque, è dovere dello Stato non dimenticare che qualsiasi cosa che fa deve essere indirizzata ad uno e ad un solo scopo; non deve andare alla deriva per volontà del filo conduttore della cosiddetta 'libertà di stampa' o essere persuaso a trascurare i suoi doveri ed a negare il nutrimento che la nazione necessita per mantenersi sana. Deve mantenere il controllo di questo strumento di educazione popolare con determinazione assoluta, e metterlo al servizio dello Stato e della nazione.

Ciò che la cosiddetta stampa Liberale fece prima della Guerra fu scavare una tomba per la nazione Tedesca e per il Reich Tedesco. Non dobbiamo dire nulla suo bugiardi giornali Marxisti; per loro mentire è una necessità di vita, così come miagolare lo è per un gatto. Il loro unico obiettivo è spezzare i poteri di resistenza nazionali e popolari, per prepararli alla schiavitù ed al capitale internazionale ed ai loro padroni, gli Ebrei.

Cosa fece lo Stato per contrastare questo generale avvelenamento della nazione? Niente, assolutamente niente! Qualche debole ammonimento, poche righe di offesa, troppo oltraggiose per essere tralasciate, e questo fu tutto.

In quei giorni le difese messe in piedi dai governi contro la stampa - controllata principalmente dagli Ebrei - che stava lentamente corrompendo la nazione, non seguiva una linea precisa, né possedeva determinazione; ma, cosa ancora peggiore, non aveva un obiettivo fisso. L'organizzazione degli ufficiali mancò completamente il punto, sia per stimare l'importanza della lotta, per la scelta dei metodi, che per la stesura di un piano definito.

Tentavano di fare qualcosa; di quando in quando, se venivano morsi troppo duramente, imbavagliavano qualche vipera per qualche settimana o anche per mesi, ma poi lasciavano sempre che il nido di serpenti continuasse ad agire in pace come prima.

Per i lettori scarsamente istruiti e superficiali, il *Frankfurter Zeitung* è l'essenza della rispettabilità. Non usa mai espressioni rudi o forza bruta deplorevole, e scrive sempre a favore della lotta con armi 'intellettuali' e questo fa appello, in maniera abbastanza curiosa, alle persone meno intellettuali.

Ma è proprio per queste classi semi-intellettuali che l'Ebreo scrive nella sua cosiddetta 'stampa intellettuale'. Il tono del *Frankfurter Zeitung* e del *Berliner Tagelbatt* intende fare loro appello, e sono loro ad essere influenzati da tali giornali.

Mentre questi evitano con cura ogni durezza di linguaggio, usano altri mezzi per versare il veleno nei cuori dei loro lettori. In un miscuglio di espressioni adulanti, cullano i loro lettori in modo che credano che la pura conoscenza e la verità morale siano le forze guida delle loro azioni, mentre in realtà si tratta di un piano astuto per impadronirsi di un'arma, che i loro oppositori potrebbero usare contro la stampa.

La prontezza ad essere felici con delle mezze misure è il segno esteriore di una decadenza interiore, e prima o poi seguirà con certezza un collasso nazionale. Credo che la nostra attuale generazione, se guidata in modo corretto, gestirà più facilmente questo pericolo. Ha vissuto certe esperienze calcolate per tendere i nervi di chiunque non abbia perso del tutto il loro significato. La cosa certa è che, prima o poi, l'Ebreo piangerà con forza sui suoi giornali, una volta che si sarà messa una mano nel suo amato nido, mettendo fine all'uso disgraziato della stampa, ed una volta che tale strumento di educazione venga messo al servizio dello Stato, e non sia più lasciato nelle mani di stranieri e nemici della nazione, credo che sarà meno pesante per noi giovani di quanto lo fosse per i nostri padri. Una granata di trenta centimetri fischia sempre più forte di mille vipere dei giornali Ebraici - quindi lasciamole fischiare!

L'intera educazione dovrebbe essere progettata per occupare il tempo libero di un ragazzo nella coltivazione redditizia del proprio corpo. Non ha alcun diritto in quegli anni di bighellonare di nascosto, e disturbare le strade ed i cinema, ma dopo aver fatto il suo lavoro quotidiano, dovrebbe rinforzare il suo giovane corpo, in modo che la vita non lo trovi troppo morbido quando entrerà in essa. Preparare a tutto questo e metterlo in pratica è la funzione dell'educazione di gioventù, non soltanto di pompare la cosiddetta conoscenza. Essa deve liberarsi della nozione che la gestione del corpo sia un problema individuale. Nessuno dovrebbe essere libero di trasgredire a spese dei posteri, ossia della razza.

La lotta contro l'avvelenamento dell'anima deve essere intrapresa insieme alla coltivazione del corpo. Oggi tutta la vita in pubblico è una specie di letto forzato per idee ed attrazioni sessuali. Osservate la tariffa offerta da cinema, teatri e varietà e potrete difficilmente negare che sia il cibo più corretto, specialmente per i giovani. I tabelloni ed i chioschi pubblicitari sono uniti per attirare l'attenzione pubblica nelle maniere più volgari. Chiunque non abbia perso la capacità di entrare nelle anime dei giovani si renderà conto che questo porta verso un loro ferimento grave.

La vita del popolo deve essere liberata dal profumo asfissiante del nostro erotismo moderno, come deve esserlo dal vile e moralista rifiuto di affrontare i fatti. In tutte le cose, lo scopo ed il metodo devono essere governati dal pensiero di preservare la salute della nostra nazione sia nel corpo che nell'anima. Il diritto alla libertà personale è secondo all'importanza del dovere di preservare la razza.

Si poteva osservare una simile scarsa salute in quasi tutti i domini di arte e *Kultur*. Il fatto che fosse impossibile lasciare che i giovani visitassero le cosiddette 'case dell'arte' (*Kunststätte*), era un triste segno della nostra decadenza interna , visto e considerato ciò che veniva esposto al pubblico senza vergogna e senza preavviso - cosa universale nella *Panoptica* - 'Solo Per Adulti'.

Per immaginarlo, queste misure di precauzione dovrebbero essere necessarie negli stessi posti che dovrebbero essere i primi a fornire materiale per formare i giovani, non per divertire i loro genitori *blasés*! Cosa potrebbe dire il più grande drammaturgo di tutti i tempi di un simile avviso e della causa che lo rese necessario? Immaginate l'indignazione di Schiller; o come Goethe si sarebbe rivoltato dalla rabbia!

Ma, in realtà, chi sono Schiller, Goethe o Shakespeare a confronto degli eroi della nuova poesia Tedesca? Ciò che è consunto ed obsoleto, *passa* tutto insieme.

Perché è la caratteristica del periodo non soltanto che essi non producano altro che robaccia, ma che inoltre gettino fango su tutto ciò che è stato veramente grandioso nel passato.

Quindi, il lato più triste della condizione della nostra cultura nazionale nel periodo precedente alla Guerra non era semplicemente la completa impotenza del nostro potere creativo nell'arte e nella cultura generale, ma anche lo spirito di odio con cui venivano infangate e cancellate le più grandi memorie del passato.

Praticamente in tutti i domini dell'arte, in particolare nella commedia e nella letteratura, intorno all'inizio del secolo si produssero sempre meno cose di importanza, mentre si denigrava un'età migliore e le chiamavano inferiore e obsoleta; come se questa epoca attuale potesse mai conquistare una qualsiasi parte della sua vergognosa inferiorità.

Uno studio delle condizioni religiose precedenti alla Guerra mostrerà come ogni cosa giunse ad uno stadio di disintegrazione. Anche in questo dominio, grosse parti della nazione avevano completamente perso tutte le convinzioni solide e ferme. In questo, le persone che erano apertamente ed ufficialmente in dissenso con la Chiesa ebbero un ruolo minore di quelli che erano semplicemente indifferenti. Entrambi i credi mantengono delle missioni in Asia ed in Africa allo scopo di attirare nuovi aderenti alle loro dottrine - un'aspirazione che non può mostrare altro che risultati molto moderati a confronto dei progressi fatti dalla fede di Maometto - sebbene in Europa essi continuino a perdere milioni e milioni di genuini fedeli, che sono o estraniati dalla vita religiosa o semplicemente vanno per la loro strada.

Esistono molti segni di una lotta, che ogni giorno aumenta di violenza, contro i principi dogmatici delle varie Chiese, senza le quali il credo religioso è all'atto pratico inconcepibile in questo mondo umano. Le masse popolari di una nazione non sono fatte di filosofi; la fede per loro è in larga parte l'unica base della visione morale della vita. I vari tentativi di trovare dei sostituti non hanno dato prova di essere così adatti o di avere successo per essere buone alternative per le confessioni religiose precedenti. Se la dottrina religiosa si aggancia veramente alle masse popolari, l'autorità assoluta di tale fede è quindi l'intera base della sua efficacia. Ciò che, quindi, rappresenta l'abitudine ordinaria per la vita generale - e senza di essa migliaia di uomini di cultura superiore senza dubbio vivrebbero ragionevolmente e con successo, ma milioni di altri no - lo rappresenta la legge per lo Stato ed il dogma per la religione ordinaria. Solo e soltanto questo può sconfiggere il precario, e continuamente controverso, concetto intellettuale e modellarlo in una forma senza cui la fede non potrebbe esistere.

Se così non fosse, il concetto di una visione metafisica della vita - in altre parole, l'opinione filosofica - non avrebbe mai potuto crescere da esso. L'attacco al dogma è quindi, in sé, molto simile alla lotta contro i principi legali generali dello stato, e proprio come quest'ultima potrebbe sfociare nella più completa anarchia di Stato, essa potrebbe sfociare in un impotente nichilismo religioso.

Tuttavia un politico deve stimare il valore di una religione, non tanto in connessione con i difetti che la riguardano, ma in relazione ai vantaggi di un sostituto che dovrebbe essere evidentemente migliore. Ma finché tale sostituto non compare, solo gli sciocchi ed i criminali distruggeranno ciò che c'è attualmente.

Il fatto che molte persone, nella Germania precedente alla Guerra, provassero disgusto per la vita religiosa deve essere attribuito all'uso errato del Cristianesimo fatto dal cosiddetto Partito 'Cristiano' ed al vergognoso tentativo di identificare la fede Cattolica con un partito politico. Questa aberrazione fatale fornì delle opportunità per un certo numero di membri inutili del Parlamento, ma era l'intera nazione che ne subiva le conseguenze, vedendo che i risultati che realizzò per rallentare la vita religiosa in un periodo in cui ogni cosa stava cominciando ad allentarsi ed a modificarsi, oltre che i principi tradizionali della morale e del comportamento, stavano minacciando di collassare.

Gli strappi e le rotture nel nostro tessuto nazionale potrebbero non aver rappresentato alcun pericolo, finché non si dava loro particolare risalto, ma erano destinati a causare disastri nel caso in cui un trambusto di grandi eventi avesse trasformato la questione della solidità interna della nazione in un cosa di decisiva importanza.

Inoltre anche nel regno della politica un occhio osservatore avrebbero potuto individuare i mali che, a meno che non vengano fatte delle modifiche o dei miglioramenti, erano destinati ad essere indicatori dell'imminente decadenza della politica estera ed interna dell'Impero. C'erano moltissime persone che osservavano tali indicazioni con ansia e censuravano la mancanza di piani e di idee nella politica dell'Impero; conoscevano molto bene la sua debolezza ed il suo vuoto interiori, ma erano dei semplici esterni alla vita politica. La burocrazia del Governo ignorò le istituzioni di Houston Stewart Chamberlain con la stessa indifferenza di oggi. Queste persone erano troppo stupide per pensare da soli e troppo presuntuosi per imparare dagli altri che cosa fosse necessario.

Una delle osservazioni fatte senza pensare che oggi si tende a sentire è che il sistema Parlamentare 'è stato un fallimento da quando ci fu la Rivoluzione'.

Questo suscita facilmente la supposizione che prima della Rivoluzione esso fosse differente. In realtà, l'effetto di tale istituzione è e può essere soltanto distruttivo, ed è proprio così in un periodo in cui la maggior parte delle persone ha scelto di indossare i paraocchi, e non ha detto nulla o ha scelto di non vedere nulla. Perché la caduta della Germania era scarsamente dovuta a questa istituzione. Qualsiasi cosa cadesse sotto l'influenza del Parlamento veniva fatta a metà, in qualsiasi modo la si potesse guardare.

La politica di alleanza dell'Impero era una debole mezza misura. Sebbene volessero mantenere la pace, non potevano fare a mento di sterzare verso la guerra.

La politica Polacca era una mezza misura. Irritarono i Polacchi senza nemmeno affrontare seriamente la questione. Il risultato non fu né una vittoria per la Germania, né la riconciliazione con i Polacchi, sebbene essa fece della Russia un nemico.

La soluzione della questione dell'Alsazia-Lorena fu una mezza misura. Invece di colpire l'idra Francese in testa in maniera brutale ed una volta per tutte, permettendo tuttavia pari diritti agli Alsaziani, non fecero nulla. Inoltre, non potevano fare nulla. I capi traditori del loro paese mantenerono le posizioni nei ranghi dei grandi partiti - Wetterlé per esempio nel partito di Centro.

Mentre l'Ebraismo, attraverso i suoi partiti Marxista e Democratico, diffuse bugie sul 'militarismo' Tedesco in tutto il mondo e cercò di ferire la Germania con ogni mezzo in suo potere, i Partiti Marxista e Democratico rifiutarono di prendere in considerazione qualsiasi misura esauriente per completare le forze nazionali della Germania.

La perdita della battaglia per la libertà e l'indipendenza della nazione Tedesca è il risultato dell'apatia del periodo di pace e dell'esitazione a chiamare le forze combinate della nazione a difesa della Madrepatria.

Un effetto malefico del sistema monarchico era che esso persuase in maniera crescente una fetta molto ampia della nazione che, come naturale conseguenza, il governo proveniva dall'alto e che l'individuo non dovesse preoccuparsi di esso.

Fintanto che il governo era davvero buono, o almeno aveva buone intenzioni, le cose andavano in maniera soddisfacente. Ma ahimè supponendo che un vecchio buon governo venisse rimpiazzato da uno nuovo e meno coscienzioso, l'obbedienza passiva e la fede infantile sarebbero i peggiori mali immaginabili!

Ma contro queste ed altre debolezze c'erano dei punti di indubbio valore. Prima di tutto, la stabilità nella leadership di Stato assicurata dalla forma monarchica dello stato ed il ritorno di tutti i settori dello Stato dall'agitazione da parte della speculazione fatta da politici avidi; inoltre l'intrinseca dignità dell'istituzione e l'autorità che questa ha generato; l'elevazione degli ufficiali come corpo e dell'esercito molto al di sopra degli obblighi della politica di partito. Quindi il vantaggio dovuto alla personificazione del comando di Stato nella persona del Monarca, e l'esempio di responsabilità che sta sul Monarca in maniera più pesante che sulla casuale massa di una maggioranza parlamentare - la proverbiale purezza dell'amministrazione Tedesca era ascrivibile prima di tutto a questo.

L'esercito insegnò determinati ideali ed il sacrificio di se stessi per la Patria e per la sua grandezza, mentre secondo altri richiami l'avidità ed il materialismo avevano preso rapidamente piede. Insegnava l'unità nazionale contro la divisione in classi, e forse il suo solo errore era l'istituzione del volontariato di un anno.

Questo fu un errore perché ruppe il principio di assoluta eguaglianza e divise le persone meglio educate dalla comunità militare generale; mentre l'opposto sarebbe stato un vantaggio migliore. Considerate l'esclusività delle nostre classi superiori ed il loro crescente estraniamento dal loro stesso popolo, l'esercito avrebbe potuto lavorare come una benedizione se avesse evitato di isolare ad ogni livello i cosiddetti intellettuali che stavano nei suoi ranghi. Fu un errore che questo non accadde; ma quale istituzione sulla terra è priva di falle? Ma nonostante ciò, il lato positivo fu così preponderante che le poche distrazioni erano ben al di sotto della media dell'umana imperfezione.

Il più grande servizio reso dall'esercito del vecchio Impero fu che, in un epoca in cui in generale contava la maggioranza numerica, mise le teste oltre alla maggioranza. Contro l'idea Ebraico-Democratica di una cieca adorazione delle maggioranze, l'esercito tenne in alta considerazione la fede nella personalità; perché insegnò ciò che gli ultimi tempi necessitavano. Nel generale affondamento nella mollezza e nell'effeminatezza mise nei ranghi dell'esercito ogni anno 350.000 giovani uomini nel pieno orgoglio della loro forza, che con un addestramento di due anni dimenticarono la delicatezza della gioventù ed acquisirono dei corpi solidi come l'acciaio. Era solo grazie a quei due anni di obbedienza che un giovane uomo imparava a comandare.

Si riconosceva il soldato addestrato dalla sua andatura.

Era questa la scuola della nazione Tedesca, e non era senza motivo che l'odio radicato delle persone la cui invidia ed avidità richiedevano che lo Stato fosse senza potere ed i suoi cittadini disarmati fossero concentrati su di esso.

Allo Stato ed all'esercito si aggiungevano gli incomparabili corpi di ufficiali del vecchio Impero. La Germania era il paese meglio organizzato ed amministrato al mondo. Tuttavia anche se qualcuno poteva definire gli ufficiali dello Stato Tedesco come dei noiosi burocrati, non andava meglio negli altri Stati; al contrario, era peggio. Gli altri Stati non possedevano quella magnifica solidità dell'apparato né il carattere di onore incorruttibile in quelli che appartenevano ad esso. Meglio essere piuttosto noiosi, se si è onesti e fedeli, piuttosto che illuminati e moderni se allo stesso tempo si è inferiori per carattere e - come accade spesso oggi - ignoranti ed incompetenti.

Il corpo degli ufficiali Tedeschi e la macchina amministrativa erano distinti in particolare dalla loro indipendenza dai governi individuali, le cui idee transitorie in politica non potevano influenzare la posizione degli ufficiali di Stato Tedeschi. La Rivoluzione modificò tutto questo in maniera fondamentale. Le considerazioni di partito soppiantarono l'abilità e la competenza, ed un carattere virtuoso ed indipendente era più uno svantaggio che una raccomandazione.

Su questi tre, ossia lo Stato, l'esercito ed il corpo degli ufficiali, si basava la magnifica forza e l'efficacia del vecchio Impero.

# XI

## NAZIONE E RAZZA

Ci sono infiniti esempi nella storia che mostrano con terribile chiarezza come ogni volta che il sangue Ariano si è mescolato con quello di popolazioni inferiori, il risultato è stato la fine della razza che sostiene la cultura. Il Nord America, le cui popolazioni consistono per la maggior parte di elementi Tedeschi, che si mescolarono molto poco con le nazioni colorate inferiori, mostrano umanità e cultura molto diversi da quelli dell'America Centrale e Meridionale, in cui i coloni, principalmente di origine Latina, mescolarono molto liberamente il loro sangue con quello degli aborigeni. Se si prende quanto sopra come esempio, riconosciamo chiaramente gli effetti della mescolanza razziale. L'uomo di razza Tedesca nel continente Americano, poiché si è mantenuto puro e non si è mescolato, si è innalzato fino ad essere il suo padrone, fintanto che non cade nella vergogna di mescolare il sangue.

Forse l'idea umana e pacifista sarebbe piuttosto buona nei casi in cui l'uomo al comando avesse prima di tutto conquistato e sottomesso il mondo fino al punto di rendere se stesso il solo dominatore. Quindi tale principio, se applicato nella pratica, non influenzerà le masse popolari in maniera dannosa. Per cui prima la battaglia e poi il pacifismo. Diversamente, significherebbe che l'umanità ha superato il punto più alto del suo sviluppo, e che la fine non sarebbe il dominio da parte di nessuna idea etica, ma ne conseguirebbero il barbarismo ed il caos.

Alcuni naturalmente rideranno di questo, ma questo pianeta ha viaggiato nell'etere per milioni di anni anche senza l'umanità, e potrà farlo ancora se gli uomini dimenticheranno che devono la loro esistenza superiore non alle idee di un pazzo ideologo, ma alla comprensione ed alla inflessibile applicazione di antiche leggi naturali.

Tutto ciò che ammiriamo su questa terra - la scienza, l'arte, la tecnologia e l'invenzione - è il prodotto creativo soltanto di un piccolo numero di nazioni, ed in origine forse di una sola razza. Tutta questa cultura deve a loro la sua stessa esistenza. Se venissero rovinati, porterebbero con loro nella tomba tutta la bellezza di questa terra.

Se dividiamo la razza umana in tre categorie - fondatori, mantenitori, e distruttori della cultura - il blocco Ariano potrebbe essere considerato il solo rappresentativo della prima categoria.

Le razze Ariane - spesso in numero assurdamente piccolo - detronizzarono le nazioni straniere e, favorite dal numero di persone di grado inferiore che sono a loro disposizione per aiutarle, cominciarono a sviluppare, secondo le particolari condizioni di vita nei territori acquisiti - fertilità clima, etc. - le qualità dell'intelletto e dell'organizzazione che erano in loro dormienti. Nel corso di pochi secoli, crearono le culture, che in origine avevano impresse soltanto le loro caratteristiche, e le svilupparono per adattarsi al particolare carattere della terra e del popolo che avevano conquistato. Tuttavia più il tempo passa, e più i conquistatori sbagliarono contro il principio di mantenere il sangue puro (un principio a cui inizialmente aderivano), e cominciarono a fondersi con gli abitanti originali che avevano soggiogato, e finirono per esistere come un popolo particolare.

In tutti i tempi le nazioni creative sono state creative in ogni dove, mentre gli osservatori superficiali possono sia rendersene conto, come no. Essi riconoscono soltanto degli obiettivi completi, perché la maggior parte degli uomini in questo mondo è incapace di percepire il genio in sé, e vede soltanto i segni esteriori di essi sotto forma di invenzioni, scoperte, costruzioni, dipinti, etc. Anche allora, ci vuole del tempo prima che arrivino a comprenderlo. Proprio come il genio individuale lotta, sotto la spinta di molti incentivi, per creare espressioni di sé in maniera pratica, così, nella vita delle nazioni, l'applicazione reale delle forze creative che sono in loro non viene prodotta eccetto sotto la chiamata di alcune circostanze precise. Vediamo questo con più chiarezza nella razza, che era ed è il portatore dello sviluppo culturale umano - quella Ariana.

Per lo sviluppo della cultura superiore era necessario che esistessero uomini con un livello di civilizzazione inferiore, perché soltanto loro potevano essere un sostituto per gli strumenti tecnici senza i quali uno sviluppo superiore non era concepibile. Ai suoi albori, la cultura umana di certo dipendeva meno dalla bestia addomesticata e di più dall'impiego di materiale umano inferiore.

Fu soltanto quando le razze conquistate vennero schiavizzate che un simile destino cadde sul mondo animale; non accadde il contrario, come a molti piacerebbe credere. Perché era lo schiavo che per primo portava l'aratro, e dopo di lui il cavallo. Soltanto gli sciocchi pacifisti possono vedere tutto questo come un altro segno della depravazione umana; gli altri possono chiaramente vedere che questo sviluppo doveva inevitabilmente accadere in modo da giungere ad uno stato di cose in cui questi apostoli siano in grado di cospargere il mondo dei loro sciocchi discorsi.

Il progresso umano è simile ad una scala infinita; un uomo non può salire in alto se non ha prima montato i pioli inferiori. Quindi, l'Ariano deve seguire la strada che lo porta alla realizzazione, e non quella che esiste nei sogni di un moderno pacifista.

Ma la strada che l'Ariano deve percorrere era chiaramente delineata. In veste di conquistatore, soggiogò l'uomo inferiore, ed il lavoro di quest'ultimo venne fatto sotto il suo controllo, secondo la sua volontà e per i suoi scopi. Ma mentre estraeva un lavoro utile, faticoso, dai suoi soggetti, non solo proteggeva le loro vite, ma forse dava anche loro un'esistenza migliore della loro precedente cosiddetta libertà. Fintanto che continuò a vedere se stesso come il signore padrone, non solo mantenne il suo dominio, ma fu anche sostenitore e diffusore della cultura. Ma non appena le persone assoggettate cominciarono ad innalzare loro stesse e - probabilmente - ad assimilare il loro linguaggio con quello del conquistatore, la sottile barriera tra signore e servitore cadde. L'Ariano rinunciò alla purezza del suo stesso sangue e con esso il suo diritto di restare nel paradiso che aveva creato per se stesso. Affondò, sopraffatto dalla mescolanza delle razze, e perse gradualmente e per sempre la sua capacità di civilizzare finché non cominciò ad assomigliare alle razze aborigene molto più dei propri padri, sia nella mente che nel corpo. Per un certo periodo poteva ancora godersi la benedizione della civiltà, ma prima giunse l'indifferenza, ed infine l'oblio. E' così che le civiltà e gli imperi vanno in pezzi, per dare spazio a nuove creazioni.

La mescolanza del sangue e l'abbassamento del livello razziale che lo accompagna è l'unica e la sola ragione per cui le antiche civiltà scompaiono. Non sono le guerre che vengono perse a rovinare il genere umano, ma la perdita del potere di resistenza, che appartiene soltanto al sangue puro.

Nella nostra lingua Tedesca c'è una parola che descrive completamente - la prontezza di obbedire alla chiamata del dovere (*pflichterfullung*) - il servizio per l'interesse comune. L'idea che sta alla base di tale atteggiamento la chiamiamo 'idealismo' al contrario di 'egoismo', e per mezzo di essa comprendiamo la capacità di sacrificio dell'individuo per la comunità, per i suoi simili.

E' nei momenti in cui gli ideali minacciano di scomparire che siamo in grado di osservare una diminuzione immediata di tale forza che è l'essenza della comunità ed è una condizione necessaria per la cultura. Quindi l'egoismo diventa la forza che governa una nazione, e nella rincorsa alla felicità i legami dell'ordine vengono allenatati e gli uomini cadono dritti verso la loro distruzione.

L'esatto contrario dell'Ariano è l'Ebreo. In quasi nessuna nazione del mondo l'istinto di autoconservazione è sviluppato in maniera più forte che nel 'popolo eletto'. La prova migliore di questo è il fatto che la razza continua ad esistere. Dov'è un altro popolo che negli ultimi duemila anni ha mostrato così pochi cambiamenti delle caratteristiche interne come la razza Ebraica? Quale razza, nei fatti, è stata coinvolta nei grandi cambiamenti rivoluzionari più di questa, ed è anche sopravvissuta intatta dopo le catastrofi più terribili? Quanto esprimono questi fatti la loro volontà determinata di vivere e di mantenere la loro specie!

Le qualità intellettuali dell'Ebreo si sono sviluppate nel corso dei secoli. Oggi pensiamo a lui come 'scaltro' ed in certo senso era così in ogni epoca. Ma la sua capacità intellettuale non è il risultato dello sviluppo personale, ma dell'educazione da parte degli stranieri.

Quindi, poiché l'Ebreo non ha mai posseduto una propria cultura, le basi della sua attività intellettuali sono sempre state fornite da altri. Il suo intelletto è stato in ogni momento sviluppato per mezzo del contatto con le civiltà circostanti. E mai il contrario.

E' estremamente scorretto puntare al fatto che gli Ebrei lottino tutti insieme con i loro simili - o piuttosto li saccheggiano - e concludere da questo che essi abbiamo una certa idea del sacrificio di sé.

Anche in questo l'Ebreo è guidato da null'altro che un più o meno puro egoismo; ed è per questo che lo Stato Ebraico - che si suppone sia l'organismo vivente per mantenere ed incrementare una razza - è interamente senza frontiere. Perché il concetto di uno Stato con dei confini prestabiliti implica sempre il sentimento idealista di una razza all'interno dello Stato, ed anche un concetto del significato di lavoro come un'idea. Per volere di questo concetto, manca l'ambizione di formare o anche solo mantenere uno Stato con dei confini definiti. Non esiste quindi alcuna base su cui sia possibile costruire una cultura.

Quindi la nazione Ebraica, con tutte le sue ovvie qualità intellettuali, non ha una vera cultura - di certo nessuna che sia peculiare in sé. Perché qualsiasi cultura che l'Ebreo sembri possedere oggi è principalmente proprietà di altri popoli, ed è divenuta corrotta sotto la sua manipolazione.

In origine l'Ariano era probabilmente un nomade e quindi, man mano che il tempo passava, divenne stabile; questo, se non altro, prova che non è mai stato un Ebreo! No, l'Ebreo non è un nomade, perché persino il nomade possiede già un atteggiamento definito verso il concetto di 'lavoro', destinato a servire come base di ulteriore sviluppo, finché è un possesso delle necessarie qualifiche intellettuali. Ma possedeva il potere di dar forma agli ideali, in maniera molto raffinata, in modo che il suo concetto di vita possa anche essere alieno, ma pur sempre simpatetico verso la razza Ariana. Nell'Ebreo tuttavia tale concetto non trova alcun posto; non è mai stato un nomade ma sempre un parassita nel corpo delle altre nazioni.

Il fatto che in alcune occasioni egli abbia abbandonato la sua sfera vitale precedente non accadde di sua intenzione, ma fu la conseguenza di essere stato in diversi momenti espulso dalle nazioni della cui ospitalità aveva abusato. La sua diffusione nel mondo è un fenomeno tipico di tutti i parassiti; sta sempre cercando cibo fresco per la sua razza.

La sua esistenza all'interno di altre nazioni si può mantenere costante soltanto se egli ha successo a convincere il mondo che quando si parla di lui non è una questione di razza, ma di 'legame religioso' che tuttavia è peculiare solo a lui stesso. Questa è la prima grande bugia!

Per poter continuare ad esistere come parassita nella nazione, l'Ebreo deve mettersi al lavoro per negare la sua vera natura interiore. Più è intelligente il singolo Ebreo, e meglio riuscirà nel suo inganno - fino al punto di fare credere seriamente a gran parte della popolazione che l'Ebreo è in maniera genuina un Francese, un Inglese, un Tedesco o un Italiano, anche se ha una religione differente.

L'attuale vasto sviluppo economico sta portando ad un cambiamento della stratificazione sociale della nazione. Le piccole industrie stanno gradualmente morendo, rendendo più raro per il lavoratore assicurarsi un'esistenza decente, e lo stanno guidando visibilmente a diventare uno della classe proletaria. Il risultato di tutto questo è il 'lavoratore di fabbrica' il cui segno distintivo essenzialmente è che non è in grado di mantenere la propria dignità e la propria individualità nell'ultima parte della sua vita. Nel senso più vero della parola è senza possedimenti; l'anzianità significa per lui sofferenza e si può difficilmente definire vita. In un periodo precedente una volta accadde lo stesso, ed era necessaria una soluzione urgente; venne scoperta una soluzione. Accanto a coltivatori ed artigiani stava nascendo un nuovo Stato, i cui ufficiali erano servi dello Stato e senza possedimento nel vero senso della parola. Lo Stato trovò una via d'uscita da questo insano stato di cose; si assunse la responsabilità del benessere dei suoi servitori che non erano in grado di provvedere a loro stessi nella vecchiaia, e creò la pensione. Quindi un'intera classe, lasciata senza alcuna proprietà, venne abilmente recuperata dalla miseria sociale e venne incorporata nel corpo della nazione.

Negli ultimi anni lo Stato ha dovuto affrontare la stessa questione su scala molto più ampia. Le nuove masse popolari, che erano milioni, si erano costantemente spostate dai villaggi verso le città più grandi, per potersi guadagnare da vivere come lavoratori in fabbrica nelle nuove industrie.

Quindi nacque realmente una nuova classe a cui è stata prestata scarsa, o nessuna, attenzione, e verrà il giorno in cui ci si chiederà se la nazione ha ancora una volta la forza, con i propri sforzi, di incorporare nuovamente la nuova classe nella comunità generale o piuttosto se la distinzione tra classe e classe si deve allargare fino ad una rottura.

Mentre la borghesia ha ignorato questa difficilissima questione ed ha lasciato che le cose andassero avanti come preferiva, l'Ebreo ha preso in considerazione infinite possibilità che si presentano riguardo al futuro. Da una parte sta facendo uso dei metodi capitalisti per sfruttare appieno l'umanità, e all'altra si sta preparando a sacrificare la sua influenza e presto uscirà fuori come loro leader nella lotta contro lui stesso. 'Contro lui stesso' è ovviamente soltanto un'espressione figurata perché il grande maestro di bugìe sa molto bene come emergere con le mani in apparenza pulite, e seppellire gli altri sotto la colpa.

Poiché ha l'impudenza di guidare le masse di persona, a queste ultime non viene mani in mente che egli sia il più infame traditore di tutti i tempi.

La procedura dell'Ebreo è la seguente: si rivolge ai lavoratori, sostiene di avere pietà per loro o di essere indignato per la loro miseria e la loro povertà, in maniera da guadagnarsi la loro fiducia. Si prende la briga di studiare la vera o immaginaria durezza delle loro vite e di suscitare il desiderio di un cambiamento esistenziale. Con immensa intelligenza, intensifica la domanda di giustizia sociale in tutti gli uomini di origine Ariana e quindi marchia la battaglia per la rimozione dei mali sociali con un carattere abbastanza definito di importanza mondiale. Trova le dottrine del Marxismo.

Mescolandolo in maniera inestricabile con un'intera massa di richieste, che sono socialmente giustificabili, assicura la popolarità della dottrina, mentre dall'altra parte fa sì che le persone decenti non vogliano supportare le richieste che, presentate in tale forma, appaiono errate sin dall'inizio, anzi no, impossibili da realizzare. Perché sotto il mantello delle idee puramente sociali giacciono nascoste intenzioni realmente malvagie, e queste vengono portate alla luce con impudente franchezza e nella loro totalità. Negando in maniera categorica l'importanza della personalità, e quindi della nazione e del suo significato razziale, distruggono i principi elementari di tutta la cultura umana.

L'Ebreo divide l'organizzazione del suo insegnamento mondiale in due categorie che, sebbene siano in apparenza divise, in realtà formano un'unità inseparabile; il movimento politico e del lavoro.

I sindacati sono quelli che corteggiano di più. Offrono al lavoratore aiuto e protezione in questa dura lotta per l'esistenza, per la quale deve ringraziare l'avidità e la visione ristretta di molti datori di lavoro, ed anche la possibilità di ricavare con la forza migliori condizioni di vita. Se il lavoratore evita di credere al cieco capriccio degli uomini, spesso senza cuore e con poco o nessun senso di responsabilità, con la difesa del suo diritto di vivere come uomo, nel momento in cui lo Stato - ossia la comunità organizzata - non gli sta dando praticamente alcuna attenzione, dovrà proteggere da solo i suoi interessi. Adesso che la cosiddetta borghesia nazionale, accecata dagli interessi economici, sta mettendo ogni possibile ostacolo sulla via di questa battaglia per la vita, e non solo si sta opponendo, ma sta lavorando attivamente ed universalmente contro ogni tentativo di accorciare le lunghe ed inumare ore di lavoro, mettere fine al lavoro dei bambini, proteggere le donne, e produrre sane condizioni di lavoro nelle fabbriche e nelle abitazioni - l'Ebreo più intelligente si identifica con lo sfavorito. Assume gradualmente il comando dei sindacati - sempre più facilmente perché ciò che a lui importa non è tanto la genuina rimozione di tutti i mali sociali, quando la formazione di una forza di combattimento che obbedisce ciecamente allo scopo di distruggere l'indipendenza economica nazionale.

L'Ebreo induce fuori strada a forza tutti gli antagonisti. Aiutato dalla sua innata brutale avidità, mette i sindacati sul piede di guerra con la forza bruta. Qualsiasi persona dotata di intelligenza sufficiente a resistere all'esca Ebraica viene spezzata per mezzo dell'intimidazione, non importa quanto intelligente e determinata essa sia. Questi metodi hanno un grande successo.

Per mezzo dei sindacati, che potrebbero aver salvato la nazione, l'Ebreo in realtà distrugge le basi dell'economia della nazione.

L'organizzazione politica procede su linee parallele con quanto detto sopra. Lavora con i sindacati, perché questi ultimi preparano le masse per l'organizzazione politica, e nei fatti li guida a forza verso di essa. Sono inoltre la costante fonte di denaro di cui l'organizzazione politica nutre la sua grande macchina. Sono l'organo di controllo per il lavoro politico ed agiscono come fustigatori per tutte le grandi manifestazioni di carattere politico. Infine perdono tutti insieme il loro carattere economico, perché servono l'idea politica con la loro arma principale, lo sciopero generale.

Creando una stampa che è al livello intellettuale della persona meno istruita, le organizzazioni politica e sindacale ottengono un mezzo di compulsione, che li rendono in grado di preparare gli strati più bassi della popolazione per le imprese più pericolose.

E' la stampa Ebraica che, in una campagna di calunnia assolutamente fanatica, demolisce tutto ciò che può essere visto come un mezzo per l'indipendenza nazionale, la sua civilizzazione, e la sua autonomia economica. Grida principalmente contro quelli che hanno sufficiente forza di carattere per non piegarsi al dominio Ebraico o la cui capacità intellettuale appare agli Ebrei come una minaccia per loro stessi.

L'ignoranza mostrata dalle masse popolari verso la vera natura degli Ebrei e la mancanza di percezione istintiva da parte delle nostre classi superiori rende il popolo una facile preda di questa campagna di bugie Ebraica. Mentre la naturale timidezza delle classi superiori fa sì quindi che si allontanino da un uomo che viene attaccato dagli Ebrei con bugie e calunnie, la stupidità delle masse che ragionano con semplicità fa sì che essi credano a tutto ciò che sentono. Le autorità di Stato sia tremano in silenzio sia - più frequentemente - in maniera da mettere fine alla campagna di stampa Ebraica, perseguitano le persone che vengono ingiustamente attaccate, e questo, agli occhi di tali factotum al lavoro, stanno per la vendetta dell'autorità di Stato ed il mantenimento di pace e ordine.

Quindi, se rivediamo tutte le cause del collasso Tedesco, quella finale e decisiva è il fallimento nel rendersi conto del problema razziale e, in particolare, la minaccia Ebraica.

Le sconfitte sul campo di battaglia dell'Agosto 1918 avrebbero potuto essere sopportate con grandissima facilità. Non sono state loro a rovesciarci; ciò che ci ha rovesciato era la forza che ci preparò per tali sconfitte derubando la nazione di tutto l'istinto e la forza politici e morali, attraverso dei piani che si sono svolti per molti decenni. Ignorando la questione dei mantenimento delle basi razziali della nostra nazionalità, il vecchio Impero disgregò l'unica e la sola legge che rende la vita possibile su questa terra.

La perdita della purezza razziale rovina per sempre le fortune di un razza; essa continua ad affondare sempre più in basso e le conseguenze di questo non possono più essere espulse dal corpo e dalla mente.

Per cui tutti i tentativi di riforma, e tutto il lavoro sociale, gli sforzi politici, ogni aumento della prosperità economica ed ogni apparente aggiunta alla conoscenza scientifica non servirono a nulla. La nazione e l'organismo che rese possibile la vita di essa su questa terra - ossia lo Stato - non crebbero più in salute, ma si affievolirono visibilmente e sempre più. Lo splendore del vecchio Impero non riuscì a nascondere la debolezza interna, e tutti i tentativi di aggiungere forza al Reich caddero nel nulla ogni volta, perché insistevano ad ignorare la questione più essenziale di tutte.

E' per questo motivo che nell'Agosto del 1914 una nazione non si gettò in battaglia piena di determinazione; fu soltanto l'ultima scintilla di un istinto nazionale di autoconservazione faccia a faccia con le forze del Marxismo e del pacifismo che avanzavano, rovinando il corpo della nostra nazione. Ma poiché in quei giorni di fede nessuno si rese conto del nemico in casa, la resistenza fu vana, ed il Destino scelse di non ricompensare la spada vittoriosa, ma seguì la legge dell'eterna punizione.

## XII

## IL PRIMO PERIODO NELLO SVILUPPO DEL PARTITO NAZIONALSOCIALISTA DEI LAVORATORI TEDESCHI

Se offro un racconto della fine di questo primo periodo nello sviluppo del nostro movimento, e menziono brevemente un certo numero di fatti che si collegano ad esso, la mia intenzione non è quella di dissertare gli scopi teorici del movimento. Quest'ultimo ha dei compiti e degli scopi così eccezionali che si deve dedicare un'intera sezione ad affrontarli. Quindi andrò a fondo nei principi, così come nei programmi del movimento, e cercherò di disegnare un quadro di ciò che comprendiamo con la parola 'Stato' nella Parte II di questo volume. Con 'noi' intendo tutte le centinaia di migliaia di persone che principalmente desiderano la stessa cosa, ma non hanno le parole per esprimere ciò che sta passando per la loro mente.

Perché è un fatto notevole di tutte le grandi riforme che esse all'inizio abbiano un solo uomo come sostenitore, ma sono milioni di persone che portano avanti il lavoro. Il loro scopo di frequente è uno solo, scopo che è stato segretamente desiderato da centinaia di migliaia di persone per secoli, finché uno si alza e proclama il desiderio universale e, in qualità di suo sostenitore standard, guida il vecchio desiderio fino alla vittoria in una nuova idea.

Il profondo scontento provato da milioni di persone è prova che nel loro cuore hanno il desiderio di un profondo cambiamento delle condizioni in cui sono oggi. Molti che sono stufi delle elezioni sono testimoni di questo; anche i numeri che portano all'estremo fanatico a Sinistra. E' a questi che il giovane movimento dovrebbe rivolgersi come prima cosa.

Il problema di recuperare il potere politico della nostra nazione è prima di tutto quello di restaurare il nostro desiderio nazionale di autoconservazione, perché l'esperienza ci mostra che costruire una politica estera, ed anche valutare l'importanza di qualunque Stato, sono cose basate molto meno sugli armamenti esistenti che sui poteri di resistenza, noti o presunti, di una nazione. Perché un'alleanza non si realizza con le armi, ma con gli uomini. Quindi la nazione Britannica continuerà ad essere considerata l'alleato di maggior valore al mondo finché il mondo guarda alla leadership ed allo spirito della sua gente per la maniera spietata e la tenacia che hanno per combattere una battaglia, una volta che è cominciata, con ogni mezzo e senza riguardi per tempo e sacrifici, dritti fino alla vittoria finale; cosa che prova che non c'è bisogno che gli armamenti militari esistano in ogni momento ad un determinato livello se confrontato a quello degli altri Stati.

Di conseguenza un giovane movimento che abbia lo scopo di ristabilire uno Stato Tedesco con un suo governo dovrà concentrare le sue forze per guadagnarsi il sostegno delle masse popolari. La nostra cosiddetta 'borghesia nazionale' è così senza speranza, così carente di sentimento nazionale, che di certo ci sarà una seria opposizione da queste persone contro una forte politica nazionale interna ed estera. A causa della stessa stupidità, tuttavia, la borghesia Tedesca mantenne un atteggiamento di resistenza passiva addirittura contro Bismarck nell'ora dell'imminente liberazione, ed anche adesso, a causa della loro proverbiale timidezza, non c'è ragione di temere ogni opposizione attiva.

Ma per le masse dei nostri compatrioti con simpatie internazionali vale il contrario. Non solo la loro primitiva natura è più incline a idee di violenza, ma i loro leader Ebraici sono anche più brutali e spietati.

In aggiunta a tutto questo c'è il fatto che i leader dei partiti del tradimento nazionale devono opporsi, e lo faranno, ad ogni movimento che abbia un qualunque motivo di autoconservazione. E' storicamente inconcepibile che la Nazione Tedesca possa ritornare nella sua precedente posizione senza prima fare i conti con le persone che diedero il primo impulso allo spaventoso disastro che visitò il nostro

Stato. Perché davanti al giudizio del futuro, il Novembre 1918 sarà giudicato non per alto tradimento, ma per tradimento della nazione.

Quindi qualsiasi idea di restaurare l'indipendenza Tedesca è legata in maniera inseparabile con la restaurazione di un determinato spirito nel nostro popolo.

Ci era chiaro, anche nel 1919, che lo scopo principale del nuovo movimento dovesse essere risvegliare nelle masse un sentimento nazionale. Dal punto di vista tattico, nascono da questo diverse necessità.

1. Nessun sacrificio sociale è troppo grande per conquistare le masse e portarle verso il nuovo movimento. Ma un movimento il cui scopo è recuperare il lavoratore Tedesco per la nazione Tedesca deve rendersi conto che i sacrifici economici non sono un fattore essenziale in questo, finché il mantenimento e l'indipendenza della vita economica della nazione non sono da questi minacciati.

2. La nazionalizzazione delle masse non potrà mai essere realizzata con mezze misure o con una debole espressione di un 'punto di vista oggettivo', ma tramite una concentrazione determinata e fanatica sull'obiettivo desiderato. Le masse popolari non consistono in professori o diplomati. Un uomo che desidera conquistare la loro adesione deve conoscere la chiave che aprirà la porta verso il loro cuore. Questa non è oggettività - ossia debolezza - ma determinazione e forza.

3. Ci può essere soltanto successo quando si conquista l'anima del popolo, mentre noi stiamo conducendo la lotta politica per il nostro stesso scopo, e distruggiamo anche chi si oppone ad esso.

Le masse sono realmente parte della natura, e non sta a loro comprendere le strette di mano tra uomini i cui desideri sono direttamente opposti l'uno all'altro. Ciò che esse desiderano vedere è la vittoria del più forte e la distruzione del più debole.

4. L'incorporazione di una parte della nazione, che è diventata una classe facente parte della nazione intera, o semplicemente lo Stato, deve essere effettuata non degradando le classi superiori, ma innalzando quelle inferiori. Ma le classi coinvolte in questo processo non potranno mai essere quelle più alte, ma soltanto quelle che stanno

lottando per i diritti di uguaglianza. La borghesia di oggi non è incorporata nello Stato da un qualche aiuto della nobiltà, ma per mezzo della sua stessa attività e sotto la sua guida. L'ostacolo più serio sulla strada per approcciare il lavoratore di oggi non è la gelosia dei suoi interessi di classe, ma l'atteggiamento dei suoi leader internazionali, che è ostile verso la nazione e la Madrepatria. Gli stessi sindacati, se guidati con spirito nazionale fanatico riguardo a politica e nazionalità, trasformerebbero milioni di lavoratori in membri della nazione di grande valore, e questo sarebbe totalmente svincolato da ogni lotta che accade qui e nel dominio della pura economia.

Un movimento che voglia onestamente restituire il lavoratore Tedesco al suo stesso popolo e salvarlo dalla pazzia dell'internazionalismo, deve essere in ferma opposizione all'atteggiamento che regna tra i grandi datori di lavoro, che interpreta la nazionalità comune nel senso di un'impotente sottomissione economica dell'impiegato al datore di lavoro.

Il lavoratore commette errore contro la nazionalità comune quando, senza riguardo per il bene comune e per la conservazione dell'economia della nazione, fa delle richieste estorte tramite la fiducia nella sua forza, in maniera altrettanto grave di come il datore di lavoro si comporta quando abusa della forza lavoro della nazione con metodi inumani di sfruttamento e trae profitti estorti dal sudore di milioni di persone.

Quindi il recipiente da cui il giovane movimento dovrebbe prendere i suoi aderenti sarà in primo luogo il corpo dei lavoratori. Il suo compito sarà recuperarli dalla follia dell'internazionalismo, liberarli dalla loro povertà sociale, risollevarli dalla loro depressione culturale, e convertirli fino a farli diventare un fattore della comunità, che sarà solida, di valore, e piena di sentimenti e di aspirazioni nazionali.

Il nostro scopo è difatti non quello di produrre una sovversione nel campo nazionalista, ma di conquistare il campo anti-nazionale e portarlo verso la nostra causa. Questo principio è assolutamente essenziale per la direzione tattica dell'intero movimento.

Questo atteggiamento consistente, e quindi chiaro, deve essere espresso nella propaganda del movimento e, inoltre, sarà necessario per ragioni propagandistiche. Sia nel soggetto che nella forma, la propaganda dovrebbe essere strutturata per raggiungere le masse popolari; l'unico mezzo per misurare la sua correttezza è il successo pratico. In un grande assembramento popolare lo speaker efficace non è quello che fa appello maggiormente alla fetta di persone istruite del suo pubblico, ma quello che cattura i cuori della folla.

L'obiettivo di un movimento di riforma politica non si ottiene mai con spiegazioni dettagliate, o portando un'influenza al fine di tollerare i poteri che ci sono, ma soltanto impadronendosi del potere politico.

Ma un *coup d'etat* non può essere visto come un successo semplicemente se i rivoluzionari prendono possesso dell'amministrazione, ma soltanto se il successo degli obiettivi e delle intenzioni che si svolgono in tale azione rivoluzionaria portano un bene maggiore per la nazione rispetto al precedente regime; e questo non si può dire della rivoluzione Tedesca, come viene chiamato l'atto di brigantaggio dell'autunno del 1918. Ma impadronirsi del potere politico è il passo preliminare per eseguire le riforme in pratica, quindi un movimento con intenzioni riformatrici deve, sin dal primo giorno della sua esistenza, sentire di essere un movimento del popolo, e non una sala da tè letteraria di un partito di compiaciuti giocatori di birilli.

Il giovane movimento è di carattere anti-parlamentare sia nella sua essenza che nell'organizzazione; ossia rifiuta per principio e composizione ogni teoria di voto di maggioranza, che implica che il leader venga degradato fino ad essere semplicemente presente per eseguire gli ordini e le opinioni degli altri. Il movimento è per il principio dell'autorità incontrastata del leader, sia nelle cose piccole che in quelle grandi, combinata con la piena responsabilità. E' uno dei compiti principali del movimento rendere questo principio quello decisivo, non solo all'interno dei propri ranghi, ma anche nello Stato.

Infine il movimento non considera suo dovere mantenere o restaurare qualsiasi forma di Stato che sia in opposizione ad qualsiasi altra, ma piuttosto creare quei principi fondamentali senza i quali né la

Repubblica né la Monarchia possono esistere permanentemente. La sua missione non è trovare una Monarchia o fondare una Repubblica, ma creare uno Stato Tedesco.

La questione dell'organizzazione interna del movimento non è una questione di principio, ma di convenienza. La migliore organizzazione è quella che inserisce meno, e non più, macchine di Stato tra i leader e gli individui che dipendono da esse. Perché il compito dell'organizzazione è quello di comunicare un'idea precisa - che origina sempre nel cervello di un solo uomo - al pubblico generale, ed anche di vedere la sua conversione da teoria in realtà.

Quando il numero di persone aderenti aumenta, si devono formare dei piccoli gruppi affiliati che rappresentano le cellule nucleo locali nella futura organizzazione politica.

L'organizzazione interna del movimento dovrebbe seguire queste linee: prima di tutto concentrazione di tutto il lavoro in un solo luogo - Monaco. Uno staff di aderenti di indubbia affidabilità deve essere addestrato e si deve formare una scuola per la futura diffusione dell'idea. L'autorità necessaria deve essere guadagnata per il futuro per mezzo del più grande e visibile successo possibile in tale centro.

Non si devono formare dei gruppi finché l'autorità del comando centrale di Monaco non sia stata riconosciuta con assoluta certezza.

Per il comando è necessaria non solo la forza di volontà, ma anche la capacità da cui l'energia riceve un peso più grande che dal solo puro genio. Una combinazione delle tre qualità è la migliore di tutte.

Il futuro di un movimento dipende dal fanatismo, e anche dall'intolleranza, con cui i suoi aderenti lo difendono come unica direzione corretta, e lo portano avanti in opposizione agli schemi di simili caratteristiche.

E' un errore molto grande pensare che un movimento diventi più forte se si lega agli altri, anche se questi possono avere degli scopi simili. Ammetto che ogni aumento di dimensione significa un aumento di portata e - agli occhi di osservatori superficiali - anche di potere; tuttavia in realtà un movimento ammette semplicemente il seme della debolezza al suo interno, cosa che si rende evidente in seguito.

La grandezza di ogni organizzazione attiva, che è la personificazione di un'idea, sta nello spirito di fanatismo religioso e di intolleranza con cui essa attacca tutte le altre, nella fanatica convinzione che soltanto essa è nel giusto. Se un'idea è in sé corretta e, se viene dotata di tali armi, e muove battaglia in questa terra, è invincibile, e la persecuzione aumenta soltanto la sua forza interna.

Il potere della Cristianità non sta in alcun tentativo di riconciliarla con le opinioni filosofiche degli antichi, che avevano alcune similarità con questa, ma nella sua inarrestabile e fanatica proclamazione e difesa delle sue stesse dottrine.

I membri del movimento non devono essere spaventati dall'odio del nemico della nostra nazione e dalle sue teorie di governo, o dalle sue parole; devono guardare a tutto questo. Le bugie e le calunnie sono eccezionalmente legate a tale odio.

Qualsiasi uomo che non venga attaccato, insultato e calunniato nella stampa Ebraica non è un vero Tedesco, né un vero Nazionalsocialista. Il migliore standard per valutare i suoi sentimenti, la realtà della sua convinzione e la sua forza di volontà è la ferocia che viene mostrata verso di lui dai nemici delle nostra nazione.

Il movimento dovrebbe usare qualsiasi mezzo per instillare il rispetto della personalità; dovrebbe tenere a mente che tutto il valore umano sta nella personalità, che ogni idea, ogni traguardo, è il risultato del lavoro creativo di un uomo, e che l'ammirazione per la grandezza non è soltanto un tributo ad essa, ma anche un legame che unisce le persone che gli sono grate. Non c'è alcun sostituto per la personalità.

Nei primissimi giorni del nostro movimento abbiamo sofferto grandi handicap dovuti al fatto che i nostri nomi non avevano importanza ed erano sconosciuti; questo in sé rese ogni possibilità di successo più dubbia. Il pubblico, naturalmente, non sapeva nulla di noi. A Monaco nessuno aveva mai sentito parlare del partito per nome, a parte i pochi aderenti e le persone che li conoscevano. Era, quindi, essenziale estendere la piccola cerchia, avere dei nuovi sostenitori, e far conoscere a tutti i costi il nome del movimento.

In vista di tutto questo cercammo ogni mese ed anche più tardi di tenere un incontro ogni due settimane. Gli inviti erano parzialmente battuti a macchina e parzialmente scritti a mano su dei biglietti. Mi ricordo di me quando ho consegnato addirittura otto di questi biglietti in un'occasione, ed alla sera aspettavamo la folla che doveva venire. Dopo aver ritardato l'incontro per un'ora, il presidente dovette cominciare con i sette membri originari, e nessun altro!

Noi poveri diavoli avevamo piccole somme ed infine facemmo in modo di pubblicizzare un incontro sul *Münchener Beobachter*, che allora era indipendente. Questa volta il successo fu entusiasmante.

Avevamo preso una stanza per l'incontro. Alle sette erano presenti 111 persone e l'incontro ebbe inizio. Un professore di Monaco doveva tenere il discorso di apertura, ed io dovevo parlare per secondo. Parlai per trenta minuti, e provai quindi ciò che avevo sentito istintivamente, ma non ne ero in alcun modo certo: potevo parlare. Dopo trenta minuti il pubblico nella piccola sala era elettrizzato, e l'entusiasmo era tale che il mio appello fece sì che i presenti fossero pronti a sottoscrivere trecento marchi per le spese. Questo ci tolse una grossa ansia.

L'allora presidente del partito, il Signor Harrer, era un giornalista per professione e formazione. Ma come leader del partito aveva un grande handicap. Non era un oratore per le masse. Per quanto il suo lavoro fosse preciso e coscienzioso, forse per volere del suo talento, gli mancava una forza guida supplementare. Il Signor Drexler, allora presidente locale del movimento a Monaco, era semplicemente un lavoratore e non era particolarmente rilevante come speaker, inoltre non era un soldato. Non aveva mai servito in Guerra così che, oltre ad essere di natura debole ed indecisa, non ebbe mai il solo addestramento che può tirare fuori gli uomini dal carattere morbido ed indeciso. Quindi, nessuno di loro era tagliato con l'accetta in modo da essere il tipo che assimila la fede fanatica nella vittoria per qualsiasi movimento.

Allora io stesso ero ancora un soldato.

In particolar modo i traditori Marxisti della nazione devono aver odiato un movimento, il cui scopo a gran voce era di conquistare le masse, che fino ad allora era stato assolutamente a disposizione dei partiti della borsa internazionale Marxista-Ebraica. Il titolo 'Partito dei Lavoratori Tedeschi' era di per sé già irritante.

Nel corso dell'inverno del 1919-20 la nostra unica battaglia era quella per rinforzare la fede nel potere di conquista del giovane movimento e gonfiarlo fino al fanatismo, che aveva il potere di smuovere le montagne.

Un incontro nel Deutsches Reich in Dachauerstrasse provò nuovamente che avevo ragione. Il pubblico ammontava a circa duecento persone, ed il nostro successo sia economico che in termini di pubblico fu brillante. Un mese dopo vennero ai nostri incontri oltre quattrocento persone.

Era per una buona ragione che il giovane movimento si fissò su un programma definito, e non impiegò la parola 'popolare' (völkisch). A causa della sua mancanza di limite come concetto, tale espressione non offre alcuna base possibile per nessun movimento, né stabilisce uno standard per quelli che devono appartenere ad esso. Poiché il concetto è difficile da definire nella pratica ed è aperto ad ampie variazioni di interpretazione, il suo appello è troppo ampio. L'introduzione nella lotta politica di un concetto che è così indefinito ed ha così tante interpretazioni, tenderà a distruggere tale comunità di scopi durante la lotta, in modo da raggiungere ciò che non può essere lasciato stabilire all'individuo, ossia stabilire i suoi desideri e le sue convinzioni per se stesso.

Non potrei ammonire di più il giovane movimento contro il pericolo di cadere nella rete dei cosiddetti 'lavoratori silenziosi'. Non soltanto sono dei codardi, ma sono sempre incapaci e pigri. Un uomo che conosce un problema, che riconosce un possibile pericolo e vede un rimedio ad esso davanti ai suoi occhi, ha l'obbligo di non lavorare 'in silenzio', ma di schierarsi pubblicamente contro il male e lavorare per la sua cura. Se fallisce in questo, è un miserabile e un debole, che dimentica il dovere, che sbaglia per codardia o per pigrizia ed incapacità. Ma è così che la maggior parte di questi 'lavoratori silenziosi' di solito reagisce, come se sapessero Dio sa cosa. Sono piuttosto incapaci, e cercano quindi di ingannare il mondo intero con le loro pretese; sono pigri, ma danno l'impressione di un'ampia ed indaffarata attività con la loro pretesa di 'lavorare in silenzio'. In breve, sono imbroglioni, approfittatori politici, che odiano il lavoro onesto fatto dagli altri. Ogni singolo agitatore che con coraggio sta in piedi davanti a tali oppositori nelle taverne e difende i suoi punti di vista con franchezza e fermezza, ha più influenza di oltre un migliaio di tali striscianti ed insidiosi ipocriti.

All'inizio del 1920 feci pressioni affinché si tenesse il primo raduno di massa. Il Signor Harrer che allora era presidente del partito, si sentì incapace di essere d'accordo con la mia visione riguardo al momento prescelto, e si ritirò con tutti gli onori da leader del movimento. Il Signor Anton Drexler fu il suo successore. Io stesso mi occupai di organizzare la propaganda del movimento ed allora lo facevo senza risparmiarmi.

Il 24 Febbraio 1920 era la data stabilita per il primo grande raduno di massa del movimento, che era ancora sconosciuto. Me ne occupai di persona. Il colore che scegliemmo fu il rosso, perché forniva l'immagine migliore, ed era quello che più probabilmente eccitava ed irritava i nostri oppositori, e quindi ci imprimeva più fermamente nelle loro menti e nei loro ricordi.

L'incontro ebbe inizio alle sette e mezza. Alle sette ed un quarto camminai nella sala di Hofbräuhaus nel Platzl di Monaco, ed il mio cuore quasi scoppiò di gioia. Quella grande sala - perché allora mi sembrava enorme - era quasi completa ed era colma di un pubblico di circa duemila persone. Quando il primo oratore ebbe finito, fu il mio turno di parlare. Dopo pochi minuti mi piovvero addosso delle interruzioni, e ci furono episodi violenti nella sala; un gruppo di fedeli camerati di Guerra e pochi altri aderenti affrontarono i disturbatori e dopo poco fecero in modo di riportare la quiete. Potei continuare. Mezz'ora dopo, gli applausi cominciarono a superare le interruzioni ed i fischi ed infine, quando finii di spiegare i venticinque punti, avevo davanti a me un gruppo di persone unite da una nuova convinzione, una nuova fede, una nuova volontà. Era stato acceso un fuoco dalla cui fiamma doveva emergere la spada destinata a ristabilire la libertà per il Sigfrido Tedesco e la vita per la nazione Tedesca.

Nella Parte II descriverò nel dettaglio i principi che ci guidano per stabilire il nostro programma. Le cosiddette classi internazionali hanno riso di noi e si sono prese gioco di noi nel loro tentativo di trovare una falla. Ma l'efficacia del nostro programma ha fornito la migliore prova che in quel tempo le nostre visioni erano quelle corrette.

# PARTE II

# I

## TEORIA DEL MONDO E PARTITO

Era chiaro che il nuovo movimento non poteva sperare di ottenere l'importanza e la forza necessarie per la grande battaglia, a meno che non avesse avuto successo sin dal principio ad impiantare nel cuore dei suoi seguaci la nobile convinzione che non stava soltanto fornendo alla vita politica una nuova chiamata alle urne, ma che presentava una nuova visione del mondo.

Si doveva riflettere su quali miserabili motivi stanno normalmente alla base dei 'programmi di partito' quando questi vengono di tanto in tanto ripuliti e rimodellati. C'è un motivo qui che porta costantemente il partito ad introdurre nuovi programmi o a modificare quelli esistenti - l'ansietà per i risultati delle prossime elezioni.

Una volta che le elezioni Parlamentari sono finite, il membro - che viene eletto per cinque anni - si reca ogni mattina alla Camera, forse non proprio all'interno, ma almeno fino a dove si trova la sala in cui sono le liste dei partecipanti. Il suo faticoso servizio per la causa del popolo lo porta a firmare con il proprio nome, ed in cambio di questo estenuante sforzo, ripetuto quotidianamente, accetta un piccolo onorario come sua meritata ricompensa. Non c'è quasi nulla di altrettanto deprimente che guardare tutto ciò che succede in Parlamento nella sua triste realtà e dover osservare costantemente questo tradimento ripetuto in continuazione.

Tale terreno intellettuale non è portato a produrre forza nel campo della borghesia affinché essa lotti contro le forze organizzate del Marxismo. In realtà, i gentiluomini in Parlamento non ci pensano seriamente. Vedendo che accade questo per tutti i partiti di cosiddetta tendenza borghese, la politica in realtà consiste del tutto nella zuffa per ciascun posto in Parlamento, nel quale le convinzioni ed i principi vengono gettati in mare come zavorra secondo le necessità del momento, i cui programmi sono naturalmente determinati e la loro forza stimata - naturalmente al contrario - in accordo con lo stesso. Gli manca la grande attrazione magnetica a cui le masse rispondono soltanto sotto l'urgente impressione di grandi e nobili idee e di insindacabile fede combinata con fanatico coraggio nella lotta.

Ma in un periodo quando una fazione, completamente armata con armi mille volte criminali, attacca un ordine di cose già esistente, l'altra fazione può opporre resistenza soltanto se assume una nuova forma di fede - nel nostro caso politica - e rifiuta un atteggiamento difensivo timido e debole verso un attacco forte e spietato.

Il concetto di 'popolare' (völkisch) sembra essere indefinito e privo di limiti pratici, ed è capace di cambiare interpretazione così come la parola 'religioso'. Entrambi comprendono certi concetti di base. Ed ancora, sebbene siano di suprema importanza, sono così vaghi nella loro forma che non si innalzano oltre al valore di un'opinione che deve essere più o meno ammessa, finché non diventano elementi di base e fissi nello schema di un partito politico. Perché a livello di semplice sentimento il genere umano è tanto incapace di convertire gli ideali mondiali e le richieste che provengono da essi in realtà, quanto incapace di conquistare la libertà soltanto per mezzo di un desiderio universale di essa. No, non è fin quando l'urgenza dell'ideale verso l'indipendenza adotti un organizzazione di lotta nella forma di forza militare, che i desideri di una nazione possono essere convertiti in una nobile realizzazione.

Qualsiasi ideale mondiale, sia esso mille volte corretto ed altamente vantaggioso per l'umanità, sarà sempre senza forza per la vita di una nazione finché i suoi principi non vengano resi le basi dei un movimento di lotta, capace di mantenersi vivo come partito finché l'azione non venga coronata dal trionfo e finché i dogmi del suo partito non divengano una nuova legge di base dello Stato.

L'atteggiamento ordinario verso la politica che è oggi diffuso tra noi, si basa generalmente sul concetto che la forza creativa e civilizzante debba essere una caratteristica dello Stato, e che quest'ultimo non ha alcun ruolo nei problemi che riguardano la razza, ma è un prodotto della necessità economica o, al meglio, una naturale conseguenza delle forze politiche. Se portato alla sua logica conclusione, questo atteggiamento di base porta non solo all'errata rappresentazione delle cause razziali, ma anche a non attribuire alla personalità il suo reale valore.

Perché negare che ci siano differenze fra le razze riguardo alla loro capacità di costruire la cultura porta ad estendere questo grave errore ai giudizi che si formano sulla personalità dell'individuo. La supposizione che tutte le razze siano uguali nel carattere sarà seguita da una maniera simile di considerare le nazioni, ed anche gli individui. Per cui lo stesso Marxismo internazionale è soltanto una visione generale del mondo - che è stata mantenuta per molto tempo - portata avanti dall'Ebreo, Karl Marx, sotto forma di una determinata confessione di fede politica. Se fosse mancata la base di un tale processo di avvelenamento delle attività generali, lo straordinario successo politico di queste dottrine sarebbe stato impossibile. Karl Marx era in realtà soltanto un uomo tra milioni che riconobbe con l'occhio sicuro del profeta, nella palude di un mondo che andava corrompendosi, il veleno essenziale e lo estrasse, come per magia, concentrandolo in una soluzione allo scopo di apportare più rapidamente distruzione all'esistenza indipendente delle nazioni libere di questa terra. E tutto per servire la sua stessa razza.

In questo modo, la dottrina Marxista è oggi il modello intellettuale delle visioni generali del mondo.

In questa parte del mondo, la cultura e la civiltà umane sono legate in maniera inestricabile alla presenza dell'elemento Ariano. Se morisse o sprofondasse, il velo nero di un periodo senza cultura calerebbe nuovamente sul globo.

Per chiunque veda il mondo attraverso occhi Nazionalisti, ogni rottura nell'esistenza della civiltà umana, attuata per mezzo della distruzione della razza che la sostiene, apparirebbe come il più maledetto dei crimini. Chiunque osi mettere mano sulla più nobile immagine di Dio sta peccando contro il buon Creatore di tale meraviglia e sta tendendo una mano verso l'espulsione di se stesso dal Paradiso.

Sappiamo tutti che in un remoto futuro il genere umano dovrà confrontarsi con problemi che, per essere affrontati, richiederanno di evocare la più nobile delle razze come nazione-maestra, supportata dalle forze dell'intero globo.

L'organizzazione di una teoria mondiale si può effettuare in ogni momento solamente enunciandola in maniera definita e distinta; i principi di un partito politico che è nel processo di formarsi sono identici ad un dogma per una religione.

Quindi la teoria Nazionalista mondiale deve possedere uno strumento forgiato per essa, che offrirà la possibilità di difenderla con la forza - proprio come l'organizzazione del Partito Marxista adesso sta aprendo la via all'internazionalismo. E' questo lo scopo che il Partito Nazionalsocialista dei Lavoratori Tedeschi sta inseguendo.

Ho quindi percepito che era il mio compito particolare estrarre le idee centrali dalla massa di materiale informe di una teoria universale mondiale, e rimodellarle in una forma più o meno dogmatica che, dopo essere stata chiaramente definita, dovrebbe essere strutturata in modo da unire solidamente tutte le persone che l'hanno sottoscritta. In altre parole: il Partito Nazionalsocialista dei Lavoratori Tedeschi si preoccupa di adattare i principi essenziali di una teoria nazionale universale e, avendo necessità di guardare alla possibilità pratiche, ai tempi, ed alla fornitura di materiale umano ed alle sue debolezze, di formulare a partire da essi un credo politico che con il tempo diventi la condizione preliminare del trionfo finale di quella teoria mondiale, una volta che tali metodi abbiano reso possibile una rigida organizzazione delle grandi masse popolari.

## II

## LO STATO

Già nel 1920-21 venne mossa un'accusa da parte del mondo borghese contro il nostro giovane movimento - adesso già decaduta - sul fatto che il nostro atteggiamento verso lo Stato era di rifiuto; da questo i politicanti dei partiti di ogni colore arguirono che fosse giusto lottare per schiacciare con ogni mezzo possibile il giovane e sconveniente sostenitore di una nuova teoria mondiale. Dimenticarono di proposito che lo stesso mondo borghese dimostra che lo Stato non è più un corpo omogeneo, e che non c'è e non ci può essere alcuna definizione consistente della parola. Ed anche nelle scuole superiori Statali siedono insegnanti sotto forma di lettori della legge dello Stato, il cui compito deve essere quello di trovare ragioni e spiegazioni per l'esistenza più o meno felice del loro centro di distribuzione di nutrimento nella nostra nebbia. Peggiore è la costituzione di uno Stato, e più sciocche, più ad alta quota, e meno comprensibili sono le definizioni del suo oggetto di esistenza. Come può, ad esempio, un professore Imperiale-Reale scrivere anche solo una volta del significato e dell'oggetto dello Stato, in un paese la cui esistenza Statale è la peggior mostruosità del ventesimo secolo? Un compito davvero arduo!

E' possibile distinguere tre gruppi nel popolo Tedesco.

Primo, il gruppo di quelli che vedono lo Stato come un agglomerato di persone più o meno volontario sotto un'amministrazione governativa. Per loro la mera esistenza dello Stato costituisce il suo diritto all'inviolabilità santificata. A supporto di questa folle concetto della mente umana, osservano un'adorazione da cagnolini fedeli per la cosiddetta 'Autorità di Stato'. Per cui, con il solo gesto di una mano convertono i mezzi nello scopo finale. Lo Stato non è li per servire gli uomini, ma gli uomini sono lì allo scopo di adorare un'autorità di Stato che indossa, come se lo fosse, una specie di sommo spirito burocratico.

Il secondo gruppo non crede che l'autorità di Stato sia l'unico ed il solo oggetto dello Stato, ma anche che il perseguimento del benessere dei suoi soggetti abbia anch'esso una voce in capitolo. I pensieri di 'libertà', che la maggior parte comprende in maniera errata, si introducono nel concetto di gruppo dello Stato. Il fatto in sé che esista una forma di governo, non è una ragione sufficiente per considerarlo sacrosanto, ma deve reggere ad un esame della sua idoneità.

Troviamo la maggior parte dei sostenitori di questa visione tra la nostra normale borghesia Tedesca, e specialmente tra i Democratici Liberali.

Il terzo gruppo è il meno numeroso. Vede lo Stato come un mezzo per realizzare delle tendenze immaginate in maniera molto vaga, verso una politica di forza da parte di una nazione unita, che parli tutta la stessa lingua.

Fu molto stressante vedere come, durante gli ultimi secoli, le persone che avevano queste opinioni - tutte in buona fede, almeno la maggior parte - giocassero con la parola 'Germanizzare'. Ricordo come nella mia stessa giovinezza questo termine portasse a concetti sorprendentemente falsi. Nei circoli Pan-Germanici si potevano udire suggerimenti che, con l'aiuto del governo, la Germanizzazione della popolazione Slava dell'Austria avrebbe potuto essere portata a termine con successo. E' difficile immaginare che si possa fare un Tedesco a partire da, diciamo, un Negro o un Cinese, soltanto perché ha imparato il Tedesco ed è pronto a parlarlo per il resto della sua vita, ed a votare per qualche partito politico Tedesco.

Questo processo significherebbe l'inizio dell'imbastardimento della nostra razza, nel nostro caso non una Germanizzazione, ma la distruzione dell'elemento Tedesco.

Poiché la nazionalità, o piuttosto la razza, non è una questione di lingua ma di sangue, sarebbe possibile parlare di Germanizzazione soltanto se il processo potesse alterare la natura del sangue della persona sottoposta ad esso. Questo è tuttavia impossibile. Dovrebbe avere luogo, quindi, mescolando il sangue, ma questo significherebbe abbassare il livello della razza superiore.

La storia dimostra che si trattò di Germanizzazione della *terra*, che i nostri padri conquistarono con la spada, e che portò vantaggi perché venne colonizzata da agricoltori Tedeschi. Ogni volta che del sangue straniero è stato introdotto nel corpo della nostra nazione, il suo infelice effetto è stato quello di rompere il nostro carattere nazionale.

Il primo principio che dobbiamo osservare è che lo Stato non è un fine, ma un mezzo. E la base su cui la cultura umana superiore deve poggiare, ma non dà origine ad essa. Piuttosto è la presenza di una razza dotata di capacità di civilizzazione che è in grado di farlo. Ci possono essere centinaia di Stati modello al mondo, ma anche qui se l'Ariano conservatore della cultura morisse, non esisterebbe nessuna cultura di livello intellettuale tra le più elevate nazioni di oggi. Possiamo andare ancora più a fondo e dire che il fatto che gli uomini formino degli Stati non elimina la possibilità della scomparsa della razza umana, supponendo che le capacità intellettuali superiori e l'adattabilità andassero perse a causa della mancanza di una razza che le conservi.

Lo Stato in quanto tale non crea uno standard culturale definito; può semplicemente includere la razza che lo decide. Perciò la condizione necessaria per produrre un'umanità superiore non è lo Stato, ma la razza che possiede le qualità essenziali per questo.

Le nazioni, o meglio ancora le razze che possiedono un talento culturale e creativo hanno latenti in loro queste qualità, anche nel caso in cui le circostanze esterne siano sfavorevoli in un determinato momento, e possano impedire il loro sviluppo. Quindi è oltraggioso rappresentare i popoli Tedeschi dell'era pre- Cristiana come dei barbari senza cultura. Non furono mai così. Il clima rigido della loro casa al nord li obbligò ad esistere in condizioni che impedirono alle loro qualità creative di svilupparsi. Se non ci fosse stato nessun mondo classico antico, e se essi fossero venuti nelle terre più ospitali a Sud ed avessero ottenuto i primi aiuti tecnici al progresso - ossia impiegando razze inferiori per loro - la capacità di creare cultura che era in loro dormiente avrebbe prodotto un'infiorescenza altrettanto splendida di come infatti accadde nel caso degli Ellenici.

Lo scopo principale da perseguire per uno Stato nazionale è la conservazione dell'antico elemento razziale che, attraverso la cultura diffusa, crea la bellezza e la dignità di un'umanità superiore. Noi in quanto Ariani possiamo solo figurarci lo Stato come organismo vivente di una nazionalità che non solo assicura che la nazionalità venga mantenuta, ma anche che, continuando a nutrire le sua capacità di immaginazione, la porterà verso la libertà più alta.

Ed ancora oggi la presenza che ci sostiene come Stato è il prodotto di un intenso errore umano, con la probabilità di una conseguente indicibile miseria. Noi Nazionalsocialisti siamo coscienti che il mondo di oggi ci vede come dei rivoluzionari a causa delle nostre idee, e ci tratta come tali. Ma il nostro pensiero e la nostra azione non deve essere influenzata dall'approvazione o dalla condanna della nostra epoca attuale, ma dalla ferma adesione alle verità che riconosciamo. Possiamo quindi essere certi che la visione più chiara dei posteri non solo comprenderà le nostre azioni odierne, ma ammetterà che erano giuste, e le onorerà.

Quando parliamo di una missione superiore dello Stato, non dovremmo dimenticare che tale missione superiore risiede essenzialmente nella nazione, e che il dovere dello Stato è semplicemente fare uso della sua forza organizzativa allo scopo di promuovere il libero sviluppo della nazione.

Ma, se ci chiediamo come dovrebbe essere lo Stato che noi Tedeschi necessitiamo, dobbiamo prima essere chiari su quale tipo di uomini dovrebbe mirare a produrre e quale obiettivo si prefigge di servire.

Sfortunatamente il nocciolo centrale della nostra nazione Tedesca non è più razzialmente omogeneo. Il processo per rinsaldare insieme le varie componenti originarie non è ancora arrivato al punto in cui possiamo dire che da esso sia emersa una nuova razza.

Al contrario, l'avvelenamento per mezzo del sangue attraverso cui il nostro corpo nazionale ha sofferto sin dalla Guerra dei Trent'Anni non solo ha sconvolto il nostro sangue, ma anche la nostra anima. Le frontiere aperte della Madrepatria, la vicinanza di corpi stranieri non tedeschi in prossimità delle nostre terre di confine, e soprattutto il costante afflusso di sangue straniero all'interno del Reich, non lasciano il tempo per una fusione totale, perché l'invasione continua senza sosta.

I Tedeschi non possiedono l'istinto del branco, che compare quando tutti hanno lo stesso sangue, e protegge le nazioni dalla rovina, specialmente nel momento in cui il pericolo incombe. Questa mancanza ci ha danneggiato in maniera incalcolabile. Ha fornito ad un piccolo numero di potenti Tedeschi dei capitali, ma ha privato la nazione Tedesca dei suoi diritti di supremazia.

Per prendere il posto di una macchina morta, che sostiene di esistere soltanto per beneficio di se stessa, deve formarsi un organismo vivente con lo scopo esclusivo di servire un lato concetto.

Nella sua capacità come Stato, il Reich Tedesco deve radunare tutti i Tedeschi sotto di sé; non deve scegliere nella nazione Tedesca solo i migliori elementi razziali e conservarli, ma deve lentamente e con sicurezza innalzarli in una posizione di dominio.

E' piuttosto naturale che gli ufficiali che oggi controllano il nostro Stato siano molto più felici di lavorare per mantenere semplicemente le cose come sono, anziché di lottare per qualcosa che deve venire. Sentono che è più facile guardare allo Stato come una macchina che è lì soltanto allo scopo di mantenerli in vita - in modo che le loro vite, come a loro piace tanto dire, 'appartengono allo Stato'.

Quindi, quando lottiamo per le nostre nuove idee - che sono in piena armonia con il significato originale delle cose - attireremo pochi camerati per la lotta, presi da una serie di uomini che sono obsoleti nel corpo e, ahimè, troppo spesso anche nella mente. Soltanto alcune eccezioni, uomini anziani che sono giovani nel cuore e di mente fresca, verranno con noi, ma mai quelli che pensano che il significato finale del loro compito nella vita sia mantenere una condizione delle cose inalterata.

Dobbiamo tenere a mente che, se è stata estratta da una nazione una data quantità di grande energia ed efficienza che sembra essere unita in *un solo* scopo, ed è stata separata dall'inerzia delle masse, *ipso facto* questa piccola percentuale si innalza fino a diventare dominatrice degli altri. La storia del mondo è fatta da minoranze che hanno incorporate in se stesse la parte più grande della forza di volontà e della determinazione.

Quindi ciò che per molte persone sembra uno svantaggio è in realtà la condizione necessaria per la nostra vittoria. E' nella grandezza e nella difficoltà del nostro compiuto che sta la probabilità che soltanto i migliori lottatori si uniranno a noi nella lotta. La promessa del successo sta nella scelta dei migliori.

Ogni incrocio di razze porta prima o poi al decadimento del prodotto ibrido, fintanto che la parte superiore dell'incrocio sopravvive unita nella purezza razziale. E' soltanto quando l'ultima traccia dell'unità razziale più elevata viene imbastardita che il prodotto ibrido cessa di essere in pericolo di estinzione. Ma si deve gettare una base, ossia un processo naturale, anche se lento, di rigenerazione che espellerà gradualmente il veleno razziale, cosa che può accadere a patto che esista ancora uno stock di base di purezza razziale e che il processo di imbastardimento venga arrestato.

E' il primo dovere di uno Stato nazionale risollevare il matrimonio da disgrazia perpetua della razza, e consacrarlo come un'istituzione destinata a riprodurre l'immagine del Creatore e non esseri mostruosi, mezzi uomini e mezzi scimmia. Le proteste contro tutto questo nel cosiddetto terreno umanitario mal si addicono ad un'epoca che permette ad ogni degenerato corrotto di riprodursi, e quindi di gettare un fardello di indicibile sofferenza sia addosso ai suoi contemporanei che alla sua progenie mentre, dall'altra parte, i mezzi per evitare una nascita vengono veduti in ogni farmacia ed anche da venditori ambulanti a genitori che sono perfettamente sani. In questo moderno e disciplinato stato - come dicono quelli che lo difendono - in questo coraggioso mondo di borghesi nazionalisti, la prevenzione delle gravidanze di persone che soffrono di sifilide, tubercolosi, e disturbi ereditari, storpi e *cretini*, è un crimine, mentre ciò che all'atto pratico è la cessazione della fecondità di milioni delle nostre persone migliori non è visto come un male o un'offesa contro la morale di questa società bigotta; al contrario è un contentino per la loro ristrettezza di pensiero.

Perché se accadesse il contrario, dovrebbero tormentare i loro cervelli e considerare come approvvigionare, nutrire e conservare in salute i rappresentanti sani della nostra nazione che dovrebbero rendere un simile servizio a beneficio delle generazioni che verranno.

Quanto manca di dettagli e di onore questo intero sistema! Nessuno fa uno sforzo per coltivare ciò che è meglio per il bene dei posteri, ma si permette alle cose di andare avanti come è accaduto finora.

E' dovere dello Stato nazionale recuperare tutto ciò che è stato lasciato cadere in basso, in ogni direzione. Deve mettere la razza in posizione centrale nella vita generale della nazione, e mantenere puri i loro esseri. Deve dichiarare che l'infanzia è la proprietà più preziosa della nazione. Deve vedere per essa soltanto i figli concepiti sani - e che non solo è disgraziato per le persone malate o con handicap personali inviare dei figli nel mondo ma, al contrario, che è un'azione onorevole evitare di farlo. D'altra parte, deve essere considerato biasimevole privare la nazione di bambini sani. Lo Stato deve mettere gli aiuti medici più moderni al servizio di tali fatti assodati. Deve dichiarare inadatto concepire dei figli per chiunque sia chiaramente malato o abbia degli handicap ereditari, e sostenere questa decisione con l'azione. Deve anche badare che la fertilità di una donna sana non venga bloccata dal dannato regime finanziario, che trasforma la benedizione di un bambino in una maledizione per i genitori.

Educando l'individuo, lo Stato deve insegnare che non è vergognoso, ma una spiacevole sfortuna, essere malati e deboli, ma che è criminale e quindi vergognoso addossare ad un essere innocente la propria sfortuna; mentre è prova di alta nobiltà di sentimento e di ammirevole valore umano se un uomo malato ma innocente rinuncia ad avere un suo bambino e traferisce il suo amore e la sua tenerezza a qualche povero bambino estraneo, la cui natura sana gli dà la promessa di diventare un membro forte di una comunità forte. Per mezzo di questa opera di educazione lo Stato dovrebbe incoronare le sue attività pratiche nel loro aspetto intellettuale. La sua azione dovrebbe continuare, senza venire afflitta dalle considerazioni relative al fatto se il lavoro venga o meno compreso, o sia o meno popolare.

Deve essere reso possibile per la coscienza nazionale nello Stato nazionale realizzare un'epoca più gloriosa in cui gli uomini non danno più tutta la loro attenzione a migliorare le razze di cavalli, cani e gatti, ma piuttosto a migliorare la condizione dell'uomo, ed in cui un uomo pratica in silenzio la rinuncia con coscienza, mentre un'altra persone gioisce nel sacrificio e nel dare. Questo non dovrebbe essere impossibile in un mondo in cui centinaia di migliaia di uomini sono illibati di loro volontà, guidati da nient'altro che dai comandamenti di una chiesa.

Se una generazione soffre sotto a dei fallimenti di cui è al corrente e che in realtà ammette, e se si accontenta, come accade oggi nella causa con il nostro mondo borghese, dichiarando sommessamente che non può fare nulla per tutto questo, tale società e destinata a distruggersi.

No, tutti noi rifiutiamo di cedere a questo inganno. La nostra attuale borghesia è troppo andata a male ed inadatta per confrontarsi con qualsiasi grande compito per l'umanità. Cattiva - non, secondo me, per deliberata depravazione, ma per colossale pigrizia e tutto ciò che deriva da essa. E' passato molto da quando i club politici, che cadono sotto il nome di partiti borghesi, sono stati qualcosa di più di società che rappresentano delle classi distinte e delle professioni, e non hanno nulla di meglio da fare che difendere i loro egoistici interessi meglio che possono. E' ovvio che un'associazione di politicanti borghesi, come le nostre, è adatta ad ogni cosa tranne che a lottare; specialmente quando il lato opposto consiste non di cauti negozianti, ma di masse proletarie, che vengono violentemente eccitate e sono assolutamente determinate.

E' dovere dello Stato convertire i giovani rampolli della razza in strumenti di valore per incrementare più avanti la razza. In vista di questo lo Stato nazionale deve indirizzare il suo lavoro educativo prima di tutto non tanto per fornire la semplice conoscenza, ma piuttosto per coltivare scrupolosamente dei corpi sani. Dopo di questo viene lo sviluppo della capacità mentali. Anche qui la formazione del carattere viene per prima, specialmente l'incoraggiamento della forza di volontà e della determinazione, combinate con l'insegnamento della gioia di assumersi una responsabilità, e per ultima di tutte viene l'istruzione relativa alla pura conoscenza. Lo Stato nazionale deve agire sulla presunzione che un uomo moderatamente educato, ma con un corpo sano, forte nel carattere, e pieno di gioiosa fiducia in sé e di forza di volontà, è di maggior valore per la comunità di un debole molto istruito. La coltivazione del corpo è, quindi, non un problema della singola persona nello Stato nazionale, nemmeno un problema che riguarda solo i genitori, dato che è soltanto di secondo o terzo grado nell'interesse della comunità, ma è un requisito per il mantenimento della razza, che lo Stato deve difendere e proteggere. Lo Stato deve anche distribuire la sua opera di istruzione affinché i giovani corpi vengano gestiti nella prima infanzia e ricevano l'irrobustimento necessario per la vita che viene in seguito. Deve curarsi in particolare che non venga prodotta una generazione di persone che se ne stanno solo a casa.

Le scuole in uno Stato nazionale dovrebbero riservare più tempo per l'esercizio fisico. Non ci dovrebbe essere un giorno in cui un ragazzo non debba fare almeno un'ora di allenamento fisico, sia al mattino che al pomeriggio, tramite giochi o ginnastica; non si dovrebbe dimenticare uno sport in particolare, che molti 'nazionalisti' vedono come grezzo ed inutile - il pugilato. E' incredibile quante false idee su di esso siano comuni fra gli 'istruiti'. Pensano che sia naturale ed onorevole per un giovane imparare come lottare e combattere dei duelli, ma è grezzo se pratica pugilato! Perché? Non c'è nessuno sport che incoraggia lo spirito di attacco come questo; richiede decisioni lampo e rinforza e rende flessibile il corpo. Non è più rude per due giovani risolvere una disputa con i loro pugni piuttosto che con una striscia di acciaio lucido.

Se la nostra intera classe intellettuale non fosse stata esclusivamente addestrata al portamento di alta classe ma avesse invece imparato a fondo a boxare, non ci sarebbe stata nessuna rivoluzione Tedesca di bulletti, disertori e simili. Questo fu reso possibile solamente perché la nostra istruzione di scuola superiore non produceva uomini, ma piuttosto ufficiali, ingegneri, chimici, giuristi, *letterati* e – per mantenere viva tale intellettualità - professori.

La nostra leadership intellettuale ha sempre prodotto dei risultati brillanti, ma la nostra coltivazione della forza di volontà è sempre stata criticata.

La nostra nazione Tedesca, che adesso giace in stato di collasso, presa a calci da tutti, necessita della forza suggestiva prodotta dalla fiducia in sé. Questa fiducia in sé deve essere coltivata nei membri più giovani della nazione a partire dall'infanzia. La loro intera educazione ed il loro addestramento deve essere indirizzato a dare loro la convinzione di essere superiori agli altri. Tramite la forza fisica e l'abilità il giovane deve recuperare la fede nell'inconquistabilità della sua nazione. Perché ciò che una volta portò gli ospiti Tedeschi alla vittoria era la somma della fiducia che ogni individuo provava in lui, e che provavano tutti i loro leader. E' la convinzione che la libertà possa essere ancora una volta strappata con la forza che restaurerà la nazione Tedesca alla sua precedente elevazione.

Ma tale convinzione può essere soltanto il prodotto di un sentimento condiviso da milioni di individui.

Ma non facciamo errori su questo: tanto grande quanto fu il collasso della nazione, allo stesso modo deve essere grande lo sforzo quotidiano per porre fine a questa infelice condizione. Soltanto tramite una grandissima emissione di forza di volontà nazionale, di sete di libertà, e di devozione passionale, noi possiamo restaurare ciò che ci è mancato.

E' dovere dello Stato nazionale coltivare l'efficienza fisica, non soltanto negli anni della scuola ufficiale; ma anche quando i giorni della scuola sono finiti deve guardare ad essa in modo che, finché il giovane uomo sta ancora attraversando lo sviluppo fisico, tale sviluppo si trasformi in una benedizione per lui. E' folle pensare che il diritto dello Stato di supervisionare i suoi giovani cittadini termini improvvisamente con la fine della scuola, per ricominciare soltanto quando essi inizino il loro servizio militare. Il diritto è un dovere ed è presente ugualmente in ogni momento.

Anche l'esercito non sta lì soltanto per insegnare ad un uomo come marciare e stare sull'attenti, ma deve realizzare il più alto ed ultimo insegnamento dell'istruzione nazionale. La giovane recluta deve, naturalmente, apprendere l'uso della sua arma, ma allo stesso tempo deve continuare il suo addestramento per la sua vita futura. In tale scuola il ragazzo sarà trasformato in un uomo; non imparerà soltanto ad obbedire, ma sarà addestrato con un occhio rivolto al comando in un qualche momento futuro.

Fortificato dalla fiducia nella sua stessa forza, pieno di *esprit de corps*, che prova insieme a tutti gli altri, il ragazzo otterrà la convinzione che la sua nazione è inconquistabile.

Quando il suo servizio militare sarà terminato, egli dovrà poter mostrare due documenti: le sue carte come legale cittadino dello Stato, che gli permettono di prendere parte agli affari pubblici, ed il suo certificato sanitario, che dice che, per quanto riguarda la salute, è adatto al matrimonio.

Nel caso dell'educazione femminile, la principale attenzione deve essere rivolta all'allenamento fisico, e dopo di esso allo sviluppo del carattere e dell'intelletto. Ma lo scopo assoluto dell'educazione femminile deve essere rivolto verso la futura maternità.

Quanto spesso in Guerra si udì la lamentela non ascoltata che il nostro popolo fosse scarsamente in grado di contenere la lingua, e quando difficile fosse, quindi, tenere lontani segreti anche importanti dalla conoscenza del nemico! Ma fate le vostre considerazioni: l'istruzione Tedesca che c'era prima della Guerra si occupò mai di rappresentare il silenzio come una virtù principale? No; perché il nostro sistema scolastico esistente lo vede come un problema futile. Ma tale futile problema costa allo Stato molti milioni di spese legali, perché il novanta per cento dei casi di calunnia, e simili, nascono semplicemente dall'incapacità di mantenere il silenzio. Le affermazioni disattente vengono fatte riferire al passato egualmente senza attenzione, il nostro commercio nazionale viene costantemente danneggiato dal fatto che i segreti dei produttori vengono dati via senza cura, ed ogni silenziosa preparazione alla difesa del paese viene resa illusoria, perché le persone non hanno mai imparato a frenare la lingua, e non smettono mai di parlare. In guerra questa passione per le chiacchere può far perdere delle battaglie, ed essere la causa principale di una guerra che va male. Ci si dovrebbe rendere conto che ciò che non viene praticato in gioventù non può essere imparato quando un uomo è completamente cresciuto.

Il deliberato sviluppo nelle nostre scuole delle qualità più fini ad oggi è inesistente. Da ora in avanti, deve essere visto in una luce abbastanza differente.

L'attendibilità, la prontezza di sacrificio, ed il silenzio sono virtù di cui una grande nazione ha bisogno, e l'addestramento verso di esse nelle nostre scuole è più importante di tutta la roba che adesso riempie i curriculum scolastici.

Quindi l'opera educativa dello Stato nazionale deve mettere molta attenzione sulla formazione del carattere, fianco a fianco con la coltivazione del corpo. Molti difetti morali, che adesso sono innati nel corpo della nazione, potrebbero essere grandemente modificati da un addestramento consistente, se non interamente estirpati.

Le persone si sono spesso lamentate che tra Novembre e Dicembre del 1918 c'erano delle falle in ogni settore, e che dal Monarca in giù fino all'ultimo comandante di divisione, nessuno potesse avere sufficiente coraggio per giungere ad una qualche importante decisione. Questo terribile fatto è una maledizione della nostra educazione, perché in tale crudele catastrofe apparve su larga scala ciò che era già universalmente presente in problemi minori.

E' la mancanza della forza di volontà, e non di materiale di guerra, che ci rende totalmente incapaci di una seria resistenza. Si trova nel profondo della nostra nazione, e ci impedisce di prendere una decisione che comporti un rischio, proprio come se la grandezza nell'azione non consistesse nel mostrare coraggio. Un generale Tedesco ebbe successo, senza rendersene conto, a scoprire una formula classica per questa miserabile mancanza di decisione; disse: 'Non agisco mai a meno che non possa contare sul cinquanta percento di successo'. Questo cinquantun percento riassume la tragedia del collasso Tedesco.

L'odierno terrore della responsabilità sta sulla stessa falsariga. La falla si trova nell'educazione del giovane; permea la vita pubblica e trova la sua corona nell'istituzione di un governo parlamentare.

Proprio come lo Stato nazionale dovrà in futuro dare piena attenzione alla coltivazione della forza di volontà e della decisione, deve impiantare nel cuore dei giovani sin dall'infanzia la gioia della responsabilità, ed il coraggio di confessare i difetti.

L'addestramento scientifico, che oggi è la totale essenza ed il fine dell'educazione di Stato, può essere adottato dallo Stato nazionale con poche modifiche, che si possono considerare in tre capi.

In primo luogo, il cervello giovane non deve essere appesantito di argomenti, il novanta percento dei quali non gli serve e quindi viene dimenticato. Prendiamo, per esempio, un ufficiale di Stato ordinario, che ha superato il *Ginnasio* (scuola pubblica diurna) o la *Oberrealschule* (scuola superiore moderna), quando ha trentasei o quarant'anni. Quanto poco ha mantenuto di tutto ciò con cui era stato infarcito!

Il sistema di insegnamento che io in generale raccomando, sarà sufficiente per la maggior parte dei giovani, mentre gli altri, che ad esempio necessitano di un linguaggio, più tardi saranno messi in condizione di migliorarlo in maniera esauriente solo per loro libera scelta.

Fornirò anche al giorno di scuola il tempo necessario per l'esercizio fisico e per le aumentate necessità sotto altri aspetti, come ho già indicato.

In particolare, si devono prendere in speciale considerazione le alterazioni nel metodo di insegnamento della storia. In novantanove casi su cento il risultato del sistema attuale è deplorevole. Qualche data di nascita e dei nomi sono tutto ciò che resta, mentre le linee ampie e chiare sono entrambe assenti. Non vengono mai insegnate le cose essenziali, che sono quelle realmente importanti, ma viene lasciato al genio più o meno talentuoso dell'individuo scoprire il significato interiore dell'ondata di date, e della successione degli eventi.

Nell'insegnamento della storia si deve prendere in considerazione la riduzione del materiale da insegnare. Perché la storia non si studia semplicemente per scoprire cosa accadde, ma in modo che possa dare istruzioni per il futuro ed il prosieguo dell'esistenza della nostra stessa nazione.

Non ci dovrebbe essere alcuna separazione dallo studio dell'antichità. Se compresa correttamente su ampie linee, la storia Romana continua ad essere la migliore istruzione, non solo adesso, ma in ogni periodo. E' dovere dello Stato nazionale vederla in modo che venga infine scritta una storia del mondo in cui la questione della razza occupi una posizione predominante.

Il poco conto in cui vengono tenute dai nostri odierni insegnanti, in particolare nella scuola secondaria, le professione della vita successiva allo studio, viene provato in maniera migliore dal fatto che uomini provenienti da scuole diverse possano fare lo stesso lavoro.

Quindi ciò che conta è soltanto l'educazione generale, e non l'istruzione specializzata. I casi che riguardano la conoscenza specializzata non possono, naturalmente, essere previsti nel curriculum delle nostre scuole secondarie per come sono oggi.

Lo Stato nazionale non deve perdere tempo e deve cancellare tali imperfezioni.

La seconda modifica richiesta dal nostro sistema scolastico è la seguente: ci deve essere una profonda divisione tra insegnamento tecnico generale e specializzato. Poiché quest'ultimo minaccia di affondare sempre più, l'educazione generica, almeno nel suo concetto ideale, deve continuare ad agire da contrappeso ad esso. Dobbiamo aggrapparci al principio che l'industria, la scienza tecnica ed il commercio possono fiorire soltanto finché una comunità nazionale con alti ideali fornisca l'ambiente necessario. Questo non significa egoismo materiale, ma prontezza di sacrificio e gioia nella rinuncia.

Oggi non c'è alcuna definizione chiara dello Stato come concetto; non si dimentica di insegnare nulla tranne il patriottismo locale. Nella vecchia Germania, essa prese la forma di una tenue glorificazione di minute proporzioni i cui numeri reali resero impossibile sin dall'inizio un degno apprezzamento dei grandi della nostra nazione. Il risultato fu che il nostro intero popolo ottenne una nozione molto imperfetta della storia Tedesca. Gli mancavano le linee principali. E' quindi ovvio che nessun uomo potrebbe in questo modo mai ottenere un qualsiasi reale entusiasmo per la nazione.

Nessuno sa come rappresentare gli uomini veramente importanti della nostra nazione per presentarli agli scolari di oggi come gloriosi eroi, e come concentrare l'attenzione universale su di essi, e quindi per creare un sentimento concreto.

Da quando accadde la rivoluzione in Germania ed il patriottismo monarchico si dissolse da solo, gli insegnamenti della storia hanno in realtà inseguito un solo scopo, ossia la mera acquisizione di conoscenza. Lo Stato, per come è adesso, non ha alcuna utilità per l'entusiasmo nazionale. Ci sono soltanto scarse possibilità della permanente resistenza del patriottismo in una repubblica. Perché non ci può essere alcun dubbio che il popolo Tedesco sarebbe rimasto per quattro anni e mezzo sul campo di battaglia se il loro motto fosse stato 'Per la Repubblica'.

Questa Repubblica è popolare nel resto del mondo. Un uomo debole piace sempre di più a quelli che fanno uso di lui di un uomo dalle maniere rudi. In realtà, la simpatia del nemico per questa forma di Stato è il criticismo più distruttivo. A loro piace la Repubblica Tedesca e gli permettono di andare avanti, perché non è possibile trovare un migliore alleato nel lavoro di schiavizzazione della nostra nazione.

Lo Stato nazionale dovrà lottare per la sua vita. Le proposte di Dawes non lo aiuteranno a difendersi. Per la sua vita e la sua autoprotezione, richiederà semplicemente ciò che gli uomini adesso credono di potergli dispensare. Più è perfetto e di valore nella forma e nell'essenza, più i suoi oppositori si risentiranno e resisteranno ad esso. I cittadini saranno quindi la sua migliore protezione piuttosto che la sua migliore arma. I muri delle fortezze non lo copriranno, ma piuttosto saranno i muri viventi fatti di uomini e donne, pieni di amore per la Madrepatria e di fanatico entusiasmo nazionalista.

La terza raccomandazione riguarda l'insegnamento scientifico: lo Stato nazionale vedrà la scienza come un mezzo per aumentare l'orgoglio nazionale. Non solo la storia del mondo, ma anche la storia della civiltà devono essere insegnate da questo punto di vista. Un inventore dovrebbe sembrare grande, non semplicemente un inventore, ed ancor di più un compatriota. L'ammirazione di ogni grande azione deve essere combinata all'orgoglio, perché il fortunato autore di essa è un membro della nostra stessa nazione. Dobbiamo estrarre i più grandiosi dalla massa dei grandi nomi della storia Tedesca, e metterli di fronte ai giovani in maniera così impressionante che diventino i pilastri di un sentimento nazionalista irremovibile.

Non esiste il nazionalismo che consideri semplicemente le classi. Si può essere orgogliosi della propria nazione soltanto se non c'è una classe di cui ci si vergogni; ma una nazione metà della quale è nella miseria, è sfinita o in realtà corrotta, disegna un quadro così negativo che nessuno può provare orgoglio per essa.

Accade soltanto quando una nazione è sana in ogni sua parte, anima e corpo, che la gioia di appartenere ad essa cresca giustamente fino a diventare quel sentimento elevato che chiamiamo 'orgoglio nazionale'. Ma questo grande orgoglio giungerà soltanto ad un uomo che conosce la grandezza della sua nazione. La paura dello sciovinismo, che si percepisce ai nostri tempi, è il marchio della sua impotenza.

Senza dubbio il mondo sta attraversando dei grandi cambiamenti. L'unica domanda è se il risultato sarà buono per l'umanità Ariana oppure sarà un profitto per l'eterno Ebreo. Il compito dello Stato nazionale sarà quindi quello di preservare la razza ed adattarsi per prendere le ultime e le più grandi decisioni di questo mondo per mezzo di un'istruzione adatta della sua gioventù. La nazione che è prima in questo campo potrà mietere la vittoria.

Dal punto di vista della razza, questa educazione dovrebbe essere completata dal servizio militare; proprio per i Tedeschi ordinari, il periodo di servizio militare dovrebbe contare come conclusione della normale educazione.

Anche se l'importanza dell'allenamento fisico e mentale sarà grande nello Stato nazionale, la selezione dei migliori individui sarà intrinsecamente importante alla stessa maniera. Oggi questo viene gestito in maniera casuale. Come regola, sono i figli di genitori di classi migliori che sono in una buona situazione che vengono considerati adatti ad un'istruzione superiore. La questione del talento gioca una parte secondaria. Il talento può soltanto essere stimato relativamente. Un figlio di un contadino potrebbe avere molto più talento di uno che ha genitori con molte generazioni in alte posizioni prima di loro. La conoscenza superiore di quest'ultimo potrebbe non avere nulla a che fare con un talento maggiore o minore, ma potrebbe essere radicata nelle migliori e più salutari impressioni ricevute dal bambino come risultato della sua istruzione più ampia, e delle circostanze più varie della sua vita.

La conoscenza ottenuta sgobbando non produrrà le qualità inventive, ma soltanto ciò che viene ispirato dal talento; nessuno, tuttavia, in Germania collega oggi alcun valore al talento; niente tranne l'estremo bisogno di esso lo richiamerà.

Questo è un altro compito educativo per lo Stato nazionale. Non è suo dovere confinare il potere decisionale nelle mani di una classe sociale esistente, ma è suo dovere estrarre le menti più competenti dalla massa della nazione e promuoverle verso posizioni e dignità. E' obbligo dello stato fornire una certa educazione nella scuola pubblica per il bambino medio, ma deve anche offrire al talento l'opportunità che dovrebbe avere. Dovrebbe considerare il suo dovere più elevato aprire le porte alle più grandi fondazioni di studio dello Stato, senza distinzione, per il talento di ogni sorta, in qualsiasi classe esso appaia.

Esiste un'ulteriore ragione per cui lo Stato dovrebbe dare attenzione a questo fatto. Specialmente in Germania la classe intellettuale è così rigidamente chiusa in se stessa rispetto al resto del mondo che non ha alcun legame vivo con le classi sotto di essa. Ci sono due effetti negativi di questo: primo, questa classe non ha né comprensione né simpatia della la massa popolare. Per troppo tempo è stata tagliata fuori da ogni connessione con essa per poter possedere ancora la necessaria comprensione psicologica del popolo. E' diventata estranea per loro.

Secondo, a questa classe superiore manca la forza di volontà di base, perché questa è sempre più debole tra gli intellettuali piuttosto che nelle masse primitive. Dio sa che noi Tedeschi non abbiamo mai fallito nel campo della conoscenza, ma abbiamo piuttosto fallito in quanto a forza di volontà e determinazione.

Per esempio, più intellettuali sono stati i nostri uomini di stato, più deboli furono molti di loro nei risultati concreti. La nostra preparazione politica per la guerra ed i nostri armamenti tecnici erano insufficienti, non perché le menti che governavano la nostra nazione erano *troppo poco* istruite, ma piuttosto perché i nostri governanti erano troppo istruiti, pieni di conoscenza ed intelletto, ma vuoti di istinto concreto ed estremamente carenti di energia e coraggio. Fu il triste destino della nostra nazione dover lottare per la sua vita sotto un Cancelliere che era un debole filosofo. Se fossimo stati guidati da qualche robusto uomo del popolo, invece di un Bethmann-Hollweg, il sangue eroico dei granatieri non sarebbe stato versato invano. Inoltre, le esagerate qualità intellettuali del materiale da cui provenivano i nostri leader fornì il migliore alleato possibile per le canaglie di Novembre. Nella sua vergognosa maniera di fermare il benessere nazionale che era riposto in esso, invece di promuoverlo con tutte le forze, questo creò intellettualmente le condizioni che resero una certezza il successo dell'altra fazione.

La Chiesa Cattolica Romana è un esempio da cui si può imparare. Il celibato dei suoi preti li obbliga a prendere dalle generazioni successive i nuovi preti, e non dai loro ranghi, ma dalle masse popolari. La maggior parte delle persone non sono coscienti di questo particolare significato del celibato. E' la base della forza di questa antica istituzione.

Sarà dovere dello Stato nazionale nella sua capacità educativa preoccuparsi che ci sia un rinnovamento costante delle classi intellettuali con sangue fresco proveniente dal basso. E' obbligatorio per lo Stato scegliere con estrema cura e precisione dalla totalità dei suoi nazionali, del materiale umano con evidente talento naturale, e metterlo al servizio della comunità.

Tutto il lavoro ha un doppio valore: quello puramente materiale, e quello idealista. Il suo valore materiale sta nell'importanza del lavoro portato a termine, misurato non tanto nel suo aspetto materiale, ma nella essenziale necessità di esso; al contrario, parlando idealmente, c'è uguaglianza fra gli uomini nel momento in cui ogni individuo nella sua sfera, qualunque essa sia, si sforzi di fare del suo meglio. La stima del valore di un uomo deve dipendere dalla maniera in cui esegue il compito che gli è affidato dalla comunità. Perché il lavoro dell'individuo è solo il mezzo, non l'oggetto, della sua esistenza. Piuttosto egli deve continuare a formare e nobilitare se stesso come uomo, ma questo può essere possibile soltanto all'interno di una cultura che egli condivide, e che deve sempre avere le sue basi in qualche Stato.

Ma il giorno d'oggi sta lavorando per la sua stessa rovina; introduce il suffragio universale, parla di uguali diritti, ma non sa dare nessuna ragione per tali pensieri. Ai suoi occhi le ricompense materiali sono l'espressione del valore di un uomo, per cui scardina le basi della più nobile uguaglianza che possa esistere. Perché l'uguaglianza non può e non deve mai stare nei risultati di un uomo in sé, ma è possibile soltanto se ogni uomo porta a termine i suoi compiti speciali. Questo e soltanto questo può mettere da parte i casi della natura quando viene giudicato un uomo, e ogni uomo forgia il proprio significato.

Può essere che l'oro sia diventato il potere dominante nella vita di oggi; ma verrà il tempo in cui gli uomini dovranno inchinarsi di fronte a divinità superiori. Oggi c'è molto che deve la sua esistenza al desiderio di denaro e possedimenti, ma in esso c'è molto poco che, se non esistesse, lascerebbe il genere umano più povero. E' uno dei compiti del nostro movimento offrire le prospettive di un tempo in cui agli individui verrà dato ciò che gli serve per vivere, ma anche di mantenere il principio che l'uomo non vive soltanto per il godimento materiale. Questo troverà espressione in un'avveduta graduatoria di retribuzioni, che renda possibile ad ogni lavoratore onesto di essere certo di vivere una vita ordinaria ed onorabile come uomo e cittadino.

Ma non tralasciamo di dire che è un ideale immaginario, che questo mondo non può mettere in pratica ed in realtà non potrebbe mai ottenere. Non siamo nemmeno così ingenui da immaginare che un'età senza difetti possa venire con successo portata in essere. Ma questo non ci libera dall'obbligo di combattere le falle che ci sono note, di abolire le debolezza e riporre gli sforzi nell'ideale. Le tristi realizzazioni produrranno loro stesse troppe limitazioni. Per questa ragione, gli uomini devono cercare di servire lo scopo finale.

I fallimenti non devono distoglierli dal loro obiettivo, proprio come la legge non può essere rifiutata soltanto perché ci sono degli errori in essa, né la medicina può essere disprezzata perché ci sono sempre delle malattie. Gli uomini dovrebbero fare attenzione a non sottovalutare la forza di un'ideale.

# III

## CITTADINI E SOGGETTI DELLO STATO

L'istituzione che oggi erroneamente porta il nome di 'Stato', conosce soltanto due tipi di individui: cittadini dello Stato e stranieri. I cittadini dello Stato sono quelli che sia per nascita che per naturalizzazione godono dei diritti di cittadinanza; gli stranieri sono quelli che godono di simili diritti sotto altri stati. Al giorno d'oggi questi diritti vengono acquisiti in primo luogo per il fatto di essere nati nei confini dello Stato. La razza e la nazionalità non hanno alcun ruolo in essi. Il figlio di un Negro, che una volta viveva in un protettorato Tedesco ed ora si trova in Germania, è automaticamente un cittadino dello Stato Tedesco. L'intera procedura per acquisire la cittadinanza di Stato non è molto diversa da quella per diventare membro di un club automobilistico, per esempio.

So che non è piacevole da sentire; ma è impossibile concepire qualcosa di più folle e meno pianificato della nostra attuale legge sulla cittadinanza di Stato. Ma almeno esiste uno Stato in cui sembrano esserci dei deboli tentativi di ottenere una migliore gestione. Naturalmente non mi riferisco al modello della nostra Repubblica Tedesca, ma agli Stati Uniti d'America, che stanno cercando, parzialmente e ad ogni livello, di includere il buon senso nei loro consigli. Rifiutano di permettere l'immigrazione di elementi che sono negativi dal punto di vista della salute, e vietano assolutamente la naturalizzazione di alcune razze prestabilite, e quindi si stanno avviando in maniera modesta verso qualcosa di non troppo diverso dal concetto di Stato nazionale.

Lo Stato nazionale suddivide i suoi abitanti in tre classi: cittadini di Stato, soggetti di Stato, e stranieri. In principio, soltanto la nascita fornisce lo stato di soggetto. Questo non porta con sé il diritto di servire ancora come ufficiale di Stato, né di prendere parte attiva alla politica nel senso di votare alle elezioni. Nel caso di ogni soggetto di Stato, devono essere provate la razza e la nazionalità. Il soggetto è libero in ogni momento di cessare di essere un soggetto, e di diventare cittadino in un paese che corrisponde alla sua nazionalità. Lo straniero è diverso dal soggetto soltanto nel fatto che è soggetto di uno Stato straniero. Il giovane soggetto di nazionalità Tedesca deve sottostare all'educazione scolastica, che viene data ad ogni Tedesco. Più tardi, deve acconsentire a fare gli esercizi fisici, come stabilito dallo Stato, ed infine entra nell'esercito. L'addestramento militare è universale.

Dopo che il suo servizio militare è finito, il giovane uomo sano con una fedina impeccabile verrà solennemente investito dei diritti di cittadinanza di Stato. Questo è il documento più importante di tutta la sua intera vita sulla terra. Deve essere ritenuto il massimo onore essere cittadino di questo Reich, anche se si è soltanto uno spazzino, piuttosto che essere un re di uno Stato straniero.

La ragazza Tedesca è un soggetto di Stato, ma il matrimonio la rende cittadina. Ma ad una donna Tedesca impegnata negli affari può essere accordato il diritto di cittadinanza.

# IV

## PERSONALITA' E CONCETTO DELLO STATO NAZIONALE

Sarebbe folle credere di misurare il valore di un uomo dalla razza a cui appartiene, ed allo stesso tempo dichiarare guerra all'assioma Marxista secondo cui 'Gli uomini sono tutti uguali', a meno che non si sia preparati a portarlo fino alle sue conseguenze finali. Chiunque oggi creda che uno Stato Nazionalsocialista dovrebbe, tramite mezzi puramente meccanici ed una migliore costruzione della sua vita economica, differenziarsi dagli altri Stati - ossia, con un miglior compromesso tra ricchezza e povertà, o allargando il controllo del processo economico, o con compensi più equi, eliminando le differenze troppo grandi fra i salari - si troverà in un'assoluta *impasse*: non ha la più vaga idea di ciò che intendiamo con visione del mondo. I metodi descritti qui sopra non offrono alcuna speranza di persistere; ancora meno promettono un grande futuro. Una nazione che pone fiducia in riforme così superficiali, non otterrà alcuna garanzia o qualsivoglia vittoria nella lotta generale delle nazioni. Se un movimento che trova la sua missione in questi compromessi, dato che essi non introdurranno in realtà nessuna grande riforma, o vera perché lungimirante, la sua azione non toccherà mai nulla tranne la superficie delle cose.

Per capire tutto questo con maggior chiarezza, sarebbe bene dare un'occhiata alle vere origini ed alle vere cause dello sviluppo della civiltà umana.

Il primo passo, che portò visibilmente il genere umano lontano dal mondo animale, fu quello che spinse verso l'invenzione. La prima abile misura dell'uomo nella lotta con il resto degli animali era in origine senza dubbio la sua gestione delle creature, che avevano delle capacità speciali. Anche allora, era la personalità che produceva con chiarezza le decisioni ed i risultati, che più tardi vennero accettati da tutta l'umanità come naturali conseguenze. La conoscenza da parte di un uomo dei propri poteri, che considero anche adesso la base di tutta la strategia, era dovuta in origine ad una determinata mente, e fu universalmente accettata come una cosa puramente naturale forse soltanto dopo che trascorsero migliaia di anni. L'uomo coronò la sua prima scoperta con una seconda: imparò, fra le altre cose, come vivere mentre era impegnato nella sua lotta per la vita. Ed ebbe così inizio l'attività inventiva peculiare dell'uomo, i cui risultati si possono vedere tutti intorno a noi. Ed è il risultato del potere creativo e della capacità della singola persona.

Era profondamente determinante per rendere l'uomo colui che ha il potere di risalire in continuazione. Ma ciò che una volta erano dei semplici artefatti, che aiutavano i cacciatori nella foresta, oggi per la lotta per l'esistenza lo sono le brillanti attuali scoperte scientifiche, e queste aiutano il genere umano nella battaglia per l'esistenza di oggi, e stanno forgiando le armi per le battaglie del futuro.

L'opera di evoluzione della pura teoria, che non è capace di misurare, ma che è il preliminare necessario per tutte le successive scoperte materiali, viene nuovamente vista come prodotto esclusivo dell'individuo. La folla non inventa, le maggioranze non organizzano né pensano; è sempre solo e soltanto un uomo, l'individuo.

Una comunità umana viene vista come ben organizzata se promuove in ogni maniera possibile il lavoro di quelle forze creative e le impiega per il bene della comunità. L'organizzazione deve essere la personificazione dello sforzo di mettere le menti al di sopra della folla, e di soggiogare la folla alle menti.

Quindi, l'organizzazione non può impedire alle menti di emergere dalla massa, ma deve, al contrario, farlo tramite una sua azione volontaria, al più alto livello possibile, e facilitarlo.

La dura lotta per la vita fa sì più di ogni altra cosa che le menti emergano. L'amministrazione di Stato e la forza delle nazioni incorporate nelle forze di difesa sono dominate dall'idea di personalità e dell'autorità ad esse connessa, e dalla responsabilità verso gli individui in posizioni elevate.

La vita politica di oggi ha voltato le spalle in maniera persistente a questo principio naturale. Mentre tutta la civiltà umana non è altro che il risultato della forza creativa della personalità, nella comunità come cosa unica e specialmente tra i suoi leader, il principio della dignità della maggioranza avanza la pretesa di essere l'autorità che decide, e sta cominciando ad avvelenare gradualmente tutta la vita che sta sotto di essa - e nei fatti a distruggerla. Il lavoro distruttivo del Giudaismo nel corpo di altre nazioni può essere attribuito alla base al perenne sforzo di minare alla base l'importanza della personalità nelle nazioni che lo ospitano, ed a sostituire la volontà della folla.

Adesso vediamo che il Marxismo è la forma enunciata del tentativo Ebraico di abolire l'importanza della personalità in tutti i settori della vita umana, e di mettere al suo posto gli ammassi di numeri. Nella politica, la forma di governo parlamentare è la sua espressione, ed è questa che sta operando tale danno, a partire dal piccolo consiglio di parrocchia, fino al potere che controlla l'intero Reich.

Il Marxismo non è mai stato in grado di fondare una cultura o di creare un sistema economico da solo; inoltre, non è mai veramente stato nella posizione di portare avanti un sistema esistente in accordo ai suoi principi. Ma dopo poco tempo è stato obbligato a ritornare sui suoi passi, ed a fare delle concessioni alla teoria del principio della personalità; anche nella sua stessa organizzazione, è incapace di negare tale principio. La teoria nazionale del mondo deve quindi essere completamente differenziata dalla teoria Marxista; deve puntare la propria fede sulla razza ed anche sull'importanza della personalità, e renderli i pilastri che supportano il suo intero edificio. Questi sono i fattori di base della sua visione del mondo.

Lo Stato nazionale deve lavorare instancabilmente per liberare tutto il governo, specialmente quello più in alto - ossia la leadership politica - dal principio del controllo da parte delle maggioranze - ossia la massa - così da assicurare al suo posto l'indiscutibile autorità dell'individuo.

La migliore forma di Stato e di costituzione è quella che con naturale fermezza eleva le migliori menti della comunità fino ad una posizione di comando e di influenza predominante.

Non ci deve essere alcuna maggioranza che prende delle decisioni, ma soltanto un corpo fatto di persone responsabili, così la parola 'consiglio' tornerà al suo antico significato. Ogni uomo avrà dei consiglieri al suo fianco, ma la *decisione* sarà presa da un solo Uomo. Lo Stato nazionale non soffre del fatto che degli uomini la cui educazione ed occupazione non hanno dato loro una conoscenza particolare siano invitati a consigliare o giudicare argomenti di natura particolare, come l'economia. Lo Stato quindi suddividerà il suo corpo di rappresentanza in commissioni politiche e commissioni di rappresentanza di professioni e commerci. Per ottenere una collaborazione proficua tra le due, sopra di loro ci sarà un Senato particolare.

Ma né il Senato né la Camera avranno potere di prendere decisioni. I singoli membri possono consigliare, ma mai decidere. E' prerogativa esclusiva del Presidente responsabile in carica.

Per quanto riguarda la possibilità di mettere in pratica la nostra conoscenza, posso ricordare ai miei lettori che il principio parlamentare della decisione delle maggioranze non ha sempre governato la razza umana; al contrario, compare soltanto in brevi periodo della storia, e quelli sono sempre stati periodi di decadenza per le nazioni e gli Stati.

In ogni caso, non lasciamo immaginare che delle misure puramente teoriche provenienti dall'altro possano produrre un tale cambiamento perché a rigor di logica questo non si può fermare alla costituzione di uno Stato. Tutta la legislazione e, in realtà, l'intera vita dei cittadini devono essere saturi di esso. Tale rivoluzione può avvenire e verrà soltanto per mezzo di un movimento, costruito nello spirito di questa idea e che quindi è genitore dello Stato che arriverà.

Per cui il movimento Nazionalsocialista deve oggi identificarsi con tale idea e metterla in pratica nella sua stessa organizzazione, in maniera che non solo sia in grado di guidare lo Stato sulla retta via, ma possa anche trovare il corpo perfezionato dello Stato già pronto per la sua occupazione.

# V

## TEORIA MONDIALE ED ORGANIZZAZIONE

Lo Stato nazionale, di cui ho tentato di disegnare un quadro generale, non verrà realizzato con la semplice conoscenza dei requisiti di tale Stato. Non è sufficiente sapere a cosa deve assomigliare tale Stato. Il problema della sua nascita è molto più importante. Non possiamo attendere che gli attuali partiti, che traggono i loro profitti dallo Stato per com'è adesso, cambino il loro atteggiamento di loro stessa iniziativa. Tanto più che questo è impossibile, visto che i loro veri leader sono Ebrei e soltanto Ebrei.

L'Ebreo insegue il suo obiettivo in maniera irresistibile quando si confronta con i milioni di borghesi Tedeschi e di proletari che stanno scivolando verso la distruzione, principalmente a causa della loro stupidità e timidezza. L'Ebreo è pienamente cosciente del suo scopo finale. Un partito guidato da lui non ha altra scelta che lottare per i suoi interessi ed non ha nulla in comune con il carattere delle nazioni Ariane.

Quindi, se è stato fatto un tentativo di realizzare l'ideale di uno Stato nazionale, dovremo ignorare le forze che adesso controllano la vita del pubblico e cercare un'altra forza, determinata e capace di affrontare la lotta per tale ideale. Perché c'è una battaglia davanti a noi, se il nostro primo compito è non la creazione di un nuovo concetto di Stato, ma la rimozione dell'attuale concetto Ebraico.

La prima arma di una giovane dottrina che contiene principi nuovi e grandiosi deve, indipendentemente da quante persone possano non gradirla, essere la sonda di un criticismo affilato. Il Marxismo aveva un obiettivo ed è cosciente dell'ambizione costruttiva (anche se è una mera costruzione del dispotismo della finanza mondiale Ebraica); ma nonostante tutto si è dedicato a scardinare le critiche per settant'anni. Quindi iniziò il suo cosiddetto 'lavoro costruttivo'. Questo era perfettamente corretto, naturale e logico.

Una teoria mondiale è intollerante, e non si accontenta di essere un partito tra gli altri partiti; insiste su un riconoscimento persistente ed esclusivo di sé stessa e su un concetto assolutamente nuovo di tutta la vita pubblica secondo la sua visione. Quindi, non può tollerare la continuazione di una forza che rappresenta le condizioni precedenti.

Accade lo stesso con le religioni. Il Cristianesimo non era soddisfatto di erigere semplicemente i suoi altari; venne obbligato a procedere a distruggere gli altari dei pagani. Tale fanatica intolleranza da sola rese possibile costruire questo credo adamantino; è una condizione assolutamente necessaria per la sua esistenza.

I partiti politici sono sempre pronti al compromesso; le teorie mondiali non lo sono mai. I partiti politici negoziano con i loro oppositori; le teorie mondiali sostengono che soltanto loro stesse sono infallibili.

Addirittura i partiti politici quasi sempre all'inizio hanno la speranza di elevarsi ad autorità dispotica; quasi sempre contengono piccole tracce di una teoria mondiale. Ma la povertà del loro programma li priva dell'eroismo, che è richiesto da una teoria mondiale. La loro prontezza di conciliazione attira verso di loro gli spiriti più deboli con i quali non si può condurre alcuna crociata. Quindi si adattano rapidamente ed all'inizio della loro storia al pantano della loro stessa miserabile insignificanza.

Una teoria mondiale non può essere mai vittoriosa con i suoi ideali, a meno che non inserisca nei suoi ranghi gli elementi più forti e più audaci della sua era e della sua nazione e dia loro forma in una solida organizzazione di lotta. E' anche essenziale per essa estrarre determinate idee dal quadro mondiale generale, e presentarle in una forma concisa ed impressionante, adatta a servire come credo per una nuova comunità umana. Invece il programma di un partito, che è semplicemente politico, è la ricetta per ottenere buoni risultati alle successive elezioni, ma quello di una teoria mondiale è equivalente ad una dichiarazione di guerra sull'ordine esistente delle cose; nei fatti, contro una visione della vita che è stata già accettata.

Non è necessario per ogni singolo lottatore ricevere una visione completa ed una conoscenza esatta delle ultime idee e dei processi mentali dei leader del movimento. Un esercito non sarebbe molto buono se tutti gli uomini fossero generali, ed un movimento politico non sarebbe molto bravo a difendere una teoria mondiale se fosse fatto semplicemente da una schiera di 'intellettuali'. No, servono anche gli uomini primitivi che lottano. Perché non ci può essere alcuna disciplina interna senza di loro. Per sua stessa natura un'organizzazione non può stare in piedi a meno che i leader di grande intelligenza non vengano serviti da una grande massa di uomini ispirati dal sentimento. Sarebbe più difficile mantenere la disciplina in una compagnia di duecento uomini, tutti con lo stesso dono intellettuale, che in una che contiene centonovanta uomini meno dotati, e dieci di intelletto superiore.

L'organizzazione delle Democrazia Sociale è un caso che cade a puntino; il suo esercito consiste di ufficiali e di uomini. Il lavoratore Tedesco, dimesso dall'esercito, è il soldato privato; l'intellettuale Ebreo è l'ufficiale.

Affinché l'idea nazionale possa emergere dal vago desiderio di oggi ed avere successo a produrre un pensiero chiaro, deve selezionare alcune frasi guida ben definite dalla massa di concetti generali. In vista di questo, il programma del nuovo movimento venne creato sotto forma di un certo numero di frasi guida, venticinque in tutto. Il loro obiettivo è prima di tutto dare all'uomo di strada un'immagine grossolana delle intenzioni del movimento. In un certo senso esse sono una confessione di fede politica, parzialmente a vantaggio della causa, e parzialmente allo scopo di legare e fondere insieme i suoi membri tramite un impegno riconosciuto in comune da tutti.

Per la nostra politica di dichiarare una dottrina a grandi linee, che è sana in principio, consideriamo che sia meno dannoso agganciarsi ad un concetto, anche se non si adatta del tutto alla realtà attuale, piuttosto che cercare di migliorarla e lasciare alla discussione alcune leggi di base del movimento che fino ad allora erano inalterabili, perché potrebbero seguirne conseguenze peggiori; infatti, questo non si può fare se un movimento sta lottando per la vittoria. Ciò che è essenziale deve essere cercato non all'esterno, ma in senso interiore; ed in questo non c'è nulla che vada cambiato. Possiamo solo sperare che nei suoi stessi interessi il movimento mantenga la forza necessaria per le sue battaglie evitando qualsiasi azione che dia prova di divisione e mancanza di solidarietà.

Si può imparare molto dalla Chiesa Cattolica Romana. Sebbene il corpo della sua dottrina si scontri con la scienza esatta e la ricerca in molti punti - non necessariamente sotto molti aspetti - la Chiesa non è pronta a sacrificare una singola sillaba della sua dottrina. Ha realizzato molto correttamente che il suo potere di resistenza dipende non dall'essere più o meno in armonia con gli eventi scientifici del momento - che di fatto si modificano continuamente - ma piuttosto dalla stretta adesione ai dogmi che, una volta che sono stati stabiliti, esprimono interamente il carattere della fede. Di conseguenza, la Chiesa sta in piedi più solidamente che mai.

Con il suo programma di 25 tesi, il Partito Nazionalsocialista dei Lavoratori Tedeschi accettò una base che deve essere incrollabile. Adesso ed in futuro è e sarà compito dei membri del nostro movimento non criticare e non modificare questi principi guida, ma vederli come destinati ad insistere su di essi.

Nella sua gioventù, il giovane movimento dovette il suo nome a loro ed il programma del partito è stato steso in accordo ad essi.

Le idee alla base del movimento Nazionalsocialista sono nazionaliste, ed allo stesso modo, le idee nazionaliste sono Nazionalsocialiste; se il Nazionalsocialismo deve vincere, esso deve aderire assolutamente ed esclusivamente a tale convinzione. E' suo dovere e non meno suo diritto proclamare in maniera ben definita il fatto che ogni tentativo di rappresentare l'idea nazionalista fuori dai limiti del Partito Nazionalsocialista dei Lavoratori Tedeschi è inammissibile, e che nella maggior parte dei casi si basa su false fondamenta.

Ogni tipo di associazione e di combriccola, i piccoli gruppi ed anche i 'grandi partiti', proclamano per loro stessi la parola 'nazionalista'; questo in sé non è che un effetto dell'influenza del movimento Nazionalsocialista. Se non fosse per questo, non sarebbe mai nemmeno accaduto a tutte queste organizzazioni di menzionare la parola 'nazionalista'; non avrebbe avuto alcun significato per loro, e loro, ed i loro leader in particolare non avrebbero avuto nulla a che fare con tale concetto. Il P.N.L.T. (N.S.D.A.P.) fu il primo a dare significato a questa parola, che contiene così tanto e che adesso è in uso comune da ogni tipo di persona. Il nostro movimento ha provato in sé e nel suo lavoro di propaganda la forza dell'idea nazionalista, tanto che l'avidità di essere in vantaggio sta obbligando gli altri almeno a fingere di avere simili aspirazioni.

# VI

## LA BATTAGLIA DEI PRIMI GIORNI IL RUOLO DELL'ORATORE

Avevamo appena finito con il primo grande raduno del 24 Febbraio 1920, nel Hofbräuhausfestsaal a Monaco, quando erano già in corso i preparativi di quello successivo. Fino ad allora non avevamo osato pensare di tenere un raduno ogni due settimane o anche solo una volta al mese in una città come Monaco, ma adesso era necessario prepararne uno alla settimana.

In quel periodo, la sala aveva un significato principalmente sacro per noi Nazionalsocialisti. Era ogni volta sempre più piena, e le persone erano sempre più attente. Gli eventi cominciavano praticamente sempre con l'argomento della 'Colpa di Guerra', di cui nessuno allora si preoccupava, e continuavano fino ai trattati di pace; i metodi di comunicazione violenti nei discorsi vennero ritenuti adatti ed in realtà necessari. In quei giorni se un incontro pubblico di massa, a cui erano presenti non dei flemmatici borghesi ma dei proletari arrabbiati, si occupava del Trattato di Versailles, esso aveva il significato di un attacco alla Repubblica e veniva ritenuto un segno di sentimento reazionario, se non monarchico. Nel momento in cui Versailles veniva criticato c'erano regolarmente delle interruzioni; 'E Brest-Litovsk?' La folla avrebbe continuato a gridare finché si sarebbe gradualmente scaldata ancor di più, oppure lo speaker avesse smesso di cercare di convincerli. Eravamo propensi a sbattere la testa contro il muro dalla disperazione per questo insieme di persone! Non capivano che Versailles era una vergogna ed una disgrazia o che tale trattato di pace era uno spaventoso furto per la nostra nazione. L'opera di distruzione Marxista e l'avvelenata propaganda nemica avevano reso queste persone cieche verso ogni ragionamento. Ed ancora nessuno poteva lamentarsi; per quanto immensamente grande fosse la colpa dell'altra fazione! Cosa aveva fatto la borghesia per sradicare questa terribile disintegrazione, o per lastricare la strada verso la verità con una gestione migliore e più intelligente?

Assolutamente nulla!

Io stesso vidi chiaramente che, fintanto che si trattava del movimento che allora era nella sua infanzia, la questione della colpa della guerra doveva essere chiarita sulla linea della verità storica.

Naturalmente esiste una forte tentazione, specialmente per ogni movimento debole, di agire e gridare insieme alle folle nei momento in cui un forte oppositore ha avuto successo ad ingannare e guidare il popolo per giungere a qualche decisione folle, in particolare se conteneva alcuni punti - anche se illusori - in favore di questo, dal punto di vista di quel giovane movimento.

Ho vissuto questi casi in diverse occasioni, quando era necessaria la massima energia per evitare che la nave andasse alla deriva nella corrente, ottenuta con mezzi artificiali, o in realtà la seguisse. L'ultima occasione ci fu quando la nostra perversa stampa, l'Ecuba della vita della nazione Tedesca, ebbe successo a dare alla questione del Sud Tirolo un'importanza che avrà delle serie conseguenze per la nazione Tedesca. Senza considerare di quale causa fossero al servizio, diversi cosiddetti uomini, partiti e società 'nazionalisti' si unirono al grido, semplicemente per paura del sentimento pubblico scatenato dagli Ebrei, e dando sciomente il loro supporto ad una lotta contro un sistema che noi Tedeschi dovremmo, specialmente allo stato attuale di crisi, vedere come un raggio di sole in questo mondo corrotto. Mentre l'Ebreo internazionale ci sta lentamente ma inesorabilmente strangolando, i nostri cosiddetti 'patrioti' sono infuriati contro l'Uomo ed il Sistema che ha avuto il coraggio di liberarli, almeno in una parte del mondo, dalla stretta della Massoneria Ebraica, e di opporsi al veleno internazionale mondiale con le forze del nazionalismo.

Divenne presto evidente che i nostri oppositori, specialmente nel dibattito con noi, erano armati di un determinato repertorio di argomenti e che i loro punti contro le nostre affermazioni venivano costantemente ripetuti nei loro discorsi; questa somiglianza indicava un addestramento cosciente ed unificato. E difatti era così. Oggi sono orgoglioso di aver scoperto i mezzi non solo per rendere inefficace la loro propaganda, ma anche per battere i suoi fautori con le loro stesse parole. Due anni dopo, ero maestro di quest'arte.

Ogni volta che parlavo, era importante avere sottomano un'idea chiara della probabile forma e del carattere degli argomento che dovevamo aspettarci durante la discussione, e quindi farli in pezzi nel mio discorso di apertura; il punto era menzionare tutti i possibili argomenti *contra* in una volta sola, e provare che erano vuoti.

Fu questa la ragione per cui, dopo la mia prima lettura sul Trattato di Pace di Versailles, che io consegnai alle truppe con le mie capacità di oratore, feci una modifica e parlai quindi dei 'Trattati di Pace di Brest-Litovsk e di Versailles'. Perché riscontrai rapidamente che, nella discussione che seguiva la mia lettura, gli uomini non sapevano davvero nulla sul Trattati di Brest-Litovs, ma che era dovuto al successo della propaganda degli altri partiti e che loro immaginavano che tale trattato fosse uno die più vergognosi atti di oppressione al mondo. L'insistenza con cui con cui questa bugia venne messa davanti al pubblico era la ragione per cui milioni di Tedeschi vedevano il Trattato di Versailles come nient'altro che una giusta ricompensa per il crimine che commettemmo a Brest-Litovsk. E quindi consideravano che ogni lotta contro Versailles sarebbe stata sbagliata, ed in molti casi c'era un genuino disprezzo morale di tale procedimento. Era questa la ragione per cui la vergognosa e mostruosa parola 'riparazioni' fu in grado di accasarsi in Germania. Nelle mie letture misi insieme i due trattati di pace, li confrontai punto per punto, e dimostrai quanto uno fosse veritiero ed immensamente umano in contraddizione all'inumana crudeltà dell'altro, ed il risultato fu piuttosto rimarchevole. Ancora una volta una grande bugia venne espulsa dai cuori e dalle menti di un pubblico di migliaia di persone, e venne impiantata una verità al suo posto.

Questi incontri mi portarono vantaggio, nel senso che divenni lentamente un oratore per i raduni di massa e che il pathos e la gestualità necessari nelle grosse sale che contenevano un migliaio di persone divennero per me un problema di natura secondaria.

Il nostro primo raduno venne distinto dal fatto che c'erano dei tavoli pieni di volantini, carte ed opuscoli di ogni tipo, ma noi ci basavamo principalmente sulla parola detta a voce. Ed infatti quest'ultima è l'unica forza capace di produrre davvero delle grandi rivoluzioni nei sentimenti, per ragioni psicologiche.

Un oratore riceve una guida continua dal suo pubblico, che lo rende capace di correggere la sua lettura, perché egli può misurare in ogni momento dall'espressione in volto ai suoi ascoltatori il livello a cui essi riescono a seguire con intelligenza i suoi argomenti, e se le sue parole stanno producendo l'effetto che desidera, mentre lo scrittore non ha alcuna conoscenza dei suoi lettori. Per cui non è in grado di preparare le sue frasi per indirizzarle ad una determinata folla di persone, che sono sedute di fronte ai suoi occhi, ma è obbligato a discutere in termini generali.

Supponendo che un oratore osservi che i suoi ascoltatori non lo capiscono, egli renderà le sue spiegazioni talmente elementari e chiare che ogni singola persona dovrà recepirle. Se sente che non riescono a seguirlo, costruirà le sue idee con attenzione e lentamente finché anche il membro più debole le abbia colte; ed ancora una volta se sente che non sembrano essere convinti che lui ha ragione nella sua discussione, glielo ripeterà ancora ed ancora, con nuove illustrazioni, e lui stesso menzionerà le loro obiezioni non dette; continuerà perciò finché anche l'ultimo gruppo di oppositori mostri con il suo comportamento e con il suo gioco di espressioni che hanno ceduto alla sua dimostrazione dei fatti.

Non è infrequente che si tratti di superare i pregiudizi, che non vengono dalla loro comprensione, ma sono principalmente inconsci e supportati dal sentimento. E' mille volte più difficile superare questa barriera di repulsione istintiva, odio emotivo, e propensione negativa, che appianare le opinioni dirette basate su una conoscenza non corretta o errata. L'ignoranza ed i falsi concetti possono essere rimossi con l'insegnamento - ma non è possibile farlo per l'ostruzionismo del sentimento.

La forza che diede al Marxismo il suo stupefacente potere sulle masse non è il lavoro formale preparato per iscritto dagli intellettuali

Ebrei, ma piuttosto la grande inondazione di propaganda oratoria che ha dominato le masse nel corso degli anni; su centomila lavoratori Tedeschi, non sono più di un centinaio a conoscere il libro di Marx, che è stato studiato mille volte di più dalla classe intellettuale - specialmente dagli Ebrei - piuttosto che dai genuini seguaci del movimento di grado minore. Questo libro non fu scritto per le masse, ma esclusivamente per i leader intellettuali della macchina Ebraica di conquista del mondo; l'agitazione venne condotta tramite materiale diverso. E' questo che fa la differenza tra la stampa Marxista e la nostra stampa borghese. La stampa Marxista venne scritta da agitatori, mentre la stampa borghese preferì effettuare l'agitazione attraverso i suoi scrittori.

Ogni ora del giorno in cui viene fatto un discorso ha un'influenza decisiva sull'effetto di tale discorso. Lo stesso discorso fatto dallo stesso oratore sullo stesso argomento ha un effetto piuttosto diverso alle dieci del mattino rispetto che alle tre di pomeriggio o di sera. Quando ero all'inizio, organizzavo degli incontri al mattino, e mi ricordo in particolare di un incontro che si tenne nel Münchener Kindl-Keller alle dieci in punto per protestare contro 'l'oppressione dei distretti Tedeschi'. Il risultato fu deprimente ma nel contempo molto istruttivo. Non penso di aver parlato in maniera diversa dal solito, ma l'effetto fu apparentemente nullo.

Lasciai l'incontro piuttosto insoddisfatto, anche se più ricco di esperienza. Tentai lo stesso esperimento più tardi con lo stesso risultato. L'orazione fine da parte di un carattere apostolico avrà maggior successo di sera per convincere gli uomini, i cui poteri di resistenza sono in quell'ora tarda sensibilmente indeboliti per natura, piuttosto che se indirizzata a uomini che sono nel pieno possesso della loro energia mentale e della loro volontà.

Lo stesso scopo è asservito dalla fioca luce artificiale prodotta nelle Chiese Cattoliche Romane, dalle candele accese, dall'incenso e dal turibolo.

E' una cosa unica con la sciocca ignoranza del mondo mostrata dai nostri intellettuali Tedeschi che credono che uno scrittore dovrebbe essere superiore ad un oratore per intelletto. Questa visione è illustrata in maniera molto illuminante in un articolo di un certo giornale Nazionalista, in cui si dice che spesso si viene disillusi quando si vede stampato e scritto sulla carta un discorso fatto da un oratore di cui si ammette la grandezza. Ricordo un altro articolo che mi finì tra le mani durante la Guerra; riguardava i discorsi di Lloyd George, allora Ministro delle Munizioni, li esaminava al microscopio, per giungere soltanto alla brillante conclusione che questi discorsi mostrassero un inferiorità di intelletto e di conoscenza, ed erano altrimenti banalità e luoghi comuni. Ho ottenuto alcuni di questi discorsi in un piccolo volume, ed ho dovuto ridere al pensiero che un ordinario scribacchino non riuscisse a cogliere il punto di questi pezzi da maestro di psicologia nel senso dell'influenza verso il pubblico. Quel tale giudicò i discorsi soltanto per l'impressione che fecero sul suo intelletto *blasè*, mentre il grande demagogo Inglese era stato capace con il loro aiuto di produrre un immenso effetto sul suo pubblico, ed in senso più ampio, su tutte e classi inferiori Britanniche. Da questo punto di vista, questi discorsi dell'uomo Inglese erano dei risultati magnifici, perché dimostravano la stupefacente conoscenza della mentalità della popolazione; il loro effetto penetrante fu decisivo nel vero senso della parola.

Confrontarli con le futili balbuzie di Bethmann-Hollweg, i cui discorsi possono anche essere stati più intellettuali, ma in realtà provavano l'incapacità di tale uomo di parlare alla sua nazione. Lloyd George provò la sua uguaglianza, anzi no, la sua incommensurabile superiorità a Bethmann-Hollweg per il fatto che la forma e l'espressione dei suoi discorsi erano tali da aprirgli i cuori del suo popolo, e da renderli attivamente obbedienti verso la sua volontà. La natura molto primitiva di questi discorsi, la loro forma di espressione, la sua scelta di essere facilmente comprensibile e l'illustrazione semplice sono prove dell'altissima capacità politica di quell'Inglese.

Le adunate di massa sono necessarie perché, mentre le frequenta, l'individuo che è sul punto di unirsi ad un giovane movimento, e si allarma se viene lasciato da solo, si fa la sua prima impressione di una comunità molto ampia, e questo ha un effetto rinforzante ed incoraggiante sulla maggior parte delle persone. Si sottomette all'influenza magica di ciò che chiamiamo 'suggestione di massa'. I desideri, le aspirazioni, ed in realtà la forza di migliaia di persone vengono accumulate nella mente di ogni individuo presente. Un uomo che entri in un simile incontro con dubbio ed esitazione, lo lascia molto rafforzato al suo interno; è diventato un membro della comunità. Il Movimento Nazionalsocialista non deve mai ignorare tutto questo.

# VII

## LA BATTAGLIA CON LE TRUPPE ROSSE

Nel 1919-20 ed anche nel 1921 ho frequentato di persona dei cosiddetti incontri borghesi. Sono arrivato a capire qualcosa su questi profeti della visione borghese del mondo, ed in realtà non mi sono stupito di comprendere perché davano così poca importanza alla parola detta a voce. Ho frequentato incontri dei Democratici, dei Nazionalisti Tedeschi, del Partito dei Lavoratori Tedeschi, e del Partito del Popolo Bavarese (Partito di Centro Bavarese). Ciò che mi colpì fu la solida unanimità del pubblico. Quasi tutti quelli che prendevano parte a queste dimostrazioni erano fedeli al partito. Non c'era alcuna disciplina, e presi tutti insieme sembravano più una noiosa partita a carte che un'assemblea di persone che avevano appena preparato una grande rivoluzione. Gli speaker facevano tutto ciò che potevano per mantenere quest'atmosfera pacifica. Tenevano, o meglio molti di loro leggevano, dei discorsi simili ad un intelligente articolo di giornale, o di un trattato erudito, evitando ogni espressione forte; qua e là veniva introdotta qualche professionale battuta scherzosa, a cui i gentiluomini in platea doverosamente ridevano - non forte, ma in maniera incoraggiante, con riservatezza da gentiluomini. L'intero pubblico sonnecchiava in una sorta di trance dopo tre quarti d'ora di tutto questo, e le interruzioni erano causate da qualcuno che se ne andava; dal rumore di un cameriere, o dagli sbadigli di molti del pubblico. In chiusura, il presidente richiamava una canzone patriottica Tedesca.

Con questo il meeting si dissolveva - ossia tutti si affrettavano ad uscire, uno a prendersi una birra, un altro un caffè, ed altri semplicemente all'aria aperta.

Gli incontri Nazionalsocialisti, d'altra parte, non erano in nessuna maniera 'pacifici'. Le masse di due visioni mondiali si infuriavano una contro l'altra, e non finivano attaccandosi ad una monotona canzone patriottica, ma con esplosioni fanatiche di passione nazionalista e popolare.

Era importante sin dall'inizio introdurre una cieca disciplina nei nostri incontri e stabilire l'assoluta autorità del presidente.

Ed avevamo anche dei dissidenti ai nostri meeting - seguaci della Bandiera Rossa. Venivano spesso, e spesso in grossi gruppi, con qualche agitatore fra di loro, e su ogni faccia si poteva leggere: 'Vogliamo avercela con voi stasera!' Spesso tutto dipendeva da un argomento, e soltanto l'energia del presidente e la gestione rude da parte della nostra guardia della sala confusero le intenzioni dei nostri avversari.

Questi ultimi avevano tutte le ragioni di essere scocciati di noi. Avevamo scelto il rosso per i nostri poster dopo attente e precise considerazioni; la nostra intenzione era quella di irritare la Sinistra, farli arrabbiare, e quindi indurli a venire ai nostri incontri - anche se solo per distruggerli - in modo che potessimo avere una possibilità di parlare anche a loro.

Quindi i nostri oppositori fecero in modo di fare degli appelli al 'proletariato sensibile alle differenze di classe' affinché andasse in massa ai nostri incontri per poter colpire con il pugno del proletariato 'l'agitazione reazionaria e monarchica', rappresentata da noi.

I nostri incontri erano pieni di lavoratori già tre quarti d'ora prima dell'incontro. Sembravano una polveriera, pronti ad esplodere in ogni momento con il fiammifero alla bocca del cannone. Ma le cose andavano sempre in un altro modo. Il popolo veniva come nemico e se ne andava, forse non pronto ad unirsi a noi, ma in ogni caso con atteggiamento di riflessione, e pronto a criticare ed esaminare la correttezza delle loro dottrine. Quindi comparve l'ordine: 'Proletari! Evitate gli incontri degli agitatori Nazionalisti!' Simili vacillanti tattiche si potevano osservare anche nella stampa Rossa.

Il popolo divenne curioso. C'era stato un improvviso cambiamento di tattiche, e per un periodo fummo trattati come veri criminali contro il genere umano. Articolo dopo articolo proclamavano e dimostravano la nostra criminalità, ed alcuni racconti scandalosi fabbricati dalla A alla Z avevano lo scopo di realizzare il giochino. Ma in breve tempo sembravano essersi convinti che tali attacchi non stavano avendo alcun effetto; infatti, fu molto di aiuto concentrare l'attenzione generale su di noi.

Una ragione per cui non si giunse mai a distruggere i nostri incontri fu senza dubbio la straordinaria codardia mostrata dai leader dei nostri oppositori. In tutti i momenti critici, queste spregevoli creature attendevano fuori dalle sale il risultato dell'esplosione.

In quel periodo eravamo obbligati a proteggere i nostri incontri con le nostre mani; non si poteva mai fare affidamento sulla protezione da parte delle autorità ufficiali; al contrario, l'esperienza ci mostra che esse favoriscono sempre l'elemento di disturbo. Perché il solo vero successo di presenziare ad un'azione ufficiale era la maggior parte delle volte la dissoluzione di un incontro - ossia, fermarlo tutto insieme; era questo infatti lo scopo e l'obiettivo dei nostri oppositori quando venivano a disturbarci. Quindi dovevamo deciderci a fare in modo che ogni incontro la cui protezione dipendeva soltanto dalla polizia, portasse discredito sui suoi promotori agli occhi delle masse. Sempre più spesso un gruppo di aderenti mise in piedi un'eroica resistenza contro una violenta rivolta dei Rossi. Questi quindici o venti uomini sarebbero certamente stati sopraffatti. Ma gli altri sapevano bene che anche se fossero stati tre o quattro volte di più avrebbero preso una botta in testa, e non volevano rischiare.

Era chiaro per tutti che la Rivoluzione era possibile soltanto grazie ai devastanti metodi dei borghesi che governavano la nostra nazione. Anche allora, ci sarebbe stato pieno di pugni pronti a proteggere la nazione Tedesca, ma non c'era nessuna testa da rompere. Quante volte gli occhi dei miei giovani uomini brillavano in risposta alla mia spiegazione delle cose essenziali della loro missioni, e quando assicuravo loro senza sosta che tutta la saggezza di questo mondo non vale nulla a meno che non venga servita, coperta e protetta dalla forza, che la mite dea della pace non si può muovere a meno che non sia accompagnata dal dio della guerra, e che ogni grande atto di pace non può avvenire se non è protetto ed aiutato dalla forza. In questa maniera, l'idea del servizio militare li raggiunse in una forma più viva - non nel senso pietrificato delle anime di ufficiali antiquati che servono l'autorità defunta di uno Stato defunto, ma nella viva realizzazione del dovere di ogni uomo di offrire la propria vita in modo questa nazione possa vivere, in ogni momento ed ovunque.

Quante volte si graffiarono questi giovani uomini!

Come uno sciame di calabroni, si gettavano sui disturbatori dei nostri incontri, incuranti della superiorità numerica anche se grande, incuranti delle ferite e del sacrificio di sangue, colmi fino all'orlo della grande idea, la sacra missione di aprire la strada al nostro movimento. Già nell'estate del 1920 le truppe per il mantenimento del nostro ordine assunsero gradualmente una forma definita, e nella primavera del 1921 erano divise nei ranghi di due compagnie, che erano ulteriormente suddivise in sezioni minori. Questo era diventato particolarmente necessario, perché nel frattempo le nostre attività nei meeting stavano costantemente aumentando.

L'organizzazione dei nostri corpi di uomini per mantenere l'ordine ai raduni era il mezzo per chiarire una questione molto difficile. Fino ad allora, il movimento non aveva avuto nessun segno distintivo e nessuna bandiera. La mancanza di questi simboli non solo era uno svantaggio, ma era intollerabile in vista del futuro, perché i membri del partito non avevano nessun distintivo da membro, e nel futuro non era tollerabile non avere un distintivo sotto forma di simbolo del movimento, che avrebbe potuto essere opposto a quello degli Internazionalisti.

Più di una volta nella mia vita l'importanza psicologica di tale simbolo mi era stata chiaramente evidente dal punto di vista dei miei sentimenti. A Berlino, dopo la Guerra, ero presente ad una dimostrazione di massa del Marxismo davanti al Palazzo Reale. Un mare di bandiere rosse, sciarpe rosse, e fiori rossi dava un'apparenza esteriore di potere a quella folla, che stimavo in circa 120.000 persone. Sentii e compresi quanto facilmente l'uomo di strada viene impressionato dalla magia suggestiva di un tale grandioso pezzo di recitazione.

La borghesia, che come partito non rappresenta nessuna teoria mondiale, non aveva quindi nessuna bandiera. Il loro partito consisteva in 'patrioti', e andava in giro con i colori del Reich.

La bandiera nero-bianco-rossa del vecchio Impero venne resuscitata dai nostri cosiddetti partiti della 'borghesia nazionale' che la adottarono come loro colore. E' evidente che il simbolo di una situazione, che poteva essere sconfitta dal Marxismo in circostanze ingloriose, era inutile per fungere da simbolo sotto cui lo stesso Marxismo doveva essere invece schiacciato. Tuttavia ogni Tedesco decente deve amare e riverire quegli antichi colori, che furono gloriosi quando vennero messi fianco a fianco nella loro giovane freschezza, quando combattemmo sotto di loro e vedemmo il sacrificio di così tante vite; quella bandiera aveva poco valore per le battaglie del futuro.

Fu questa la ragione per cui noi Nazionalsocialisti riconoscemmo che per raggiungere il vecchio standard non si dovrebbe sfoggiare alcun simbolo che possa esprimere i nostri scopi speciali; perché non abbiamo alcun desiderio di far risorgere dal mondo dei morti l'Impero in rovina con tutti i suoi difetti, ma costruire un nuovo Stato. Il movimento che oggi sta lottando contro il Marxismo in questo senso, deve portare sulle sue bandiere il simbolo del nuovo Stato. Io stesso sostenevo di mantenere i vecchi colori. Dopo innumerevoli esperimenti, ho trovato la forma finale: una bandiera a sfondo rosso, con un disco bianco in essa, che al centro ha una croce uncinata nera. Dopo molte ricerche, ho deciso le corrette proporzioni tra la grandezza della bandiera e quella del disco bianco, e la forma e lo spessore della croce; e da allora è rimasta così.

I braccioli, che erano uguali, vennero ordinati tutti insieme per gli uomini dei corpi di mantenimento dell'ordine - rossi con un disco bianco ed una croce uncinata in esso. La nuova bandiera apparve in pubblico la prima volta nel 1920. Due anni dopo, quando i nostri uomini, che erano più di diverse migliaia, erano diventati un distaccamento considerevole (*Sturmabteilung*), sembrò necessario dare all'organizzazione che lottava per la nuova teoria mondiale un simbolo speciale per la sua vittoria - uno standard.

In quel periodo a Monaco non c'era nessun partito che si opponeva ai partiti Marxisti, in particolare nessun partito nazionalista che potesse effettuare delle dimostrazioni di massa come potevamo fare noi. Il Münchener Kindl-Keller, che conteneva cinquemila persone, più di una volta fu pieno fino a scoppiare, e rimaneva ancora solo una sala dove non ci eravamo azzardati ad entrare, ed era il Circus Krone.

Alla fine del Gennaio del 1921 c'erano ancora molti motivi di preoccupazione in Germania. L'Accordo di Parigi secondo cui la Germania si impegnava a pagare l'assurda somma di duecento e ventisei miliardi di marchi d'oro, doveva essere confermata per mezzo dell'ultimatum di Londra.

Passarono i giorni e nessuno dei grandi partiti aveva avuto notizia del temuto evento, e la Comunità di Organizzazioni Nazionali non poteva decidersi riguardo alla data precisa di una dimostrazione che era stata pianificata.

Martedì 1 Febbraio chiesi una decisione finale. Fui rimandato fino a Mercoledì. Quel giorno chiesi che mi venisse chiaramente detto se e quando l'incontro si sarebbe tenuto. La risposta fu ancora incerta ed esitante; ero io che intendevo invitare le organizzazioni della comunità ad una dimostrazione in quel giorno della settimana.

Allora persi la pazienza, e decisi di condurre una dimostrazione di protesta sotto la mia responsabilità. A mezzogiorno di Mercoledì avevo dettato i manifesti in dieci minuti, ed avevo affittato il Circus Krone per il giorno seguente, il 3 Febbraio.

In quel periodo fu una sfida enorme. Eravamo incerti se avremmo potuto riempire quella grande sala, e c'era il rischio che l'incontro venisse interrotto. Una cosa sola era certa - un fallimento ci avrebbe rimandato indietro per molto tempo a venire.

Avevamo solo un giorno per esporre i nostri avvisi. Sfortunatamente Giovedì mattina pioveva, ed avevamo motivo di temere che molte persone avrebbero preferito restare a casa piuttosto che correre ad un incontro nella pioggia e nella neve, specialmente quando ci sarebbe probabilmente stata violenza e morte.

Giovedì due camion che avevo affittato vennero coperti di rosso per quanto possibile, e vennero messe due bandiere su di essi; ognuno portava quindici o venti membri del nostro partito; si diede ordine di guidare velocemente per le strade, lanciando i nostri volantini - propaganda per l'incontro di massa che si sarebbe tenuto quella sera. Fu la prima volta che dei camion con delle bandiere e che contenevano qualcosa di diverso dai Marxisti guidavano per le strade.

Quando entrai nella grande sala, provai la stessa gioia che avevo provato un anno prima al primo incontro nella Hofbräuhausfestsaal; ma non fu fino a quando non mi aprii a forza la via tra quel muro di uomini e salii sulla piattaforma che percepii la piena portata del nostro successo. La sala era tutta davanti a me, piena di migliaia e migliaia di persone. Il mio tema era 'Futuro o Rovina'. Cominciai a parlare e parlai per circa due ore e mezza. Il mio sentimento mi disse dopo la prima mezz'ora che l'incontro sarebbe stato un grande successo, e lo fu. I giornali borghesi riportarono la dimostrazione come semplicemente di carattere 'nazionalista'; nella loro solita maniera modesta omisero di menzionare i suoi promotori.

Dopo questo inizio del 1921, I nostri incontri a Monaco divennero molto più frequenti. Feci in modo di non tenerli soltanto una volta alla settimana, ma talvolta c'erano due raduni di massa per ogni settimana; di fatto a metà estate e nel tardo autunno era possibile farne tre alla settimana. Adesso ci radunavamo sempre nel Circus Krone, e per nostra soddisfazione tutte le nostre serate erano ugualmente di successo. Il risultato fu un costante aumento dei membri del movimento.

I nostri avversari naturalmente non se ne sarebbero stati seduti di fronte a tali successi. Quindi decisero di fare un ultimo sforzo, con un atto di terrorismo, per mettere un altro bastone nella ruota dei nostri incontri. Pochi giorni più tardi giunse il giorno dell'azione. Un incontro nella Hofbräuhausfestsaal, a cui dovevo parlare io, venne scelto per il regolamento di conti finale. Tra le sei e le sette di sera del 4 Novembre

1921 ricevetti le prime notizie certe che l'incontro sarebbe stato definitivamente interrotto.

Sfortunatamente non lo avevamo capito prima. Quel giorno ci eravamo spostati dai nostri gloriosi vecchi uffici in Sterneckergasse verso altri; ossia eravamo fuori dai vecchi ma non ancora nei nuovi uffici, perché c'erano ancora lavori in corso. Il risultato fu che c'erano solo pochi uomini del corpo di mantenimento dell'ordine; non c'era altro che una compagnia di quarantasei uomini circa; e l'apparato di allarme non era ancora in condizioni di chiamare sufficienti rinforzi in un'ora soltanto.

Entrai nel vestibolo della sala alle otto meno un quarto, e vidi che non c'era alcun dubbio riguardo alle loro immediate intenzioni. La sala era piena e la polizia stava impedendo ad altri di entrare. I nostri nemici, che erano arrivati molto presto, erano all'interno della sala ed i nostri amici stavano fuori. Il piccolo corpo di guardia mi stava aspettando nel vestibolo. Chiusi la porta che dava nella grande sala e chiamai i quarantacinque o quarantasei uomini a me. Spiegai ai giovani che stanotte per la prima volta il movimento avrebbe dovuto dar prova della sua fede al punto di piegarsi e spezzarsi, e che era possibile che nessuno di noi avrebbe lasciato vivo la sala; ma io non pensavo che nessuno di loro mi avrebbe abbandonato. Se avessi visto un solo uomo mostrarsi codardo, gli avrei tolto io stesso la fascia dal braccio e gli avrei tolto il suo tesserino. Chiesi loro di farsi avanti tutti insieme alla prima vista di un tentativo di interrompere l'incontro, e di ricordarsi che un uomo si difende meglio attaccando.

Ricevetti per risposta tre acclamazioni, che suonarono più fiere e calorose che mai prima di allora. Quindi entrai nella sala ed osservai la situazione con i miei stessi occhi. Si sedettero tutti insieme e cercarono di trafiggermi con i loro sguardi.

Innumerevoli facce erano rivolte verso di me con odio rabbioso, mentre lanciavano delle grida che significavano una cosa sola. Sapevano che erano il partito più forte e si sentivano così.

Fu tuttavia possibile dare inizio al meeting, e cominciare a parlare. Dopo circa un'ora e mezza venne dato il segnale. Alcuni gridi di rabbia ed un uomo balzarono improvvisamente da una sedia e gridarono 'Libertà!'. Così i lottatori per la 'libertà' cominciarono il loro lavoro. In pochi secondi la sala fu piena di una folla che gridava ed urlava, sopra la quale volarono innumerevoli bicchieri da una pinta come se fossero proiettili di un obice: le gambe delle sedie vennero rotte, i vetri frantumati; c'erano ululati e grida. Fu uno spettacolo folle. Rimasi in piedi dov'ero ed osservai i miei giovani fare la loro parte. Le danze erano appena cominciate quando le mie truppe d'assalto, come vennero chiamate da quel giorno in avanti, attaccarono. Come dei lupi, a gruppi di otto o dieci, si lanciarono ancora ed ancora sul nemico e cominciarono gradualmente a spazzarli letteralmente via dalla sala. Dopo cinque minuti, era difficile vederne uno che non stesse sanguinando. Stavo cominciando a conoscere le loro qualità; a capo di loro la mia splendida Maurice Hess, la mia attuale segretaria privata, e molti altri che, anche se duramente colpiti, continuavano ad attaccare finché potevano stare in piedi sulle loro gambe. Rimase una gran folla in un angolo della sala, che resisteva strenuamente. Quindi all'improvviso vennero sparati due colpi di pistola dall'entrata verso la piattaforma, e ne scaturì un frastuono selvaggio. Il cuore quasi gioisce ad una tale rimessa in scena dei ricordi di guerra. Era impossibile distinguere da chi fossero stati sparati i colpi; ma in ogni caso potevo vedere che i miei giovani uomini rinnovarono l'attacco con spirito ancora più forte, finché finalmente anche l'ultimo disturbatore venne espulso dalla sala.

Ci vollero circa venticinque minuti, ma alla fine eravamo padroni della situazione. Hermann Esser, che era presidente della serata, annunciò: 'Il meeting continuerà; lasciate continuare lo speaker'. Così proseguii con il mio discorso.

Non appena l'incontro terminò, un luogotenente di polizia agitato corse all'improvviso nella sala e gridò, agitando le braccia: 'Il meeting è chiuso!' Dovetti ridere; era davvero pomposità ufficiale.

Imparammo moltissimo quella sera, ed i nostri avversari non dimenticarono la lezione che ricevettero.

Nell'autunno del 1923 il *Münchener Post* non fece alcuna menzione dei pugni del proletariato.

# VIII

## L'UOMO FORTE E' PIU' FORTE QUANDO E' DA SOLO

Il cittadino medio è compiaciuto e rassicurato quando sente che i nostri gruppi di lavoratori, uniti insieme in un sindacato, hanno scoperto l'elemento che li unisce in un solo corpo e rifiutano ciò che li divide. Tutti sono convinti che tale unione è un immenso guadagno di forze, e che i gruppi che una volta erano deboli sono stati improvvisamente trasformati in un potere. E quindi questo è per la maggior parte non corretto!

Qualcuno può proclamare una cosa vera, fare appello alla soluzione di qualche problema in particolare, segnare un obiettivo, e creare un movimento che ha come scopo la realizzazione delle sue intenzioni. E' così che viene fondata un'unione o un partito, il cui programma ha lo scopo sia di rimuovere i mali esistenti che di ottenere una certa condizione di cose in un determinato momento futuro.

Una volta che tale movimento è venuto alla luce, può quindi reclamare diritto di priorità.

Il corso naturale dei fatti dovrebbe avvenire in modo che tutti quelli che desiderano lottare per lo stesso obiettivo in tale movimento debbano identificarsi con esso e quindi gli aggiungano la loro forza, in maniera da servire meglio l'aspirazione condivisa.

Ci sono due ragioni per cui non è cosi' che vanno le cose. La prima ragione può essere praticamente descritta come tragica; la seconda è pietosa ed ha le sua basi nella debolezza umana.

Ogni grande azione in questo mondo è, in generale, la realizzazione di un desiderio che è presente da molto tempo in milioni di cuori umani, un desiderio universale. E' una caratteristica essenziale delle grandi questioni di ogni periodo che migliaia di persone siano al lavoro per risolverle, e molti vendono loro stessi come se il Destino li avesse prescelti per questo scopo, in modo che nel libero gioco delle forze il più forte ed il più coraggioso saranno infine vittoriosi e gli verrà affidato il compito.

Il lato tragico di tutto questo è che questi uomini lottano verso lo stesso obiettivo per strade diverse; ognuno crede in maniera genuina nella sua missione, si considera destinato a proseguire per la sua strada, senza curarsi per nulla degli altri.

Non è infrequente che la razza umana abbia dovuto i suoi successi alla lezione imparata dalle sfortune dei precedenti tentativi che sono finiti male.

Nella storia possiamo vedere che i due percorsi, che allo stesso tempo potrebbero aver risolto il problema Tedesco ed i cui principali rappresentanti e sostenitori erano l'Austria e la Prussia, gli Asburgo e gli Hohenzollern, dovrebbero essere stati stesi insieme partendo dal primo; tutto il resto, secondo le loro opinioni, dovrebbe essere affidato alle loro forze congiunte in un partito o nell'altro. Quindi il percorso del sostenitore che alla fine era il più degno sarebbe uno solo da seguire; il metodo Austriaco non avrebbe mai portato ad un Impero Tedesco. Finalmente quell'impero, forte nell'unità Tedesca, sorse da ciò che milioni di Tedeschi provavano nei loro cuori e sentivano come il segno più terribile del conflitto fra fratelli; perché in realtà la Corona Imperiale Tedesca venne vinta sul campo di battaglia di Königgrätz, e non nelle lotte nei dintorni di Parigi come viene comuncmente sostenuto. La base dell'Impero Tedesco non era il risultato di nessun desiderio comune inseguito con metodi congiunti, ma era piuttosto il risultato di una lotta deliberata (ai tempi difficilmente era cosciente) per l'egemonia, e la Prussia emerse vittoriosa da quella battaglia.

Non deve quindi dispiacere se un certo numero di uomini fecero in modo di ottenere lo stesso obiettivo; perciò riconosciamo così il più forte ed il più veloce, e l'uomo che conquista.

La seconda ragione non è semplicemente tragica; è pietosa. Nasce dalla triste mescolanza di invidia, avidità, ambizione e prontezza a rubare che, ahimè, compaiono così spesso nei problemi che interessano l'umanità.

Nel momento in cui nasce un nuovo movimento, ed adotta il suo particolare programma, gli uomini si fanno avanti sostenendo di lottare per lo stesso obiettivo. Questo non significa che vogliano onestamente prendere il loro posto nei ranghi del movimento e quindi ammettere il suo diritto di priorità, ma ciò che vogliono è rubare il suo programma e formare un nuovo partito basato su di esso.

La fondazione di un intero numero di nuovi gruppi, partiti, etc. che si definiscono 'Nazionalisti' negli anni 1918-19, passarono oltre senza alcun merito per i loro fondatori, ma solo come naturale sviluppo. Nel 1920, il Partito Nazionalsocialista dei Lavoratori Tedeschi si era gradualmente consolidato come partito vincente. Nulla prova la genuina onestà di alcuni individui fondatori in maniera più meravigliosa del fatto che molti di loro decisero con ammirevole prontezza di sacrificare il loro movimento che ovviamente aveva un minore successo; ossia, chiuderlo ed affiliarlo in maniera incondizionata a quello più forte.

Questo fu in particolare il caso del protagonista del Partito Socialista Tedesco di Norimberga, Julius Streicher. I due partiti erano nati con scopi simili, ma erano anche piuttosto indipendenti l'uno dall'altro. Tuttavia non appena Streicher fu chiaramente ed indiscutibilmente convinto della forza superiore e della maggior crescita del Partito Nazionalsocialista dei Lavoratori Tedeschi, smise di lavorare per il Partito Socialista Tedesco e chiamò i suoi seguaci affinché si unissero alle fila del Partito Nazionalsocialista dei Lavoratori Tedeschi, che era uscito vittorioso dal confronto, e si fondessero con esso per continuare la lotta per la causa comune. Una decisione altamente encomiabile, ma difficile per lui come uomo.

Non si dovrebbe mai dimenticare che a questo mondo nessun risultato davvero grande è mai stato ottenuto da alcuna coalizione; ma è sempre stato dovuto al trionfo di un singolo uomo. I successi ottenuti dalle colazioni, data la natura della loro origine, contengono il seme della futura disintegrazione sin dall'inizio, fino al punto, in realtà, di rinunciare a ciò che era già stato ottenuto. I grandi cambiamenti di pensiero, che hanno davvero rivoluzionato il mondo, sono inconcepibili ed irrealizzabili tranne che sotto forma di lotte titaniche condotte da singole forze – e mai di imprese condotte da coalizioni. Lo Stato naturale, quindi, non verrà mai creato dall'instabile volontà di una unione nazionalista di organizzazioni, ma solo dalla forza di volontà adamantina di un singolo movimento, *dopo* che tale movimento ha avuto successo, avendo sconfitto tutti gli altri.

# IX

## Pensieri sul significato e sull'organizzazione dei reparti d'assalto

La forza del vecchio Stato poggiava su tre pilastri: il monarca, le strutture amministrative, e l'esercito. La Rivoluzione del 1918 spazzò via la monarchia, rese l'esercito disorganizzato, e consegnò gli organi amministrativi alla corruzione di partito. Quindi, i mezzi essenziali dell'autorità di Stato vennero tagliati fuori da esso. Quest'ultimo dipende sempre da tre elementi, che stanno essenzialmente alla base di tutta l'autorità.

In primo fattore costante che è essenziale per l'autorità è il *supporto popolare*. Ma l'autorità che poggia soltanto su questa base è estremamente debole, instabile, e vacillante. Il secondo elemento di ogni autorità è evidentemente il *potere*. Se il supporto popolare ed il potere vengono uniti insieme, e possono sopravvivere all'unisono per un certo periodo, si vede che l'autorità poggia su una base ancora più stabile, l'autorità della *tradizione*. Una volta che il supporto popolare, il potere e l'autorità della tradizione vengono uniti in una cosa sola, l'autorità si può considerare irremovibile.

La rivoluzione tagliò fuori ogni possibilità di quest'ultima chance. Difatti l'autorità di tradizione non esisteva più. La rottura del vecchio Impero, la distruzione dei simboli del suo precedente *grandeur*, abbatterono duramente la tradizione, ed il risultato fu un duro colpo per l'autorità di Stato.

Perfino il secondo pilastro dell'autorità di Stato, il potere, non era più presente. Per poter avere un successo assoluto per la Rivoluzione, i leader furono obbligati a sconvolgere le forze organizzate ed il potere dello Stato - l'esercito; anzi no, essi furono addirittura obbligati ad usare i frammenti lacerati dell'esercito come una forza di lotta per la Rivoluzione.

L'autorità non poteva probabilmente cercare supporto in questi gruppi di soldati ammutinati che vedevano il servizio militare come una giornata di otto ore. Quindi il secondo elemento, la prima sicurezza per l'autorità, venne portato via, e la Rivoluzione in realtà godette di uno solo, quello originale, il supporto popolare, con cui costruire la sua autorità.

Ogni nazione può essere suddivisa in tre classi: da un lato i migliori uomini della nazione, buoni nel senso di ogni virtù, che si distinguono in particolare per il loro coraggio e la loro prontezza di sacrificio; dall'altra parte la peggior feccia dell'umanità, negativa nel senso che sono depravati ed egoisti. A metà fra i due estremi c'è la terza categoria, l'ampio strato intermedio, in cui non c'è né lo spirito eroico né la misera criminalità.

E' rimarchevole che le masse popolari - la categoria intermedia, come li chiamo io - non siano mai prominenti, eccetto quando le due classi estreme si scontrano in un conflitto, ed anche che essi, se uno degli estremi è vittorioso, si sottomettano sempre prontamente all'estremo che ha vinto. Se l'uomo migliore ottiene il dominio, le masse lo seguiranno; se il peggiore arriva al top, le masse non faranno alcun tentativo di resistergli; perché le masse intermedie non lotteranno mai. Lo scenario alla fine della guerra era il seguente: il grande strato medio della nazione aveva, per dovere, pagato lo scotto con il sangue; la sezione estrema dei migliori uomini si era sacrificata, principalmente ad un uomo con tipico eroismo; l'estremo peggiore, protetto da leggi estremamente folli, e trascurando di applicare gli Articoli di Guerra, come avrebbero dovuto essere applicati, venne mantenuto vivo principalmente per un uomo. Questa feccia conservata con cura della nostra nazione fece quindi la Rivoluzione, e fu in grado di fare questo soltanto perché la sezione estrema delle persone migliori non era più lì a fronteggiarli. Erano stati tutti uccisi in battaglia.

Questi predoni Marxisti non poterono dipendere a lungo dal solo supporto popolare per avere autorità. Ed anche la giovane Repubblica ne aveva bisogno ad ogni costo, perché il popolo non voleva, dopo un breve periodo di caos, essere schiacciato improvvisamente da una forza punitiva, assemblata con le ultime reliquie degli elementi buoni della nostra nazione. L'elemento che ospitava l'idea rivoluzionaria, e lo portava nella Rivoluzione, non era né in grado né pronto a fornire i soldati per proteggerla. Perché ciò che questo elemento voleva non era organizzare uno Stato, ma disorganizzare ciò che esisteva; si adattava meglio ai loro istinti. La loro parola d'ordine non era ordine e costruzione per la Repubblica Tedesca, ma piuttosto Saccheggiamento di essa.

Qui comparirono quindi per la prima volta un certo numero di giovani Tedeschi, pronti per servire la pace e l'ordine, come dissero loro, e per indossare nuovamente la divisa da soldati, imbracciare i fucili e mettere i loro elmetti di ferro per andare contro ai distruttori della loro patria. Si unirono in corpi di volontari, e si misero al lavoro, odiando sempre la Rivoluzione, per proteggere la patria e quindi nei fatti rinforzarla.

Agirono quindi in buona fede.

Il vero organizzatore della Rivoluzione, ed il suo vero burattinaio, l'Ebreo internazionale, ha misurato correttamente la situazione. Non era ancora tempo di spingere la nazione Tedesca nel bagno di sangue del Bolscevismo, così come accadde in Russia. La domanda era: Che cosa avrebbero fatto per questo le truppe al fronte? L'uomo in uniforme gli avrebbe resistito?

In queste settimane, la Rivoluzione in Germania venne obbligata a dare almeno un'apparenza di estrema moderazione, se non voleva correre il rischio di essere fatta a pezzi in un attimo da due o tre divisioni Tedesche. Perché se anche un singolo comandante di divisione di quando in quando decide, con la sua fedele divisione, di abbassare la bandiera rossa ed appendere i 'consigli' ad un muro, o di rompere ogni resistenza con *Minenwerfer* e granate, a tale divisione servirà meno di un mese per diventare un'armata di sei divisioni. L'Ebreo burattinaio ha paura di questo più di ogni altra cosa.

Tuttavia la Rivoluzione non venne fatta dalle forze di pace e di ordine, ma da quelle di rivolta, rapina e saccheggio. E l'ulteriore sviluppo della Rivoluzione non fu in accordo alla volontà di questi ultimi elementi, né per ragioni tattiche il suo corso si può a loro spiegare o rendere gradevole.

Poiché la Democrazia Sociale guadagnò gradualmente potere, tale movimento privò sempre più il carattere della Rivoluzione della forza bruta.

Anche prima che la Guerra fosse finita, e mentre il Partito Socialdemocratico, che prendeva il suo carattere dall'inerzia delle masse, pendeva come un carico di piombo dal collo della difesa nazionale, gli elementi radicali-attivisti vennero estratti da esso e presero forma in nuove ed aggressive colonne di attacco. Questi erano il Partito Indipendentista, e l'Unione di Spartaco - i battaglioni d'assalto del Marxismo rivoluzionario. Ma quando l'esercito che stava tornando dal fronte apparve come una sfinge minacciosa, il corso naturale della Rivoluzione dovette essere mitigato. Il corpo principale dell'ospite della Democrazia Sociale si prese carico delle posizioni conquistate, e gli Indipendentisti e gli Spartachiani vennero messi da parte. Questo non accadde senza una battaglia. Il cambiamento si verificò con difficoltà quando comparirono due campi fianco a fianco: il partito della pace e dell'ordine, ed il gruppo del terrore sanguinario. Non era perfettamente naturale che la borghesia si recasse a vele spiegate nel campo della pace e dell'ordine?

Il risultato fu che i nemici della Repubblica cessarono di lottare contro di essa, in quanto tale, ed aiutarono a soggiogare quelli che erano anche loro nemici della Repubblica, anche se per ragioni molto diverse. Un ulteriore risultato è che tutto il pericolo che i sostenitori del vecchio Stato potessero mettere in piedi una lotta contro quello nuovo venne evitato una volta per tutte.

Se consideriamo come la Rivoluzione fu in grado - a parte le falle nel vecchio Stato che ne furono la causa - di avere successo quando giunse al punto, possiamo arrivare alle seguenti conclusioni:

1. Era dovuta alla noiosità del nostri concetti di dovere ed obbedienza, e
2. alla timorosa passività dei partiti che dovrebbero mantenere il

nostro Stato. La prima era dovuta, alla sua base, alla nostra istruzione di Stato puramente e completamente non-nazionale. E' da questo che provenne il concetto dei mezzi e degli scopi.

La coscienza e l'asservimento del dovere e l'obbedienza non sono in se stessi dei fini, non più di quanto lo Stato sia un fine in sé, ma dovrebbero essere tutti mezzi per rendere possibile ed assicurare l'esistenza di una comunità, che vive una vita spiritualmente e fisicamente simile.

La Rivoluzione ebbe successo perché il nostro popolo, o piuttosto i nostro governi, persero tutti i veri sentimenti per questi concetti, così da diventare deboli, formali e dottrinali.

Per quanto riguarda il secondo punto, i partiti borghesi, che potrebbero essere definiti come l'unica formazione politica esistente sotto il vecchio Stato, erano convinti di dover spingere la loro visione unicamente con metodi intellettuali, perché i metodi fisici appartenevano al solo Stato. Questo non aveva senso in un periodo in cui l'avversario politico aveva scartato da tempo questo punto di vista, e stava dichiarando in completa franchezza che voleva, se avesse potuto, ottenere i suoi scopi politici con la forza.

Il programma politico dei partiti borghesi viveva nel passato, in quanto non si erano ancora riconciliati con il nuovo stato di cose; il loro scopo tuttavia era di avere una parte, se possibile, nelle nuove condizioni. Ma la loro unica arma era sempre la stessa di prima, parole e soltanto parole.

Gli unici elementi che a quel tempo avevano la forza ed il coraggio di opporsi al Marxismo, e le masse che, se agitate, erano prima di tutto i Corpi Liberi, e più tardi le organizzazioni di autodifesa, la Einwohnerwehr ed infine I legami della tradizione.

Il successo del Marxismo nel passato era dovuto all'interazione tra la determinazione politica e la forza bruta. Ciò che privò la Germania Nazionalista di ogni speranza concreta di dar forma allo sviluppo Tedesco era la mancanza di una cooperazione determinata dalla forza bruta con ispirazione politica.

Qualsiasi aspirazione potessero avere i partiti Nazionalisti, erano piuttosto impotenti per ottenerla lottando - di certo non nelle strade.

Le associazioni di difesa possedevano tutta la forza; erano dominatori delle strade, ma non avevano idee o scopi politici, perché il loro potere avrebbe potuto essere utilizzato con profitto dalla Germania Nazionalista.

Fu l'Ebreo ad avere un brillante successo a disseminare il concetto di 'carattere apocalittico' delle associazione di difesa per mezzo della sua stampa, proprio come in politica ha sempre abitualmente enfatizzato il carattere 'puramente intellettuale' della lotta.

La mancanza di un'idea nuova e grandiosa è in ogni età un segno della mancanza di una forza combattiva. La convinzione che esiste il diritto di usare le armi, anche le più brutali, va addirittura mano nella mano con la convinzione fanatica che un ordine delle cose nuovo e rivoluzionario debba essere vittorioso nel mondo.

Un movimento che evita di lottare per tali alti ideali e scopi non lotterà mai fino alla fine.

Per produrre una nuova grande idea, la Rivoluzione Francese scoprì il segreto del successo. Fu lo stesso con la Rivoluzione Russa, ed il fascismo prese la sua forza soltanto dall'idea di sottomettere un'intera nazione ad un processo di rigenerazione totale - con risultati felici per quella nazione.

Quando venne formato e consolidato il Reichswehr, il Marxismo ottenne gradualmente la forza necessaria per supportare la sua autorità e cominciò, come logica conseguenza, a scartare le associazioni di difesa Nazionaliste apparentemente pericolose, sulla base del fatto che erano diventate superflue.

La fondazione del Partito Nazionalsocialista dei Lavoratori Tedeschi fu il primo segno di un movimento il cui scopo non era, come quello dei partiti borghesi, una meccanica restaurazione del passato, ma l'istituzione di uno Stato naturalmente nazionalista al posto dell'attuale meccanismo di Stato senza senso. Coerente con la sua convinzione dell'estrema importanza della nuova dottrina, il giovane movimento non considera ovviamente nessun sacrificio troppo grande per ottenere tale obiettivo.

E' successo più volte nella storia del mondo che un periodo di terrore, basato su una teoria mondiale, non venisse mai interrotto da un'autorità di Stato formale, ma cedette sempre il passo ad una teoria mondiale nuova e differente, ugualmente determinata e coraggiosa. Questo potrebbe urtare i sentimenti dei sostenitori degli Stati che sono in posizioni ufficiali, ma non cancellerà i fatti. Lo Stato è stato invaso dal Marxismo. Vista la sua resa incondizionata al Marxismo del 9 Novembre 1918, di certo domani non si rialzerà all'improvviso per sottometterlo; al contrario, le teste borghesi che occupano i posti al Ministero balbettano già della necessità di non prendere iniziative contro i lavoratori, dimostrando che quando dicono 'lavoratori' stanno in realtà pensando al Marxismo.

Ho già descritto come venne lentamente creato un corpo di protezione degli incontri per gli scopi pratici del giovane movimento, e che questo assunse gradualmente il carattere di un corpo di truppe per mantenere l'ordine, e stava guardando avanti per prendere forma come struttura organizzata.

In quel periodo questo corpo era inizialmente soltanto una guardia per gli incontri. I suoi primi compiti si limitavano a rendere possibile tenere degli incontri che altrimenti sarebbero stati fermati dai nostri oppositori. Questi uomini vennero addestrati essenzialmente per l'attacco, non perché, come sostenevano i folli circoli Nazionalisti Tedeschi, il loro ideale era il manganello, ma perché essi si resero conto che non c'era alcuna possibilità per gli ideali se i loro difensori erano associati ad uno di essi; in realtà nella storia è successo di frequente che i più grandi leader abbiano fatto una brutta fine per mano di qualche piccolo idiota. Non vedevano la violenza come uno scopo, ma desideravano proteggere le persone che proclamavano lo scopo del grande ideale contro il pericolo di essere sopraffatti con la forza. Si resero anche conto che non era loro dovere occuparsi di proteggere uno Stato che non stava proteggendo la nazione contro quelli che minacciavano di distruggere la nazione e lo Stato.

Le Truppe d'assalto, come venivano chiamate, sono soltanto una sezione del movimento, proprio come anche la propaganda, la stampa, l'istituto scientifico, etc. sono delle semplici sezioni del partito.

L'idea che sta alla base della formazione delle Truppe d'Assalto era l'intenzione, fianco a fianco con l'addestramento fisico, di farne un difensore assolutamente convinto dell'idea Nazionalsocialista, e di perfezionare la sua disciplina. Non doveva avere niente in comune con qualsiasi organizzazione di difesa in senso borghese, né con alcuna organizzazione segreta.

La ragione per cui io guardo soltanto a quel periodo come quello che non permise alle Truppe d'Assalto del Partito Nazionalsocialista dei Lavoratori Tedeschi di crescere come una cosiddetta associazione di difesa è la seguente:

Per ogni ragione pratica la difesa di una nazione non può essere eseguita da un'associazione di difesa privata, a meno che non venga supportata da tutte le forze dello Stato. E' completamente fuori discussione formare delle organizzazioni con qualsiasi valore militare per uno scopo definito con la cosiddetta 'disciplina volontaria'. Il supporto principale per far eseguire gli ordini manca, in sostanza, del potere di infliggere una punizione. Nella primavera del 1919 era possibile creare dei 'corpi volontari' semplicemente perché la maggior parte degli uomini aveva combattuto al fronte, ed era passato per la scuola del vecchio esercito. Tale spirito è un dovere totale nelle 'organizzazioni di difesa' di oggi.

Dando per scontato che, nonostante tutte le difficoltà, alcune associazioni ebbero successo a trasformare in uomini un certo numero di Tedeschi, di sentimenti veried efficienti nell'addestramento fisico e militare, il risultato deve necessariamente essere nullo in uno Stato la cui tendenza è quella di non desiderare di creare una simile forza che, di fatto, detesta quell'idea, dato che è estremamente in disarmonia con gli scopi più intimi dei leader - i corruttori dello Stato. E' questo che accade oggi. Non è ridicolo per un governo essere preparato ad addestrare qualcosa come diecimila uomini in maniera insignificante quando pochi anni prima lo Stato, che aveva vergognosamente sacrificato otto milioni e mezzo di soldati altamente addestrati, non li utilizza praticamente più ma, come segno di gratitudine per i loro sacrifici, li espone al disprezzo universale? Ci si aspetta forse che i soldati vengano addestrati per un regime che ha gettato fango e sputato sui suoi soldati più gloriosi, ha tolto loro le medaglie e i distintivi, calpestava sotto i piedi le loro bandiere, e gettava disprezzo sui loro successi? Oppure ha mai questo regime preso anche solo una singola misura verso la restaurazione dell'onore del vecchio esercito o per obbligare quelli che lo distrussero e ne fecero abuso a rispondere di quello che avevano fatto? Neanche un passo! Al contrario, questi ultimi potevano essere visti occupare i posti più alti nello Stato. Ed ancora a Leipzig dissero: 'Il diritto viene con il potere'. Poiché, tuttavia, oggi il potere è nelle mani degli stessi uomini che in origine tramarono la Rivoluzione, e poiché tale Rivoluzione rappresenta il tradimento più crudele del paese, l'atto più da canaglie in tutta la storia della Germania, di certo non può esserci alcuna ragione per cui il potere di tali personaggi debba essere aumentato con la formazione di un nuovo giovane esercito. Tutti i ragionamenti sensati vanno contro a questo.

Se lo Stato, come è oggi, ha adottato il sistema delle compagnie addestrate di difesa, questo non si può applicare alla difesa degli interessi nazionali al di fuori del paese, ma potrebbe essere utilizzato soltanto per proteggere gli oppressori della nazione che sono all'interno della nazione dalla rabbia della nazione tradita e barattata, che un giorno potrebbe sollevarsi nella collera.

Per questa ragione alle nostre Truppe d'Assalto non era permesso avere nulla a che fare con le organizzazioni militari. Erano semplicemente uno strumento di protezione e di educazione del movimento Nazionalsocialista, ed i loro compiti vanno in una direzione piuttosto diversa da quelli di ogni cosiddetta associazione di difesa.

Né esse rappresentano un'associazione segreta. Gli scopi delle associazioni segrete sono soltanto illegali.

Ciò di cui allora avevamo bisogno, ed abbiamo bisogno adesso, era ed è non cento o duecento cospiratori, ma centomila, ed anche centomila lottatori fanatici per la nostra teoria mondiale. Il lavoro deve essere portato a termine, ma non in conventicole segrete, ma per mezzo di potenti colpi di massa; la strada per i movimento non può essere aperta con pugnali, veleni o pistole, ma conquistando l'uomo di strada.

Dobbiamo istruire i Marxisti sul fatto che il futuro controllo delle strade sarà nelle mani dei Nazionalsocialisti, allo stesso modo di come saranno in futuro i capi di Stato.

C'è un altro pericolo che proviene dalle associazioni segrete, nel fatto che i loro membri spesso non riescono a capire la grandezza del compito, e sono portati ad immaginare che il successo della causa nazionale possa essere assicurato in un colpo solo per mezzo di un singolo massacro. Tale idea può trovare una giustificazione storica nei casi in cui una nazione era sofferente sotto la tirannia di qualche oppressore dotato. Nel 1919 e nel 1920 c'era il pericolo che alcuni membri delle associazioni segrete, ispirati dai grandi esempi della storia e presi dalla grandezza della sfortuna delle nazioni, potessero tentare di vendicarsi sui corruttori del loro paese, credendo che in questo modo avrebbero messo fine alla miseria della loro nazione. Tutti tali tentativi erano follia pura, perché la vittoria Marxista era dovuta non al genio superiore di qualche eccezionale individuo leader, ma alla sconfinata incompetenza ed alla codardia del mondo borghese.

Se, quindi, le Truppe d'Assalto non sono né un'organizzazione militare, né una società segreta, devono evolversi secondo i seguenti principi:

1. Il loro addestramento deve essere eseguito non secondo principi militari, ma dal punto di vista di ciò che è meglio per il partito. Ci si deve concentrare affinché i suoi membri siano fisicamente sani, non sull'allenamento ma sull'addestramento agli sport. Ho sempre considerato la boxe ed il jujitsu molto più importanti di un mediocre addestramento nel tiro a segno.

2. Per evitare che le Truppe d'Assalto assumano un carattere di segretezza, non solo l'uniforme deve essere universalmente riconosciuta, ma anche la strada che l'organizzazione deve prendere, come si conviene ad uso del movimento, deve essere chiaramente definita ed universalmente nota. Non devono operare con metodi segreti.

3. La creazione e l'organizzazione della Truppe d'Assalto non

devono essere una copia del vecchio esercito per quanto riguarda uniforme ed equipaggiamento, ma queste devono essere scelte in modo che siano adatte ai compiti che hanno davanti.

Ci furono tre eventi che si rivelarono di estrema importanza per il successivo sviluppo delle Truppe d'Assalto:

1. La grande dimostrazione generale di tutte le società patriottiche alla fine dell'estate del 1922 in Königsplatz a Monaco, contro la legge per la difesa della Repubblica; il movimento Nazionalsocialista prese anch'esso parte ad una processione di società, ed era guidato da sei compagnie di Monaco, seguite dalle sezioni del partito politico. Io stesso ho avuto l'onore di rivolgermi a questa moltitudine, che ammontava a sessantamila persone, come uno degli speaker. Gli arrangiamenti furono un enorme successo perché, nonostante tutte le minacce dei Rossi, venne per la prima volta provato che i nazionalisti di Monaco erano in grado di manifestare nelle strade.

2. La spedizione a Coburg dell'Ottobre 1922. Alcune società 'nazionaliste' decisero di tenere una 'Giornata Tedesca' a Coburg. Venni invitato ad unirmi ma con la raccomandazione di portare alcuni dei miei amici con me. Presi ottocento uomini delle Truppe d'Assalto per farli venire con me tramite un treno speciale per quel piccolo paese, che era diventato parte della Baviera.

Alla stazione di Coburg fummo incontrati da una rappresentanza degli organizzatori del 'Giorno Tedesco' che annunciarono che era stato 'organizzato' sotto gli ordini dei sindacati locali - ossia i Partiti Indipendentista e Comunista - e che non dovevamo entrare in paese con le bandiere al vento, e con la banda che suonava (avevamo una banda di quarantadue musicisti), e che non dovevamo marciare a file strette. Rifiutai seduta stante tali vergognose condizioni e non mancai di esprimere ai gentiluomini che organizzarono questo 'Giorno' il mio stupore per la loro negoziazione con tali persone e per il fatto che erano scesi a patti con loro, e dichiarai che le Truppe d'Assalto avrebbero immediatamente marciato in formazione dentro al paese con le bandiere al vento e la banda che suonava. Nel cortile della stazione fummo ricevuti da una folla urlante, che contava diverse migliaia di persone. 'Assassini', 'banditi', 'ladri', 'criminali' erano i nomignoli che i fondatori della Repubblica Tedesca ci fecero piovere addosso. La giovane Truppa d'Assalto mantenne un ordine perfetto.

Marciammo fino alla corte del Hofbräuhauskeller al centro del paese. Per evitare che la folla ci seguisse, la polizia ci chiuse i cancelli della corte. Dato che questo era intollerabile, chiesi che la polizia aprisse i cancelli. Dopo una lunga esitazione, lo fecero. Ritornammo marciando per la strada da cui eravamo venuti verso la nostra zona, e lì finalmente incontrammo la folla. I rappresentanti del vero Socialismo, dell'uguaglianza, della fratellanza cominciarono a lanciare sassi. La nostra pazienza stava finendo, e cominciammo a colpire a destra e a sinistra per dieci minuti, ed un quarto d'ora più tardi non c'era più nessun rosso nelle strade.

Ci furono degli scontri seri durante la notte. Pattuglie di Truppe d'Assalto vennero in soccorso a dei Nazionalsocialisti che erano stati attaccati singolarmente, ed erano in condizioni deplorevoli. Liquidammo in fretta il nemico.

Il mattino successivo il terrore Rosso, sotto cui Coburg aveva sofferto per anni, era stato spezzato.

Il giorno successivo marciammo in piazza, dove fu annunciato che si sarebbe tenuta una dimostrazione di diecimila lavoratori. Invece di diecimila come annunciato, erano presenti solo mille persone, che restarono in silenzio man mano che ci avvicinavamo. Qua e là c'erano dei gruppi di Rossi, che erano venuti da fuori e non ci conoscevano ancora, e cercarono di scatenare una lite; ma persero rapidamente ogni voglia di farlo. Stava diventando ovvio che la popolazione, che era stata intimidita così a lungo, si stava lentamente svegliando, e stava prendendo coraggio per salutarci con dei gridi, e quando ce ne andammo la sera, il loro sostegno fu spontaneo.

La nostra esperienza a Coburg provò quanto fosse essenziale introdurre un'uniforme per le Truppe d'Assalto, non solo allo scopo di rinforzare *l'esprit de corps*, ma anche per evitare confusione ed errori nel riconoscere gli uomini che si opponevano. Fino a quel momento avevano semplicemente indossato la fascia al braccio, ma adesso furono aggiunte la giubba ed il ben noto cappello.

Imparammo anche l'importanza di recarsi regolarmente in tutti i luoghi in cui il terrore Rosso aveva impedito per molti anni alle persone che la pensavano in maniera diversa di tenere qualsiasi raduno, di spezzare il terrore Rosso, e di ristabilire la libertà di assemblea.

Nel Marzo del 1923 accadde un evento che mi obbligò a deviare il corso del movimento e ad introdurre dei cambiamenti.

Nella prima parte dell'anno, la Ruhr era occupata dai Francesi, e questo di conseguenza aveva una grande importanza per lo sviluppo delle Truppe d'Assalto. Oggi non è possibile, né è di interesse nazionale, parlare o scrivere di questo in pubblico. L'occupazione della Ruhr, che non giunse di sorpresa, ci dava un buon motivo per sperare che avremmo cessato la nostra politica codarda di sottomissione, e che le associazioni di difesa avrebbero adesso avuto qualcosa di preciso da fare. Probabilmente anche le Truppe d'Assalto, che contenevano diverse migliaia di uomini forti, non sarebbero state private di un ruolo in questo servizio alla nazione. Durante la primavera e l'estate del 1923, avvenne la loro trasformazione in un'organizzazione militare di lotta. Furono dovuti in gran parte a questo gli ultimi sviluppi di quell'anno, finché riguardavano il nostro movimento, Gli eventi della fine del 1923, sebbene apparissero disgustosi ad un primo sguardo, quando venivano osservati più dall'alto apparivano quasi come una necessità, perché misero fine in un colpo solo alla trasformazione delle Truppe d'Assalto, che adesso stavano danneggiando il movimento. Tuttavia questi eventi aprirono contemporaneamente la possibilità un giorno di ricostruire a partire dal punto in cui fummo obbligati a spostarci dalla rotta prestabilita.[2](1)

Nel 1925, il Partito Nazionalsocialista dei Lavoratori Tedeschi venne nuovamente fondato, e dovette ricostruire ed organizzare le sue Truppe d'Assalto sulla base dei principi menzionati all'inizio. Dovrà ritornare ai suoi principi originali e genuini, e dovremo vedere come il suo più alto dovere rendere le Truppe d'Assalto uno strumento per la difesa e la forza di battaglia per la teoria mondiale del movimento.

---

[2]) L'allusione viene fatta al fallimento del 'Putsch di Hitler' del Novembre del 1923.

Non dobbiamo permettere alle Truppe d'Assalto di sprofondare fino al livello di un'organizzazione segreta; si devono piuttosto fare dei passi per renderla una guardia di centomila uomini per il Nazionalsocialista, e quindi per l'idea profondamente nazionalista.

# X

## LA FALSITA' DEL FEDERALISMO

Nell'inverno del 1919 ed ancor di più nella primavera e nell'estate del 1920, il giovane partito fu obbligato ad adottare un atteggiamento verso una questione che era diventata importante anche durante la Guerra. Nella Parte I di questo libro, ho brevemente descritto i segni che mi erano visibili della minaccia del collasso della Germania, con riferimenti particolari al sistema di propaganda diretto dagli Inglesi, ed anche dai Francesi, allo scopo di inspessire il vecchio muro tra il Nord ed il Sud della Germania. Fu nel 1915 che questo sistema di articoli e di opuscoli contro la Prussia, come unica causa della Guerra, comparvero per la prima volta. Fino al 1916 questo venne sviluppato e perfezionato in maniera astuta e vergognosa.

Faceva leva sui più bassi istinti del genere umano, e cominciò ad agitare il Tedesco del Sud contro il Tedesco del Nord, ed i frutti dell'agitazione si manifestarono presto. I capi, sia del governo che dell'esercito (specialmente l'esercito Bavarese), potrebbero essere benissimo rimproverati; non poterono sfuggire alla colpa di aver fallito, con cecità criminale e negligenza, nel prendere azione conto di essa con la necessaria determinazione. Non fu fatto nulla! Al contrario, alcuni di essi sembravano guardare ad essa senza grande dispiacere, e forse non erano abbastanza intelligenti da immaginare che tale propaganda potrebbe non solo aggiungere un bullone nell'unificazione della nazione Tedesca, ma potrebbe addirittura rinforzare automaticamente le forze di ribellione.

Difficilmente accadde nella storia che una tale negligenza ricevette una punizione più dura. L'indebolimento che patì la Prussia afflisse l'intera Germania. Accelerò il collasso che rovinò non solo la Germania, ma più certamente gli stessi singoli Stati.

Nel paese in cui l'odio artificialmente scatenato contro la Prussia esplose in maniera più violenta, la rivolta contro la Casa regnante fu l'inizio della Rivoluzione. Sarebbe sbagliato immaginare che la propaganda del nemico fosse la sola responsabile del sentimento anti-Prussiano. I metodi incredibili dei nostri organizzatori di guerra che radunarono - ed ingannarono - l'intero Impero sotto un sistema assolutamente folle di centralizzazione a Berlino fu la causa principale di questo sentimento anti-Prussiano.

L'Ebreo era fin troppo astuto per non rendersi conto che l'infame campagna di saccheggio che aveva organizzato contro la nazione Tedesca sotto il velo delle società di Guerra era destinata a scatenare un'opposizione. Finché questo non usciva dalla sua gola, non aveva motivo di preoccuparsi. Quindi gli venne in mente che non potrebbe esistere miglior ricetta per evitare una rivolta delle masse portate alla disperazione ed all'esasperazione, che lasciare che la loro rabbia si infiammi e si sfoghi in qualche altra direzione.

Poi venne la Rivoluzione.

L'Ebreo Internazionale Kurt Eisner cominciò a mettere la Baviera contro la Prussia. Indirizzando il movimento rivoluzionario della Baviera contro il resto del Reich, non stava agendo neanche un po' dal punto di vista della Baviera, ma come una persona incaricata dall'Ebraismo di fare tutto questo. Sfruttò gli istinti preesistenti e le antipatie del popolo Bavarese come mezzi per smembrare più facilmente la Germania. Il Reich, una volta che sarebbe stato gettato in rovina, sarebbe caduto facilmente sotto il Bolscevismo.

L'arte degli agitatori bolscevichi, che rappresentava l'avanzata dei contingenti di liberazione per mettere fine alla Repubblica dei Comitati come una vittoria del militarismo Prussiano contro l'antimilitarismo e gli elementi anti-Prussiani, portò grossi frutti. Sebbene al tempo delle elezioni per l'Assemblea Legislativa Bavarese, Kurt Eisner non aveva nemmeno diecimila sostenitori a Monaco ed il Partito Comunista ne aveva meno di tremila, dopo il collasso della Repubblica dei Comitati i due partiti si fusero insieme e contavano quasi centomila persone.

Penso di non aver mai cominciato nella mia vita un lavoro più impopolare di quello che feci nella mia lotta contro l'incitamento anti-Prussiano. A Monaco durante il periodo dei Comitati si tenne il primo raduno di massa, in cui l'odio contro il resto della Germania, in particolare la Prussia, venne spinto ad un livello tale che se un Tedesco del Nord fosse stato presente all'incontro avrebbe messo a rischio la sua vita. Queste dimostrazioni di solito finivano con 'Vattene Prussia!' 'Abbasso la Prussia!' 'Guerra contro la Prussia!' - un sentimento riassunto nel Reichstag Tedesco da un brillante difensore degli interessi sovrani della Baviera, nel grido di battaglia 'Meglio morire come Bavarese, che marcire come Prussiano!"

La lotta che avevo intrapreso, prima da solo, e poi con il supporto dei miei camerati di Guerra, adesso veniva portata avanti quasi, potrei dire, come un dovere sacro da parte del giovane movimento. Sono orgoglioso di essere stato in grado di dire oggi che noi - dipendendo quasi esclusivamente dai nostri sostenitori in Baviera - fummo responsabili di aver messo fine, lentamente ma con certezza, a tale combinazione di follia e tradimento.

E' quindi ovvio che l'agitazione contro la Prussia non aveva nulla a che fare con il Federalismo. Le attività federali sono le più inappropriate quando il loro obiettivo è quello di rompere o smembrare un'altra Confederazione. Perché un Federalista genuino, per cui il concetto di Impero di Bismarck non è una frase vuota, non potrebbe allo stesso tempo desiderare di dividere delle parti dello Stato Prussiano, che fu creato e perfezionato da Bismarck, né potrebbe supportare pubblicamente tale aspirazione separatista. Ed è la più incredibile, perché la battaglia di questi cosiddetti Federalisti veniva mossa contro l'elemento in Prussia, che potrebbe essere considerato connesso alla Democrazia di Novembre. Perché le loro calunnie ed i loro attacchi non erano diretti contro i padri della Costituzione di Weimar, che consistevano principalmente in Ebrei e Tedeschi del Sud, ma contro i rappresentanti della vecchia Prussia Conservatrice, l'esatto contrario della Costituzione di Weimar. Non dobbiamo stupirci che fossero particolarmente attenti a non invadere il terreno degli Ebrei; ma questo forse ci dà la chiave per risolvere l'intero enigma. L'obiettivo dell'Ebreo era mettere gli elementi 'Nazionali' in Germania uno contro l'altro - mettere la Baviera Conservatrice contro la Prussia Conservatrice. Ed ebbe successo.

Nell'inverno del 1918 l'antisemitismo cominciò a radicarsi in Germania. L'Ebreo ritornò ai suoi vecchi metodi. Con stupefacente prontezza, scatenò la disputa nel movimento popolare, e diede inizio ad una nuova rottura. Nel mettere in piedi la questione Ultramontana, e nel contenzioso che nasceva da essa, stavano allora i fatti che erano l'unica possibilità di tenere impegnata l'attenzione popolare con altri problemi, e di smorzare l'attacco concentrato sugli Ebrei. L'uomo che infettò la nostra nazione con questo problema non potrà mai riparare al male che commise contro di essa. L'Ebreo ha certamente avuto successo nel suo scopo; si illumina nel vedere i Cattolici ed i Protestanti che lottano l'uno contro l'altro; il nemico dell'umanità Ariana e della Cristianità ride segretamente.

Le due Chiese Cristiane stanno guardando a questo inquinamento ed a questa distruzione di una nobile ed unica esistenza, garantita dalla grazia di Dio su questa terra, con occhi indifferenti. Per il futuro del mondo, tuttavia, tutta la sua importanza non sta nel fatto se i Protestanti battano i Cattolici, ma piuttosto se l'uomo Ariano resista o muoia. Ed ancora oggi le due confessioni stanno lottando, non contro il distruttore dell'Ariano, ma stanno cercando di annientarsi l'una con l'altra.

In Germania non è ammissibile promuovere una lotta contro l'Ultramontanismo o il clericalismo, come potrebbe accadere nei paesi puramente Cattolici, perché i Protestanti avrebbero certamente un ruolo in essa. La difesa che i Cattolici in altri paesi alzerebbero contro gli attacchi di carattere politico, per i loro leader religiosi assumerebbe in Germania in una colpo solo la forma di un attacco del Protestantesimo contro il Cattolicesimo.

Per quanto riguarda il resto i fatti parlano da soli. Gli uomini che nel 1924 scoprirono improvvisamente che la missione principale del movimento Nazionalista era una lotta contro 'l'Ultramontanismo' non ebbero successo a spezzare l'Ultramontanismo, ma ebbero successo a dividere il movimento Nazionalista. Devo aggiungere il mio ammonimento, nel caso qualche mente immatura del movimento

Nazionalista dovesse immaginare che questo sia in grado di fare ciò che Bismarck non fu in grado di fare. Sarà il dovere principale di quelli che guidano il movimento Nazionalsocialista opporsi assolutamente ad ogni tentativo di offrire i servigi del loro movimento per qualsiasi simile battaglia, ed espellere su due piedi dai loro ranghi quelli che fanno propaganda per tale obiettivo. Come dato di fatto, abbiamo avuto in questo un successo continuo nell'autunno del 1923. I ferventi protestanti potrebbero stare fianco a fianco dei ferventi Cattolici nelle nostre fila senza alcun pensiero di coscienza che riguardi le loro convinzioni religiose.

Gli Stati della Repubblica Americana non fecero l'Unione, ma fu l'Unione che creò la maggior parte dei cosiddetti Stati. I diritti molto comprensivi garantiti ai vari territori esprimono non solo il carattere essenziale di tale Unione di Stati, ma sono in armonia con la vastità dell'area che coprono, che ha quasi le dimensioni di un continente. Quindi, parlando degli Stati dell'Unione Americana, non ci si può riferire ad essi come aventi sovranità di Stato, ma come godenti di diritti o, forse meglio, di privilegi determinati e garantiti dalla Costituzione.

Tuttavia in Germania i singoli Stati erano in origine Stati sovrani, e l'Impero venne creato a partire da essi. Ma la formazione dell'Impero non si verificò per libera volontà ed uguale cooperazione dei singoli Stati, ma perché uno stato, la Prussia, ottenne l'egemonia sugli altri. La grande differenza in dimensione del territorio fra gli Stati Tedeschi in sé impedisce un qualche confronto con l'Unione Americana. Inoltre la differenza di dimensione fra il più piccolo ed il più grande di essi, o piuttosto quello più grande in assoluto, dimostra l'ineguaglianza degli obiettivi e della partecipazione alla fondazione dell'Impero, e nella formazione della confederazione di Stati. Non si può dire che nessuno degli Stati abbia mai goduto di una vera 'sovranità'.

I diritti di sovranità, a cui gli Stati rinunciarono per rendere possibile l'Impero, vennero ceduti in scarsa misura di loro spontanea volontà. Nella maggior parte dei casi erano inesistenti, o erano semplicemente stati persi sotto la pressione della forza superiore della Prussia. Il principio seguito da Bismarck era di non dare allo Stato semplicemente quello che era stato tolto dagli Stati minori, ma di chiedere agli Stati ciò di cui l'Impero aveva assolutamente bisogno. Ma è piuttosto errato attribuire questa decisione di Bismarck a qualsiasi convinzione da parte sua che lo Stato stesse quindi acquisendo per sempre tutti i diritti di sovranità di cui avrebbe bisogno; al contrario, intendeva lasciare al futuro ciò che sarebbe stato difficile ottenere al momento. E la sovranità dello Stato è, nei fatti attuali, continuamente aumentata a spese degli Stati individuali. Il trascorrere del tempo ottenne ciò che Bismarck sperava avrebbe ottenuto.

Il collasso Tedesco e la distruzione dello Stato monarchico necessariamente accelerarono questi sviluppi.

La stessa causa diede un duro colpo al carattere federale del Reich; un colpo ancora più duro venne dato anche dall'accettazione degli obblighi sotto il Trattato di Pace.

Era sia naturale che ovvio che i paesi persero il controllo delle loro finanze e dovettero rinunciare ad esse in favore del Reich, dal momento che il Reich, avendo perso la Guerra, era soggetto ad obblighi finanziari che non erano mai stati presi in considerazione per essere coperti dai contributi dei singoli Stati. L'ulteriore decisione che portò alla presa da parte del Reich delle ferrovie e dei servizi postali, fu un passo necessario e successivo nella graduale schiavizzazione della nostra nazione sotto il Trattato di Pace.

L'Impero di Bismarck era libero e senza legami. Non era appesantito da tutti gli improduttivi obblighi economici, mentre l'attuale Germania di Dawes deve portarseli sulle spalle. Le sue spese erano limitate a pochi beni di assoluta e necessaria importanza locale. Era quindi in grado di esistere senza una supremazia finanziaria, e di vivere sul denaro versato dagli Stati confederati; naturalmente il fatto che gli Stati mantenessero il loro diritto di sovranità ed avessero in confronto poco da pagare all'Impero contribuì alla loro soddisfazione di essere membri dell'Impero. Ma è sia scorretto che disonesto desiderare di fare propaganda con l'affermazione che qualsiasi scontento che esisteva fosse attribuibile soltanto al legame finanziario sofferto dagli Stati per mano dell'Impero. No, questo non era decisamente il caso. Il declino della gioia in tutto l'Impero non deve essere attribuito alla perdita dei diritti di sovranità, ma è piuttosto il risultato della maniera miserabile in cui la nazione Tedesca veniva allora rappresentata dal suo Stato. Quindi oggi lo Stato è obbligato per ragioni di autoconservazione a ridurre sempre più i diritti sovrani di ogni singolo pese, non solo dal punto di vista materiale generico, ma anche del principio. Perché, vedendo che sta prosciugando le ultime gocce di sangue dei suoi cittadini con la sua politica di spremitura economica, è obbligato a ritirare l'ultimo dei suoi diritti, a meno che non sia preparato a vedere lo scontento generale infiammarsi in una rivolta.

Noi Nazionalsocialisti dobbiamo quindi ammettere il seguente principio fondamentale:

Un potente Reich nazionale, che guarda e protegge gli interessi dei suoi cittadini all'estero nel senso più ampio della parola, è in grado di offrire la libertà in patria; quindi non deve avere alcuna preoccupazione per la solidità dello Stato. D'altra parte, un potente governo nazionale deve prendersi la responsabilità di pesanti incursioni nella libertà degli individui così come dello Stato senza rischio di indebolire l'idea di Impero, se solo ogni cittadino riconosce che tali misure sono misure tese a rendere grande la sua nazione.

E' un dato di fatto che tutti gli Stati del mondo si stiano muovendo nella direzione dell'unificazione della loro politica nazionale, e che la Germania non sarà fuori dai giochi sotto questo aspetto.

Per quanto una certa misura di unificazione possa apparire naturale, specialmente nell'area della comunicazione, non è da meno del dovere dei Nazionalsocialisti di opporre una forte resistenza contro un tale sviluppo nello Stato di oggi, dato che l'unico obiettivo di tali misure è coprire e rendere possibile una politica estera disastrosa. Per il semplice motivo che il Reich di oggi propone di mettere sotto di sé le ferrovie, il servizio postale, l'economia, etc. per ragioni che non sono di alta politica nazionale, ma per avere nelle sue mani i mezzi e le garanzie per far fronte in maniera illimitata ai suoi obblighi, noi Nazionalsocialisti dobbiamo prendere ogni misura che sembri pianificata per bloccare e, se possibile, evitare una tale politica. Un'altra ragione per opporsi ad una centralizzazione di questo tipo è che il Reich Ebraico-Democratico, che è diventato una vera maledizione per la nazione Tedesca, sta cercando di rendere nulle le obiezioni sollevate dagli Stati, che finora non sono permeati dallo spirito dell'età, schiacciandoli al punto da renderli completamente senza importanza.

Il nostro punto di vista deve sempre essere quello di un'alta politica nazionale, e non deve mai essere ristretto o paternalista. Questa ultima osservazione è necessaria, per paura che i nostri sostenitori giungano ad immaginare che noi Nazionalsocialisti pensiamo di negare che il Reich abbia il diritto di assumere una sovranità superiore di quella dei singoli Stati. Non dovrebbe né potrebbe esserci nessun dubbio su tale diritto. Poiché per noi lo Stato in sé non è che una formalità, mentre l'essenza è quella che include la nazione ed il popolo - è chiaro che ogni altra cosa deve essere subordinata agli interessi della nazione; ed in particolare non possiamo permettere a nessun singolo Stato all'interno della nazione e del Reich (che rappresenta la nazione) di godere di una sovranità politica indipendente come Stato. L'enormità di permettere agli Stati della Confederazione di mantenere le legislazioni deve essere e sarà fermata. Finché questo continua ad essere possibile, non abbiamo alcun diritto di stupirci che gli stranieri continuino a dubitare della stabilità della struttura del nostro Stato e prendano di conseguenza delle misure.

L'importanza degli Stati individuali sarà in futuro più spostata sul lato culturale. Il monarca che fece di più per la reputazione della Baviera non era un ostinato paternalista con sentimenti anti-Tedeschi, ma uno che era altrettanto simpatizzante della Germania di quanto lo era per l'arte - Ludovico I.

L'esercito deve essere mantenuto strettamente separato da tutte le singole influenze di Stato. Lo Stato Nazionalsocialista che sta arrivando non deve scivolare nell'errore del passato di obbligare l'esercito a correre un rischio che non è e non sarà mai adatto ad esso. L'esercito Tedesco non sta li allo scopo di fornire una scuola per mantenere le peculiarità razziali, ma piuttosto per insegnare a tutti i Tedeschi a capirsi e misurarsi l'uno con l'altro. Tutto ciò che tende verso le divisioni nella vita della nazione deve essere trasformato dall'esercito in un'influenza unificante. Deve sollevare ogni giovane sopra l'ampio orizzonte del suo piccolo paese, e metterlo al suo posto nella nazione Tedesca. Deve imparare a guardare ai confini, non di casa sua, ma della sua Madrepatria; perché sono quelli che dovrà un giorno proteggere. E' quindi follia permettere al giovane Tedesco di stare a casa sua, ma una cosa buona mostrargli la Germania durante il periodo del suo servizio militare. Oggi questo è tutto maggiormente essenziale, perché i giovani Tedeschi non viaggiano e così non allargano il loro orizzonte come facevano una volta.

Le dottrine del Nazionalsocialismo non hanno lo scopo di servire gli interessi politici dei singoli Stati della Confederazione, ma di guidare la nazione Tedesca. Devono determinare la vita di un'intera nazione, e darle una nuova forma; devono quindi prontamente reclamare il diritto di varcare i confini, disegnati secondo agli sviluppi politici che noi abbiamo respinto.

# XI

## PROPAGANDA E ORGANIZZAZIONE

La propaganda deve avvenire rapidamente molto prima dell'organizzazione e conquistare il materiale umano su cui l'organizzazione deve lavorare. Sono sempre stato un nemico dell'organizzazione precipitosa e pignola; perché è adatta a portare verso dei risultati meccanici inefficaci.

Per questo motivo è meglio permettere ad un idea di essere diffusa da un punto centrale per mezzo della propaganda per un certo periodo, e poi cercare con cautela ed esaminare i leader tra il materiale umano che è stato messo insieme. Accadrà spesso che gli uomini che non mostrano evidenti capacità all'inizio, rivelino di essere dei leader nati.

E' completamente errato immaginare che l'abbondanza di conoscenza teorica sia necessariamente una prova caratteristica delle qualità e delle energie necessarie per il comando. Accade frequentemente il contrario.

Un grande teorico è raramente un grande leader. Un agitatore è molto più probabilmente in possesso di queste qualità - che saranno notizie poco gradite alle persone che sostengono che la questione sia principalmente scientifica. Un agitatore che è capace di comunicare un'idea alle masse deve essere uno psicologo, anche se è tutto tranne un demagogo. Sarà sempre migliore come leader del timido teorico che non sa nulla degli uomini. Perché leadership significa capacità di smuovere le masse di uomini. Il talento di produrre le idee non ha nulla in comune con la capacità di comando. Ma l'unione di teorico, organizzatore e leader in un solo uomo è il fenomeno più raro su questa terra; in esso consiste la grandezza.

Ho già descritto l'attenzione che ho dato alla propaganda nei primi anni del movimento. La sua funzione era quella di inoculare ad un piccolo nucleo di uomini la nuova dottrina, così che formassero il materiale su cui i primi elementi di un'organizzazione possano essere formati più avanti. Nel processo, gli scopi della propaganda superano di molto quelli dell'organizzazione.

Il lavoro che la propaganda deve fare è di continuare a guadagnare sostenitori dell'idea, mentre l'organizzazione deve preoccuparsi di tutto cuore di rendere i migliori sostenitori dei membri attivi del partito. Non c'è alcun bisogno che la propaganda si preoccupi essa stessa del valore di ognuno dei suoi studiosi, per quanto riguarda efficienza, capacità, intelletto, o carattere, mentre è compito dell'organizzazione di scegliere con cura tra le masse chiunque possa realmente condurre al trionfo del movimento.

Il primo compito della propaganda è di conquistare uomini per l'organizzazione che sta arrivando; quello dell'organizzazione è di prendere degli uomini che portino avanti la propaganda. Il secondo compito della propaganda è di modificare le condizioni esistenti, per mezzo della nuova dottrina, quello dell'organizzazione è di assicurare il successo finale della dottrina.

Uno dei principali compiti dell'organizzazione è vedere che nessun segno di disunità si insinui fra i membri del movimento, causi delle divisioni, e quindi porti all'indebolimento del lavoro del movimento; ed anche che lo spirito battagliero non muoia, ma venga continuamente rinnovato e fortificato. A questo scopo i membri non devono essere moltiplicati all'infinito; perché, dato che l'energia ed il coraggio esistono solo in una parte del genere umano, un movimento la cui organizzazione non ponga un limite ad esso un giorno diverrà necessariamente debole.

E' quindi essenziale che, anche solo allo scopo dell'autoconservazione, finché mantiene il successo, un movimento smetta di incrementare i suoi membri, e quindi eserciti la più grande cautela, e solo dopo un profondo esame consideri di incrementare la propria organizzazione. Soltanto con questi mezzi manterrà il cuore del movimento fresco e sano. Deve guardare ad esso in modo che questo cuore continui ad avere il solo controllo del movimento - ossia, decida sulla propaganda che deve portare al riconoscimento universale e, essendo in possesso di tutto il potere, porti avanti le operazioni necessarie per la realizzazione pratica dei suoi ideali.

Come controllore della propaganda del partito, io ero attento non solo a preparare il terreno per la futura grandezza del movimento, ma lavorai su principi molto radicali, in modo che venisse introdotto il migliore materiale nell'organizzazione.

Perché più era radicale ed eccitante la mia propaganda, e più spaventava i caratteri deboli e vacillanti, ed evitava che penetrassero nel cuore interno della nostra organizzazione. E questo era tutto a fin di bene.

Fino alla metà del 1921 l'attività creativa fu sufficiente, e non fece altro che bene al movimento. Ma nell'estate di quell'anno alcuni eventi resero ovvio che l'organizzazione non stava riuscendo a mantenere il passo della propaganda, il successo della quale stava apparendo gradualmente più evidente.

Negli anni 1919-20 il movimento aveva una commissione che lo controllava, eletta dei membri dell'assemblea. Questa commissione, abbastanza ironicamente, impersonava il principio contro cui il movimento stava lottando più ardentemente, ossia il parlamentarismo.

Rifiutai di continuare tale follia, e dopo un periodo molto breve smisi di frequentare le riunioni della commissione. Feci la propaganda da solo, e questa fu la sua fine; rifiutati di permettere ad un ignorante qualsiasi di parlarmi in qualsiasi altra maniera.

Allo stesso modo, mi astenni dall'interferire con gli altri nei loro dipartimenti.

Non appena le nuove regole vennero adottate, ed io venni messo a capo del partito, acquisendo quindi la necessaria autorità ed i diritti che vengono con essa, tutta questa follia terminò immediatamente. Le decisioni della commissione vennero sostituite dal principio dell'assoluta responsabilità. Il capo è responsabile dell'intero controllo del movimento.

Tale principio venne gradualmente riconosciuto all'interno del movimento come principio naturale, almeno finché si parlava del controllo del partito.

La maniera migliore di sciogliere le commissioni che non facevano nulla, o che semplicemente preparavano raccomandazioni poco pratiche, era di mandarle a fare qualche lavoro concreto. Faceva ridere vedere come i membri svanivano silenziosamente, ed improvvisamente non si trovavano più! Mi ricordava della nostra grande istituzione dello stesso tipo, il Reichstag. Quanto rapidamente si sarebbero dissolti se si fossero messi davvero al lavoro, invece di parlare soltanto, specialmente se ogni membro fosse stato reso personalmente responsabile di ogni lavoro che faceva!

Nel Dicembre del 1920 acquisimmo il Völkischer Beobachter. Questo giornale che, come suggerisce il nome, era concepito principalmente per essere letto dal popolo, doveva diventare l'organo del Partito Nazionalsocialista dei Lavoratori Tedeschi. Dapprima usciva due volte la settimana, ma all'inizio del 1923 divenne un quotidiano, ed alla fine di Agosto cominciò ad apparire nella sua ben nota dimensione più grande.

Il Völkischer Beobachter era un cosiddetto organo 'popolare' con tutti i suoi vantaggi e, ancor più, le falle e le debolezze che si attaccavano alle istituzioni popolari. Tanto eccellenti erano i suoi contenuti, quanto impossibile la sua gestione come proposta d'affari. L'idea di base era che dovesse essere mantenuto da una sottoscrizione popolare; non ci si rese conto che avrebbe dovuto competere con gli altri, e che sarebbe stato indecente aspettarsi le sottoscrizioni dei buoni patrioti per coprire gli errori e le negligenze del business di un impresa. Mi impegnai molto al tempo per modificare queste condizioni, il cui pericolo riconobbi rapidamente. Nel 1914, in Guerra, feci la conoscenza di Max Amann, che adesso è il direttore generale degli affari del partito. Nell'estate del 1921 mi sono rivolto al mio vecchio camerata di reggimento, che incontrai un giorno per caso, e gli chiesi di diventare responsabile degli affari del movimento. Dopo una lunga esitazione - perché aveva già una buona posizione con delle prospettive, acconsentì, ma soltanto a condizione che non sarebbe stato alla mercé di commissioni incompetenti; doveva rispondere ad un solo capo, e soltanto uno. Ciò che in realtà accadde fu che alcuni uomini vennero impiegati nel giornale che in precedenza era collegato al Partito del Popolo Bavarese, ma il loro lavoro mostrò che avevano delle qualifiche eccellenti. Il risultato di questo esperimento fu assolutamente di successo. Doveva a questo franco ed onesto riconoscimento delle vere qualità di un uomo il fatto che il movimento catturò i cuori dei suoi impiegati più rapidamente e con sicurezza di quanto mai fosse accaduto in precedenza. Più tardi, essi diventarono e rimasero dei buoni Nazionalsocialisti, non solo a parole, e lo provarono con il lavoro concreto, coscienzioso e costante che effettuarono al servizio del nuovo movimento.

Nel corso di due anni misi sempre più in pratica le mie visioni, ed oggi, finché si tratta del comando in capo, esse restano salde in quanto soluzione più naturale. L'ovvio successo di questo sistema venne dimostrato il 9 Novembre 1923. Quattro anni prima, quando entrai nel movimento, non c'era nemmeno un timbro. Il 9 Novembre 1923 il partito fu distrutto, e le sue proprietà confiscate. La somma totale dell'ammontare di tutti gli oggetti che avevano un qualche valore e dalle carte ammontava ad oltre 170.000 marchi d'oro.

# XII

## LA QUESTIONE DEI SINDACATI

La rapida crescita del movimento ci obbligò nel 1922 ad adottare un atteggiamento verso una questione che ancora adesso non è del tutto chiara. Nei nostri sforzi per studiare i metodi più rapidi e più semplici con cui il movimento potesse penetrare nell'orecchio delle masse, incontrammo di continuo l'obiezione che il lavoratore non avrebbe mai potrebbe mai dargli completo credito fintanto che i suoi interessi professionali ed economici erano salvaguardati da uomini che avevano opinioni diverse dalle loro, e la sua organizzazione politica era nelle loro mani.

Nella Parte I di questo volume ho scritto della natura e degli scopi, ed anche della necessità, dei sindacati. Ho fornito la mia opinione secondo cui, a meno che questo non venga fatto per mezzo di misure dello Stato (che di solito non portano a nulla) o di un nuovo ideale educativo, se l'atteggiamento dei datori di lavoro verso il lavoratore subisse un cambiamento, quest'ultimo non avrebbe altro futuro che prendere da solo la difesa dei propri interessi, facendo appello ai suoi pari diritti come partito che contratta la vita economica. Ho continuato dicendo che tale azione difensiva era lesiva dell'intera comunità nazionale se, a causa di essa, non era possibile evitare delle ingiustizie sociali che comprendevano una serio danno per la vita della comunità. Ho anche detto che la necessità dei sindacati deve essere data per scontata nel caso in cui i datori di lavoro comprendano fra di loro degli uomini che non hanno alcuna sensibilità per gli obblighi sociali, o addirittura per i diritti più elementari dell'umanità.

Nell'attuale stato di cose, sono convinto che i sindacati non possano probabilmente essere messi da parte. Infatti sono fra le istituzioni più importanti nella vita economica della nazione.

Il movimento Nazionalsocialista, che mira allo Stato Nazionalista per il Popolo, non può avere dubbi che ogni futura istituzione di tale Stato deve avere le radici nel movimento stesso. E' l'errore più grande di tutti immaginare che il possesso del potere in sé permetterà di realizzare determinata organizzazione, partendo dal nulla, senza l'aiuto di una squadra di uomini che sono stati precedentemente addestrati secondo lo spirito dell'impresa. Anche qui, il principio afferma che lo spirito è sempre più importante della forma, che può essere creata molto rapidamente.

Quindi nessuno può proporre all'improvviso di estrarre dalla propria cartella la bozza di una nuova costituzione ed aspettarsi di poterla 'introdurre' con un editto proveniente dall'alto. Si potrebbe tentare, ma il risultato non durerebbe; quasi certamente sarebbe un bambino nato morto. Mi viene in mente l'origine della Costituzione di Weimar, ed il tentativo di scaricare una nuova costituzione ed una nuova bandiera sulla nazione Tedesca, e nessuna di esse aveva alcun collegamento con qualsiasi cosa che era già nota alla nostra nazione nel corso dell'ultimo mezzo secolo. Lo Stato Nazionalsocialista deve evitare tutti gli esperimenti simili; deve far crescere un'organizzazione che ha già lavorato da molto tempo. Perciò, il movimento Nazionalsocialista deve riconoscere la necessità di possedere una propria organizzazione sindacale.

Quale deve essere la natura di un sindacato Nazionalsocialista? Quale il nostro compito, e quali sono i suoi scopi?

Non è uno strumento per la guerra di classe, ma per la difesa e la rappresentanza dei lavoratori. Lo Stato Nazionalsocialista non conosce differenza di classe ma, in senso politico, soltanto i cittadini che hanno diritti assolutamente uguali, ed allo stesso modo uguali obblighi, e, fianco a fianco con essi, non sono soggetti assolutamente ad alcun diritto in senso politico.

L'obiettivo primario del sistema sindacale non è combattere una guerra tra le classi, ma il Marxismo lo ha forgiato come strumento per la sua guerra di classe. Il Marxismo ha creato l'arma economica che l'Ebreo internazionale utilizza per distruggere le basi economiche degli Stati nazionali liberi ed indipendenti, per rovinare la loro industria ed il loro commercio nazionali; il suo obiettivo è di rendere le nazioni libere schiave della finanza mondiale dell'Ebraismo, che non conosce confini di Stato.

Lo sciopero non è, nelle mani dei sindacati Nazionalsocialisti, uno strumento per rovinare la produzione nazionale, ma per incrementarla e farla fluire, lottando contro tutti i difetti che, per loro carattere antisociale, ostacolano l'efficienza negli affari e nella vita dell'intera nazione.

Il lavoratore Nazionalsocialista deve essere cosciente che la prosperità della nazione significa per lui la felicità materiale.

Il datore di lavoro Nazionalsocialista deve essere cosciente che la felicità e l'appagamento del suo lavoratore è essenziale per l'esistenza e lo sviluppo della sua grande impresa d'affari.

Non ha senso che ci sia un sindacato Nazionalsocialista fianco a fianco ad altri sindacati. Perché questo deve essere profondamente convinto dell'universalità del suo compito, e dei conseguenti obblighi, e non deve essere ostacolato da altre istituzioni con scopi simili e forse ostili, ed essere pronto a proclamare la sua individualità di base. Non può esserci alcun compromesso con aspirazioni simili; il suo assoluto diritto di essere il solo deve essere mantenuto.

C'erano, e ci sono ancora, molte discussioni contrarie alla fondazione di sindacati che siano nostri. Ho sempre rifiutato di prendere in considerazione degli esperimenti che erano destinati a fallire dall'inizio. Dovrei aver considerato un crimine prendere dal lavoratore una parte del suo salario duramente guadagnato per pagare un'istituzione, di cui io non fossi fermamente convinto che sarebbe stata utile per i suoi membri.

La nostra azione del 1922 era basata su queste opinioni. Gli altri apparentemente erano più giudiziosi ed avviarono dei sindacati. Ma non molto prima di scomparire. Così che, alla fine, erano nella stessa nostra posizione. La differenza era che noi non avevamo tradito né noi stessi, né gli altri.

# XIII

## POLITICA TEDESCA ED ALLEANZE DOPO LA GUERRA

L'instabilità del Reich nel dominio della politica estera ed il suo fallimento nel seguire i principi corretti nella sua politica di alleanza, non proseguì soltanto dopo la Rivoluzione, ma proseguì anche in forma peggiore. Perché se prima della Guerra la confusione delle idee politiche si poteva prendere come prima causa della cattiva leadership di Stato negli affari esteri, d'altra parte dopo la Guerra era l'onesta intenzione a mancare. Era ovvio che il partito che aveva ottenuto i suoi scopi distruttivi per mezzo della Rivoluzione non sarebbe stato interessato ad una politica di alleanza, il cui obiettivo era la ricostruzione dello Stato Tedesco libero. Finché il Partito Nazionalsocialista dei Lavoratori Tedeschi era soltanto una società piccola e poco nota, i problemi di politica estera sarebbero sembrati di importanza minore agli occhi di molti dei nostri sostenitori. In realtà il primo ed unico preliminare essenziale per la lotta per la libertà esterna è la rimozione delle cause del nostro collasso, e la distruzione di quelli che stanno approfittando di esse.

Ma dal momento che la piccola ed insignificante società ha allargato la sua sfera di attività, ed ha ottenuto l'importanza di una grande società, divenne rapidamente necessario prendere nota degli sviluppi in politica estera. Dovemmo decidere dei principi che non solo non dovevano essere in contraddizione con le nostre visioni fondamentali, ma dovrebbero anche essere in realtà un'espressione di queste.

L'idea fondamentale e di base è che, anche prima di noi, prendendo in considerazione tale questione, la politica estera non è altro che il mezzo per uno scopo. Ma lo scopo è esclusivamente l'incoraggiamento della nostra stessa nazionalità. Non deve essere proposto alcun suggerimento in politica estera per nessuna ragione tranne la seguente: aiuterà o danneggerà la nostra nazione adesso o in futuro?

Dobbiamo inoltre considerare che la questione del recupero dei territori che una nazione ed uno Stato hanno perso, è innanzitutto sempre quella di ricuperare potere politico ed indipendenza per la madrepatria; inoltre che in tal caso gli interessi dei territori persi devono essere fermamente ignorati quando sono contrari a quello di recuperare la libertà della madrepatria. Perché la liberazione delle frazioni di popolazione di una razza di un Impero che sono oppresse non viene influenzata dalla ragione o da un qualche desiderio della popolazione oppressa, né da una protesta di quelli che sono rimasti, ma da qualsiasi mezzo di potere che è ancora in possesso da quelli che sono rimasti in Madrepatria, che una volta era comune a tutti.

Non è per mezzo di infiammate proteste che le terre oppresse vengono riportate in seno ad un Reich comune, ma per mezzo di una spada sempre pronta a colpire.

E' il compito dei leader di una nazione, nella loro politica interna, forgiare questa spada; nella loro politica estera, devono mirare al lavoro di forgiatura, e devono cercare dei camerati. Nella Parte I di questo libro ho descritto l'indifferenza della nostra politica di alleanza precedente alla Guerra. Invece di una solida politica territoriale all'interno dell'Europa, i nostri leader politici preferirono quella delle colonie e del commercio.

Questa era la cosa peggiore da concepire, perché speravano così di sfuggire e di non prendere decisioni con le armi. Il risultato di questo tentativo fu che, mentre speravano di sedere su tutte le sedie, caddero come accade di solito fra di esse e la Guerra Mondiale fu la punizione finale imposta all'Impero per la sua cattiva gestione.

La maniera corretta sarebbe stata quella di rafforzare il potere dell'Impero nel Continente per mezzo della conquista di nuove terre in Europa.

Ma poiché i padri della follia del nostro Parlamento democratico rifiutarono di prendere in considerazione qualsiasi schema convenzionale di preparazione per la guerra, qualsiasi piano di acquisizione di terre in Europa venne messo da parte e, a causa della loro preferenza per una politica di colonie e commercio, sacrificarono la (allora possibile) alleanza con l'Inghilterra; nello stesso momento trascurarono di cercare il supporto della Russia - che era il corso logico dei fatti. Infine, caddero nella Guerra Mondiale, abbandonati da tutti tranne la nefasta Dinastia degli Asburgo.

La tendenza storica della diplomazia Inglese, la cui sola controparte in Germania era la tradizione dell'esercito Prussiano, da allora fu di esempio per mano della Regina Elisabetta, che era deliberatamente intenzionata ad evitare con ogni mezzo possibile l'ascesa di qualsiasi Potere Europeo oltre allo standard generale di grandezza ed a spezzarlo con un attacco militare, se necessario. I mezzi utilizzati dall'Inghilterra per questo scopo variavano secondo la situazione ed il compito imposto; ma la volontà e la determinazione erano sempre gli stessi.

L'indipendenza politica delle ex colonie del Nord America portò, man mano che il tempo passava, ad enormi sforzi per ottenere la certezza di avere supporto nel continente Europeo.

Quindi, dopo che la Spagna e l'Olanda sprofondarono dopo essere state dei Grandi Poteri, le forze dello Stato Britannico vennero concentrare contro il potere nascente della Francia, finché infine, con la caduta di Napoleone, la paura dell'egemonia del potere militare che era più pericoloso per tutta l'Inghilterra, sembrò essere stata distrutta per il bene di tutti.

Il cambio di direzione degli uomini di stato Inglesi contro la Germania fu un processo lento, perché la Germania, data la sua mancanza di unità nazionale, non rappresentava una minaccia visibile per l'Inghilterra. Tuttavia nel 1870-71 l'Inghilterra aveva già adottato il suo nuovo atteggiamento. Le sue esitazioni, provocate dall'importanza dell'America nell'economia mondiale così come dallo sviluppo della Russia come Potere, sfortunatamente non andarono a vantaggio della

Germania, con il risultato che le tendenze storiche del governo Britannico divennero sempre più solidamente definite.

L'Inghilterra vedeva la Germania come il Potere la cui ascesa nel commercio - e quindi nella politica mondiale - come conseguenza della sua enorme industrializzazione, stava diventando una minaccia molto seria. La conquista del mondo con la 'penetrazione pacifica', che i nostri statisti pensavano fosse la più elevata saggezza, venne scelta dai politici Britannici come base per organizzare una resistenza. Il fatto che tale resistenza assunse la forma di un attacco completamente organizzato consisteva interamente nel carattere degli statisti, il cui scopo non era mantenere una discutibile pace mondiale, ma stabilire un dominio mondiale Inglese. Il fatto che l'Inghilterra impiegò come alleati tutti gli Stati che potevano essere utili in senso militare, era coerente con la sua tradizionale lungimiranza per stimare la forza dei suoi avversari, così come con la sua conoscenza dei propri punti deboli in ogni momento. Questa non si può definire 'mancanza di scrupolosità' perché organizzare una guerra in maniera così completa non deve essere giudicato per mezzo di standard eroici, ma per la loro adattabilità al contesto. E' compito della diplomazia vedere per essa che una nazione non sprofondi in maniera eroica, ma venga sostenuta con mezzi pratici.

Quindi ogni strada che porta a tutto questo è quella corretta, e non seguirla è ovviamente un crimine ed una plateale negligenza di dovere.

Quando la Germania divenne rivoluzionaria, tutta la paura della minaccia del dominio mondiale della Germania era finita fintanto che si parlava del governo Britannico. Non era nell'interesse dell'Inghilterra che la Germania fosse *totalmente* cancellata dalla cartina dell'Europa. Al contrario, il timoroso collasso del Novembre 1918 mise la diplomazia Inglese faccia a faccia con la nuova situazione, che adesso si scoprì che era possibile: la Germania distrutta, e la Francia come Potere politico più forte nel Continente d'Europa. Spazzare via la Germania come Potere nel Continente porterebbe semplicemente profitto ai nemici dell'Inghilterra. Ed inoltre, tra il Novembre del 1918 e l'estate del 1919, la diplomazia Britannica non era nella posizione di modificare il suo atteggiamento, poiché aveva sfruttato le forze del sentimento del pubblico durante la Guerra in maniera più completa che mai.

Inoltre, per evitare che il potere della Francia diventasse troppo grande, l'unica politica possibile per l'Inghilterra era la partecipazione al desiderio Francese di rapina. Infatti l'Inghilterra non è riuscita ad ottenere ciò a cui stava puntando quando entrò in guerra.

L'ascesa di un Potere Europeo che fosse al di sopra ed oltre al grado di forze nel sistema di Stati continentale d'Europa non era stata evitata; era stato infatti saldamente stabilito.

La posizione odierna della Francia è unica. E' il primo potere in senso militare che non ha un serio rivale nel Continente; le sue frontiere sono essenzialmente sicure contro l'Italia e la Spagna; è protetta contro la Germania dall'impotenza della nostra Madrepatria; le sue lunghe coste si trovano fra i nervi vitali dell'Impero Britannico. Il desiderio permanente dell'Inghilterra è mantenere un certo equilibrio di potere tra gli Stati d'Europa, tra di loro, perché questo sembra essere una condizione necessaria per l'egemonia Britannica nel mondo.

Il desiderio permanente della Francia è evitare che la Germania diventi un Potere solido, e mantenere vivo in Germania un sistema di piccoli Stati più o meno simili fra di loro in quanto a potere, e senza una guida unica. Desidera tenere la riva sinistra del Reno come garanzia per costruire e consolidare la sua egemonia in Europa. Lo scopo finale della diplomazia Francese sarà in eterna contraddizione con le tendenze finali degli statisti Britannici.

Non esiste, vivo o morto, alcun uomo di stato Britannico, Americano o Italiano che possa essere definito 'pro-Germania'. Ogni uomo Inglese nella sua abilità di uomo di stato è prima di tutto Britannico, ed è lo stesso per ogni Americano. E nessun Italiano è pronto a perseguire qualsiasi politica che non sia pro-Italia. Chiunque, quindi, che si aspetti di costruire un'alleanza con le nazioni straniere, è sia un idiota che non un vero uomo. Oggi per scopi pratici dobbiamo cercare una risposta alle seguenti domande: quali Stati proprio adesso non sono preoccupati in modo vitale dal fatto che, a causa della completa estinzione di un'Europa Centrale Tedesca, il potere militare ed economico della Francia sta giungendo ad una posizione di assoluta e predominante egemonia? Quali stati, a seconda delle loro condizioni di esistenza e della loro tradizionale politica perseguita fino ad allora, vedranno tale sviluppo sotto la luce di una minaccia per il loro futuro?

Dobbiamo essere assolutamente chiari sul fatto che la Francia è il nemico permanente ed inesorabile della nazione Tedesca; la chiave per la loro politica estera sarà sempre il suo desidero di possedere la frontiera sul Reno, e di accaparrarsi quel fiume mantenendo la Germania divisa ed in rovina.

L'Inghilterra non vuole che la Germania sia un Potere mondiale; la Francia non vuole che la Germania sia un potere di nessun tipo - una differenza molto marcata! Tuttavia oggi noi non stiamo lottando per il posto di Potere mondiale, ma dobbiamo lottare per l'esistenza della nostra Madrepatria, per la nostra unità nazionale, e per il pane quotidiano dei nostri figli.

Da questo punto di vista ci restano soltanto due stati: l'Inghilterra e l'Italia. L'Inghilterra non desidera una Francia il cui potere militare, incontrollato dal resto d'Europa, possa avere una politica che un giorno possa andare contro agli interessi Britannici; il predominio militare Francese preme molto sul cuore dell'Impero mondiale della Gran Bretagna.

Tanto meno l'Italia desidera un ulteriore rinforzo della posizione di potere della Francia in Europa. Il futuro dell'Italia dipenderà sempre dagli sviluppi territoriali che riguardano il bacino del Mediterraneo. Il motivo per cui entrò in Guerra non era il desiderio di ingrandire la Francia, ma piuttosto la sua determinazione a dare il colpo di grazia al suo odiato rivale sull'Adriatico. Qualsiasi aumento di forza Francese nel continente significa restrizione per il futuro dell'Italia, e lei non si inganna da sola pensando che le relazioni nazionali escludano in ogni modo la rivalità.

Le considerazioni caute e fatte a mente fredda mostrano soltanto questi due Stati, l'Inghilterra e l'Italia, i cui interessi più naturali sono meno in opposizione alle condizioni essenziali dell'esistenza della nazione Tedesca, e sono, nei fatti, ad un certo livello identici fra loro.

Può un qualsiasi paese allearsi con la Germania per come è oggi? No. Nessun Potere che abbia considerazione della sua dignità e speri di ottenere dalle alleanze qualcosa di più di una bustarella per i politici avidi si alleerebbe con la Germania nella sua attuale condizione; in realtà, non potrebbe farlo. La nostra attuale inidoneità per le alleanze è la ragione principale per cui le gang di nemici- ladri possiedono tutto.

E' di poco interesse per la politica dello Stato Britannico che la Germania venga ulteriormente degradata, ma tale sviluppo è grandemente di interesse per gli Ebrei della finanza internazionale. In contrasto agli interessi del benessere dello Stato Britannico, l'Ebraismo della finanza non desidera soltanto il perpetuo degrado economico della Germania, ma anche la sua totale schiavitù politica. Quindi l'Ebreo è il grande istigatore della distruzione della Germania.

L'andamento del pensiero dell'Ebraismo è chiaro. E' quello di bolscevizzare la Germania - ossia, far marcire ogni intelligenza nazionale Tedesca - e quindi schiacciare le forze lavoro Tedesche sotto il nocciolo della finanza mondiale Ebraica, come preliminare per estendere ed ampliare il piano Ebraico di conquista del mondo.

In Inghilterra, come in Italia, le visioni divergenti fra i solidi uomini di stato e le richieste del mondo economico Ebraico sono ovvie; spesso, in realtà sono evidenti in maniera cruda.

E' soltanto in Francia che c'è un accordo intimo fra le intenzioni della borsa, come viene rappresentata dagli Ebrei, ed i desideri degli uomini di stato di quella nazione, che sono sciovinisti di natura. Questa identità costituisce un immenso pericolo per la Germania, ed è la ragione per cui la Francia è di gran lunga il nemico più terribile della Germania.

Non è quindi facile per noi del movimento Nazionalsocialista immaginare l'Inghilterra con un possibile futuro alleato. La nostra stampa Ebraica ha avuto successo ancora ed ancora a concentrare l'odio sull'Inghilterra, e più di uno sciocco ciuffolotto Tedesco è volato sin troppo prontamente nel vischio preparato dagli Ebrei, che chiacchera di 'rinforzare' la marina, protesta contro la perdita delle nostre colonie, e suggerisce che dovremmo recuperarle; quindi, essi hanno fornito al mascalzone Ebreo il materiale per rivolgersi ai suoi contatti in Inghilterra ed usare tutto questo come propaganda. Dovrebbe adesso venire in mente ai nostri folli politicanti borghesi che ciò per cui dobbiamo lottare in questo momento non è il 'potere sui mari'. Anche prima della Guerra, era follia utilizzare la nostra forza nazionale per tali obiettivi senza prima assicurarci la nostra posizione in Europa.

Un'aspirazione di questa sorta è una di quelle stupidità che in politica cadono sotto il nome di crimini.

Devo menzionare un hobby particolare su cui gli Ebrei sedevano a cavalcioni con particolare abilità negli anni più recenti: il Sud Tirolo. Gli Ebrei e gli Asburgo legittimatori hanno il grande interesse di ostacolare ogni alleanza politica con la Germania, che in futuro possa portare alla resurrezione di una Madrepatria Tedesca indipendente. Non è la predilezione per il Sud Tirolo che ha causato la propaganda in suo favore, perché ha fatto al paese più male che bene, ma la paura di una possibile comprensione fra Germania ed Italia.

Si. Il Sud Tirolo! (oggi Alto Adige, n.d.t.)

Vorrei dire che ero uno di quelli che, nel periodo in cui veniva deciso il destino del Sud Tirolo - ossia dall'Agosto del 1914 al Novembre del 1918 - andarono dove questo paese veniva difeso all'atto pratico - nell'esercito. Ho lottato per tutto quel periodo, e non affinché il Sud Tirolo venisse perso, ma in modo che esso, come ogni altro paese Tedesco, venisse preservato per la Madrepatria. Perché il Sud

Tirolo non veniva naturalmente garantito alla Germania dalle bugie e dai discorsi sobillatori di qualche elegante parlamentare di Piazza Rathaus a Vienna o davanti alla Feldherrnhalle a Monaco, ma soltanto dai battaglioni in lotta al fronte. Fu la gente che ruppe questo fronte a tradire il Sud Tirolo, così come gli altri distretti Tedeschi. Deve essere profondamente capito che le terre perse non verranno mai riconquistate con solenni appelli al buon Dio, né con pie speranze in qualche Lega delle Nazioni, ma solo con la forza delle armi.

La parte disgraziata di tutto questo è che gli stessi chiacchieroni non credono che si possa guadagnare nulla con le loro proteste. Essi stessi sanno benissimo quanto innocue e senza speranza siano le loro maniere di lavoricchiare. Lo fanno solo perché adesso è più facile parlare di recuperare il Sud Tirolo, piuttosto di quanto prima lo era lottare per tenerselo. Ognuno fa la sua parte; noi abbiamo offerto il nostro sangue per questa terra, ed ora queste persone alzano il loro naso su di essa.

Se la nazione Tedesca deve fermare il decadimento che minaccia l'Europa, non deve cadere negli errori del periodo precedente alla Guerra e rendersi nemica del Creatore e del resto del mondo, ma deve verificare chi sono gli avversari più pericolosi in modo da colpirli concentrando tutta la sua forza. Se la Germania agisce così, la razza che verrà si renderà conto dei nostri grandi bisogni e preoccupazioni, ed ammirerà ancor di più la nostra estrema determinazione quando vedrà il brillante successo che ne conseguirà.

Fu la fantastica idea di un alleanza con la carcassa morta dello Stato degli Asburgo a rovinare la Germania. Oggi il fantastico sentimentalismo nel gestire le possibilità di politica estera è il mezzo migliore di impedire ancora la nostra ascesa per sempre.

Cosa fecero i nostri governi per infondere in questa nazione ancora una volta lo spirito dell'orgogliosa indipendenza, principalmente ribellione, e dell'odio indignato?

Nel 1919, quando la nazione Tedesca fu caricata del fardello del Trattato di Pace, era giustificato sperare che tale documento di oppressione avrebbe aiutato il grido per la liberazione della Germania. A volte accade che i trattati di pace, le cui condizioni picchino come un flagello su una nazione, suonino le prime trombe per la chiamata alla resurrezione che seguirà più tardi.

Cosa è stato ottenuto dai Trattati di Versailles? Ogni loro punto potrebbe essere stato marchiato a fuoco nelle menti e nei sentimenti della nazione, finché infine la vergogna comune e l'odio comune sarebbero diventati un mare di fuoco nelle menti di sessanta milioni di uomini e donne; dalla massa brillante sarebbe emersa una volontà d'acciaio, ed un grido: Saremo armati un'altra volta!

Ogni opportunità venne mancata e non fu fatto nulla. Chi immagina che la nostra nazione non è ciò che dovrebbe essere, e potrebbe essere?

Una nazione - in posizione simile alla nostra - non sarà considerata adatta per le alleanze a meno che il Governo e l'opinione pubblica non facciano in modo di collaborare per proclamare e difendere la loro volontà di lottare per la libertà.

Il grido per una nuova flotta, per la restaurazione delle nostre colonie, etc. è ovviamente un discorso essenzialmente vuoto, perché non contiene alcuna idea realizzabile in pratica; la pacata considerazione lo dimostra in un colpo solo. Le persone che protestano stanno esaurendo loro stesse nelle nefaste dimostrazioni contro il Creatore ed il resto del mondo, e dimenticano il primo principio che è essenziale per ogni successo: Ciò che fai, fallo fino in fondo. Per ululare contro cinque o dieci Stati, dimentichiamo di concentrare tutte le forze fisiche e della volontà nazionale per dare un colpo al cuore del nostro nemico più appassionato, e stiamo sacrificando la possibilità di acquistare forza per mezzo delle alleanze per la battaglia finale. E' qui che si trova una missione per il movimento Nazionalsocialista. Deve insegnare al nostro popolo a scavalcare le inezie e guardare verso ciò che è grande, ed a non dividersi secondo i problemi minori, ed a non dimenticare mai che lo scopo per cui oggi dobbiamo lottare è la nuda e semplice esistenza della nostra nazione, e l'unico nemico che dobbiamo colpire è sempre la forza che ci sta derubando di tale esistenza.

La nazione Tedesca non ha inoltre alcun diritto morale di lamentarsi dell'atteggiamento adottato dal resto del mondo, finché non abbia punito i criminali che hanno venduto e tradito il loro stesso paese.

E' concepibile che quelli che rappresentano i veri interessi delle nazioni con cui è possibile un'alleanza saranno in grado di portare avanti le loro visioni contro la volontà del nemico mortale dei liberi Stati nazionali? Le forze della tradizione degli statisti in Inghilterra romperanno, oppure non ci riusciranno, la schiacciante influenza dell'Ebraismo? Questa è una domanda a cui è molto difficile rispondere. Dipende da troppi fattori pronunciare un giudizio finale su di esso.

La lotta intrapresa dall'Italia Fascista contro le tre forze principali dell'Ebraismo - forse inconsciamente, anche se io personalmente non lo credo - è la migliore delle prove che i denti avvelenati di questi poteri che stanno fuori dallo Stato e sopra di esso vengono adesso estratti, anche se con metodi indiretti. Le società segrete sono proibite, la stampa indipendente e sovranazionale viene perseguitata, ed il Marxismo internazionale è stato spezzato.

In Inghilterra è tutto più difficile. Qui gli Ebrei controllano quasi del tutto la 'libera Democrazia' influenzando indirettamente l'opinione pubblica. E, addirittura in Inghilterra, c'è una lotta costante che prosegue tra gli interessi dei rappresentanti dello Stato Britannico e la dittatura mondiale Ebraica.

Si è visto per la prima volta dopo la Guerra quando queste forze opposte si sono scontrate l'una con l'altra, secondo l'atteggiamento dei leader dello Stato Britannico da un lato, e della stampa dall'altro, verso i problemi del Giappone. La Guerra era esplicitamente finita; la vecchia antipatia reciproca tra l'America ed il Giappone cominciò a riaffiorare. Le relazioni non potevano impedire un certo sentimento di ansia gelosa contro l'Unione Americana che cresceva in ogni settore dell'economia e della politica internazionale.

E' comprensibile che l'Inghilterra scorra nervosamente la lista delle sue vecchie alleanze e veda arrivare un momento in cui la parola non sarà 'Gran Bretagna oltremare', ma 'L'Oceano per l'America'.

Non era un interesse Britannico, ma soprattutto Ebraico, distruggere la Germania, proprio come oggi la distruzione del Giappone asservirebbe agli interessi di Stato


Britannici meno di quanto farebbero i desideri lungimiranti del controllore del tanto sperato impero mondiale Ebraico. Mentre l'Inghilterra si esaurisce per mantenere la sua posizione al mondo, l'Ebreo sta organizzando le sue misure per conquistarlo.

L'Ebreo sa molto bene che dopo le migliaia di anni della sua presenza, è in grado di minare alla base i popoli d'Europa, e portarli a diventare bastardi senza razza, ma che potrebbe molto più difficilmente fare lo stesso ad uno Stato nazionale Asiatico come il Giappone. Oggi, quindi, sta scatenando le nazioni contro il Giappone, come fece una volta contro la Germania, in modo che possa benissimo accadere che, mentre lo statalismo Britannico sta cercando di costruire un'alleanza Giapponese, la stampa Ebraica in Inghilterra possa allo stesso momento evocare una lotta contro l'alleato, e preparare una guerra di sterminio proclamando la Democrazia, e sostenendo lo slogan: Abbasso il Militarismo e l'Imperialismo Giapponesi.

Quindi oggi l'Ebreo è un ribelle in Inghilterra, e la lotta contro la minaccia Ebraica mondiale comincerà anche là. Il movimento Nazionalsocialista deve guardare ad esso in modo che, almeno nel nostro paese, ci si renda conto del nemico mortale, e che la lotta contro di esso possa essere una torcia per illuminare allo stesso modo un periodo meno torbido per le altre nazioni, e possa portare beneficio alla comunità Ariana nella sua lotta per la vita.

# XIV

## Politica orientale

I nostri cosiddetti intellettuali stanno cominciando in maniera molto poco sana a deviare la nostra politica estera da qualsiasi rappresentazione dei nostri interessi nazionali, in modo che possa servire le loro teorie fantastiche, e quindi io mi sento obbligato a parlare con cura particolare ai miei sostenitori di una questione molto importante della politica estera, ossia le nostre relazioni con la Russia, perché deve essere compresa da tutti, e se ne può parlare in un'opera come questa.

Il dovere di una politica estera di uno Stato nazionale è assicurare l'esistenza della razza compresa in tale Stato mantenendo una proporzione sana e naturale tra i numeri e la crescita della nazione, e la dimensione e la qualità della terra in cui essa dimora.

Nulla come il sufficiente spazio sulla terra assicura la libertà di esistenza ad una nazione. In questo modo, la nazione Tedesca può soltanto difendersi come Potere mondiale. Per quasi duecento anni i nostri interessi nazionali, come possono essere definite le nostre attività estere più o meno felicemente concepite, giocarono il loro ruolo nella storia del mondo. Noi stessi siamo testimoni di questo. Perché la grande battaglia delle nazioni dal 1914 al 1918 non fu altro che la lotta della Germania per la sua esistenza nel mondo, e gli venne dato il nome di Guerra Mondiale.

In quel periodo la nazione Tedesca era *apparentemente* un Potere mondiale. Dico 'apparentemente' perché non era un vero Potere mondiale. Se la nazione Tedesca avesse mantenuto la proporzione a cui mi riferivo sopra, la Germania sarebbe stata davvero un Potere mondiale, e la Guerra avrebbe potuto finire, a parte altri fattori, a nostro favore.

Oggi la Germania non è un Potere mondiale. Da un punto di vista puramente territoriale l'area del Reich Tedesco è insignificante se confrontata a quella dei cosiddetti Poteri Mondiali. L'Inghilterra non è un esempio da citare, perché la Madre Britannia non è altro che in realtà la grande capitale dell'Impero mondiale Britannico, che possiede circa un quarto della superficie del mondo come sua proprietà. Dobbiamo piuttosto guardare agli Stati giganti, come l'Unione Americana, e poi alla Cina ed alla Russia - la cui superficie, per alcune di loro è anche dieci volte quella dell'Impero Tedesco. La stessa Francia deve essere contata fra di loro. Sta costantemente aggiungendo persone di colore al suo esercito provenienti dal suo immenso Impero. Se la Francia continuerà ciò che sta facendo per trecento anni, sarà in possesso di un potente territorio annesso che va dal Reno al Congo, pieno di una razza che sta diventando continuamente sempre più imbastardita. E' qui dove la politica coloniale Francese differisce dalla precedente politica Tedesca.

La nostra politica né aumentò le terre occupate dalla razza Tedesca, né fece il tentativo criminale di rinforzare l'Impero introducendo sangue nero. Gli Askari nell'Africa Orientale tedesca erano un piccolo ed esitante passo in questa direzione, ma in realtà vennero usati soltanto per la difesa della colonia stessa.

Abbiamo smesso di godere di una posizione simile a quella degli altri grandi Stati del mondo, e questo grazie soltanto alla fatale direzione della nostra nazione in politica estera, all'assoluta mancanza di qualsiasi tradizione, come potrei chiamarla, di una politica definita di affari esteri, ed alla perdita di tutto il genuino istinto e della necessità di rimanere una nazione.

A tutto questo deve porre rimedio il movimento Nazionalsocialista, che deve cercare di rimuovere la disproporzione tra la nostra popolazione e la nostra superficie - quest'ultima vista sia come fonte di nutrimento che come base di potere politico - e tra il nostro storico passato e la disperazione della nostra attuale impotenza.

Uno dei grandi successi della politica Tedesca fu la formazione dello Stato Prussiano, e la coltivazione, attraverso di esso, dell'idea di

Stato; ed anche la costruzione dell'esercito Tedesco, aggiornato alle moderne necessità.

Il cambio dall'idea di una difesa individuale a quella di una difesa nazionale come dovere ebbe origine direttamente dalla formazione dello Stato, e dal nuovo principio che introdusse. E' impossibile esagerare ulteriormente il significato di tale evento. La nazione Tedesca disintegrata da eccesso di individualismo divenne disciplinata sotto l'organismo militare Prussiano, e recuperò grazie ai suoi mezzi almeno una parte della capacità di organizzazione che era stata perduta. Per mezzo del processo di addestramento militare, abbiamo recuperato per noi come nazione ciò che le altre nazioni avevano sempre posseduto nella loro ricerca dell'unità. Quindi l'abolizione dell'obbligo del servizio militare - che potrebbe non avere alcun significato per dozzine di altre nazioni - ha un significato fatidico per noi. Se ci fossero state dieci generazioni di Tedeschi senza la disciplina e l'educazione del servizio militare e date in mano alle malefiche influenze della disunità che è nel loro sangue, la nostra nazione avrebbe perduto le ultime reliquie di esistenza indipendente su questa terra. Lo spirito Tedesco avrebbe dato il suo contributo alla civilizzazione soltanto sotto la bandiera delle nazioni straniere, e la sua origine sarebbe stata persa nell'oblio.

E' molto importante per il nostro modo di procedere sia di adesso che del futuro che i veri successi politici della nostra nazione, e gli obiettivi senza profitto per cui venne versato il sangue della nostra nazione, vengano distinti in maniera chiara e suddivisi. Il movimento Nazionalsocialista non deve mai unirsi con il maligno e rumoroso patriottismo del nostro odierno mondo borghese. E' particolarmente pericoloso per noi guardare a noi stessi come se fossimo i meno coinvolti dagli sviluppi immediatamente precedenti alla Guerra. Il nostro obiettivo deve essere portare il nostro territorio verso l'armonia con i numeri della nostra popolazione.

La richiesta di restaurazione delle frontiere del 1914 è politicamente folle. Ed anche quelli che insistono con essa la proclamano come oggetto delle loro azioni politiche, e facendo questo tendono a consolidare l'alleanza ostile che altrimenti sarebbe caduta nel corso naturale degli eventi. Questa è l'unica spiegazione per cui, otto anni dopo una battaglia mondiale in cui degli Stati con desideri e scopi eterogenei presero parte, le coalizioni che hanno vinto cercano di mantenere una formazione più o meno solida.

Tutti questi Stati hanno approfittato al tempo del collasso Tedesco. La paura della nostra forza giustifica la mutua invidia e la gelosia dei singoli Grandi Poteri che stanno dietro a tutto. Considerarono che, se il nostro Impero poteva essere spartito fra di loro, sarebbe stata la migliore certezza contro ogni futura ascesa. Una cattiva coscienza e la paura della forza della nostra nazione è il cemento più efficace che tiene insieme i membri di quella alleanza.

I tempi sono cambiati dalla Conferenza di Vienna. I Principi e le loro signore non puntano più sulle loro province, ma adesso lo spietato Ebreo internazionale sta lottando per il controllo delle nazioni.

Le frontiere del 1914 non significano nulla per il futuro della Germania. Non furono una protezione in passato, né significano forza nel futuro. Non daranno alla nazione Tedesca una solidarietà interna, né le forniranno il nutrimento; da un punto di vista militare non sarebbero adatte e nemmeno soddisfacenti, né migliorerebbero la nostra attuale situazione nei confronti degli altri veri Poteri mondiali. La distanza dall'Inghilterra non verrebbe accorciata, né queste frontiere ci renderebbero grandi come l'America; inoltre la Francia non subirebbe nessuna essenziale diminuzione della sua importanza nella politica mondiale.

Soltanto una cosa è certa. Ogni tentativo di restaurare le frontiere del 1914, anche se avesse successo, porterebbe semplicemente a versare altro sangue della nostra nazione, finché non ci sarebbe più nessuno degno di nota per decisioni ed azioni che devono rimodellare la vita ed il futuro della nazione. Al contrario, il vano fascino di questo vuoto successo ci farebbe rinunciare a qualsiasi obiettivo più distante, poiché 'l'onore nazionale' verrebbe quindi soddisfatto, e la porta sarebbe nuovamente aperta per le imprese commerciali, anche se finché non accada qualcos'altro. E' dovere dei Nazionalsocialisti attenersi con decisione ai nostri scopi di politica estera, che sono tali da assicurare alla nazione Tedesca il territorio che le è dovuto su questa terra.

Questa forma di azione è l'unica che potrebbe giustificare lo spargimento di sangue agli occhi del Creatore e delle future generazioni della Germania.

Nessuna nazione al mondo possiede un solo metro quadrato di territorio che gli giunga di diritto dal Cielo. Le frontiere vengono fatte e modificate soltanto dalle azioni umane. Il fatto che una nazione abbia successo ad acquisire una quota ingiusta di territorio non è una ragione superiore per essere rispettati in eterno. Essa prova semplicemente la forza del conquistatore, e la debolezza di quelli che sono stati da lui sconfitti. Soltanto la forza costituisce il diritto di possesso. Quindi, proprio come i nostri antenati non ricevettero la terra in cui viviamo in regalo dal Cielo, ma dovettero lottare con le loro vite per essa, allo stesso modo in futuro nulla garantirà la terra e la vita per la nostra nazione eccetto il potere di una spada vittoriosa.

Sebbene oggi riconosciamo grandemente la necessità di un accordo con la Francia, questo sarà inutile a lungo termine se il nostro obiettivo generale nella politica estera è quello di essere sacrificati per il suo bene. Può avere senso soltanto se offre un appoggio per estendere lo spazio in cui abita la nostra gente in Europa. Perché l'acquisizione di colonie non risolverà la questione - niente, infatti, tranne la conquista di territorio da abitare che aumenterà la superficie della stessa Madrepatria, e quindi non solo manterrà i nuovi insediamenti in stretta comunione con la terra da cui hanno origine, ma garantirà la combinazione di tutti i vantaggi che derivano dalla vastità di tutto il territorio messo insieme.

Noi Nazionalsocialisti abbiamo deliberatamente tirato una riga in fondo alla tendenza precedente alla Guerra della nostra politica estera. Siamo al punto in cui eravamo seicento anni fa. Noi diffondiamo il flusso Tedesco verso il sud e l'ovest d'Europa, e rivolgiamo lo sguardo ad est. Abbiamo terminato con la politica precedente alla Guerra delle colonie e del commercio, e stiamo andando verso la politica della terra del futuro.

Quando parliamo di nuove terre in Europa, siamo portati a pensare prima alla Russia ed ai suoi Stati Cuscinetto.

Lo stesso Fato sembra volerci indicare la nostra direzione. Quando il Destino abbandonò la Russia al Bolscevismo, derubò il popolo Russo della classe istruita che una volta creò e garantì la loro esistenza come Stato. Perché lo Stato organizzato Russo non era dovuto ad alcuna capacità politica nella razza Slava, ma fu un esempio meraviglioso dell'efficienza dell'elemento Tedesco per formare degli Stati tra i popoli inferiori.

Questo elemento Tedesco adesso vediamo che è stato interamente spazzato via in Russia. L'Ebreo ha preso il suo posto. E' impossibile per il Russo scrollarsi di dosso il giogo Ebraico con la sua sola forza, così come lo è per l'Ebreo mantenere il controllo di quel vasto impero per lungo tempo. Il suo carattere non è quello di un organizzatore, ma di un lievito in decomposizione. L'immenso impero è pronto per il collasso; e la fine del dominio Ebraico significherà la fine della Russia come Stato.

Tale politica da parte nostra viene, naturalmente, osteggiata molto violentemente dagli Ebrei. Invocano lo spirito di Bismarck come discussione per una politica che è senza senso ed impossibile, ed anche molto dannosa per la nazione Tedesca. Dicono che Bismarck mise molte energie per mantenere buoni rapporti con la Russia. Questo è senza dubbio corretto. Ma essi dimenticano completamente di menzionare il fatto che egli mise anche molte energie nelle buone relazioni con l'Italia, e che infatti Herr von Bismarck in realtà fece un'alleanza con l'Italia in modo da finire con l'Austria il più rapidamente possibile. Perché tale politica non è proseguita?

'Perché' si dirà 'L'Italia non è più l'Italia di quei giorni'. Bene. Allora, signori, permettetemi di notare che oggi la Russia non è più la Russia di quei giorni. Bismarck era fin troppo padrone delle opportunità del momento per permettersi di essere legato in tale maniera. Quindi la domanda dovrebbe essere non 'Cosa avrebbe fatto allora Bismarck?' ma 'Che cosa farebbe adesso?' E' anche più facile rispondere. La sua abilità politica non lo avrebbe mai spinto ad allearsi con uno stato che è destinato a collassare.

Inoltre, Bismarck in quel periodo vedeva la politica delle colonie e del commercio con sentimenti molto contrastanti, perché la sua preoccupazione era quella di consolidare e stabilire con i metodi più sicuri lo Stato che lui aveva creato. Questa fu la sola ragione per cui fu benvenuta la 'riassicurazione' Russa, perché ci lasciava le mani libere verso Ovest.

Ma ciò che allora fu utile per la Germania oggi la danneggerebbe soltanto.

Già nel 1920-21 il partito venne approcciato da diverse direzioni nel tentativo di portarlo a contatto del movimento di liberazione in altri paesi. Era sulla linea della tanto pubblicizzata 'Associazione delle nazioni Oppresse'. Essi consistevano principalmente in rappresentanti di certi Stati Balcanici, ed anche qualcuno da Egitto ed India, che mi impressionarono per essere dei ficcanaso chiacchieroni, e che non avevano nulla alle spalle. Ma c'erano alcuni Tedeschi, anche se pochi, in particolare fra i Nazionalisti, che si lasciarono prendere da questi Orientali farfuglianti, ed immaginarono che ogni studente Indiano o Egiziano che saltasse fuori per caso, fosse un genuino 'rappresentante' dell'India e dell'Egitto. Non si preoccuparono mai di questionare, né si resero conto che queste erano persone che non avevano nulla alle spalle, e senza autorità da parte di nessuno per concludere qualsiasi tipo di accordo, in modo che il risultato del confronto con tali personaggi fosse semplicemente nullo ed una mera perdita di tempo.

Mi ricorderò delle speranze infantili ed incomprensibili che nacquero improvvisamente nel 1920-21 nei circoli Nazionalisti. L'Inghilterra doveva essere sull'orlo del collasso in India. Qualche ciarlatano dell'Asia (potrebbero anche essere stati dei combattenti veri per l'India, per quanto me ne importa) che correva per l'Europa aveva fatto in modo di ispirare un numero ragionevole di persone con l'idea fissa che l'Impero mondiale Britannico, con il suo perno in India, laggiù stesse quasi per crollare. Che il desiderio fosse padre del pensiero non gli venne mai in mente.

E' infantile dare per scontato che in Inghilterra l'importanza dell'Impero Indiano per l'unione del mondo Britannico non venisse apprezzata. Ed è una triste prova del rifiuto di imparare una lezione dalla Guerra Mondiale, e di rendersi conto della determinazione del carattere Anglosassone, quando le persone immaginano che l'Inghilterra lascerà andare l'India. Prova anche la completa ignoranza che prevale in Germania per quanto riguarda i metodi con cui i Britannici amministrano tale Impero. L'Inghilterra non perderà mai l'India a meno che non lasci spazio alla confusione razziale nella sua macchina amministrativa, o a meno che non sia obbligata a farlo dalla spada di un potente nemico. Una rivolta Indiana non avrà mai successo. Noi Tedeschi sappiamo abbastanza bene per esperienza quanto sia difficile forzare la mano Inglese.

A parte tutto questo, io parlo come Tedesco quando dico che preferirei di gran lunga vedere l'India sotto il dominio Britannico che sotto quello di qualsiasi altra nazione.

Le speranza di una mitica rivolta in Egitto contro l'influenza Britannica era allo stesso mondo infondata.

Andava abbastanza male in tempo di pace. Le alleanze con l'Austria e la Turchia non erano cose di cui gioire. In un momento in cui i più grandi Stati industriali e militari al mondo si stavano mettendo insieme in un'alleanza attiva di attacco, noi radunavamo un paio di Stati deboli ed antiquati, e cercavamo con l'aiuto di una catasta di legna, che era destinata a crollare, di fronteggiare una coalizione mondiale attiva. La Germania pagò pesantemente questo errore di politica estera.

Come Nazionalista, poiché stimo l'umanità secondo il principio della razza, non posso ammettere che sia giusto incatenare le fortune di una nazione alle cosiddette 'nazionalità oppresse' perché so quanto sono inutili dal punto di vista razziale.

Gli attuali governatori della Russia non hanno alcuna intenzione di unirsi onorevolmente ad un'alleanza, o ad adattarsi ad essa. Non dobbiamo dimenticare che sono dei criminali macchiati di sangue, vale a dire avere a che fare con la feccia dell'umanità, e che, favoriti dalle circostanze in un'ora tragica, essi invasero un grande stato e nella furia del massacro spazzarono via milioni dei loro più intelligenti compatrioti, e, oggi da dieci anni, hanno condotto il regime più tirannico di tutti i tempi. Non dobbiamo dimenticare che tali governanti appartengono ad una nazione che combina un raro mix di crudeltà bestiale e di grande abilità nel mentire, e si considerano chiamati in maniera speciale a radunare tutto il mondo sotto la loro sanguinosa oppressione. Non dobbiamo dimenticare che l'Ebreo internazionale, che continua a dominare sulla Russia, non tratta la Germania come un alleato, ma come uno Stato destinato a sottostare ad un simile destino.

La minaccia sotto cui ha sofferto la Russia è una minaccia che pende perennemente sulla Germania. La Germania è il prossimo grade obiettivo del Bolscevismo. E' necessaria tutta la forza di un'idea missionaria per risollevare ancora una volta la nostra nazione, salvarla dalla morsa del pitone internazionale, e rimuovere la corruzione del suo sangue in patria, in modo che le forze della nazione, una volta liberate, possano essere impiegate per preservare la nostra nazionalità. Se questo è il nostro scopo, è follia allearsi con un Potere il cui padroni sono i nemici mortali del nostro futuro.

Il nostro errore particolare, che il vecchio Impero Tedesco commise riguardo alla sua politica di alleanze, fu che rovinò le relazioni verso tutti ondeggiando continuamente qua e là, oltre alla sua debolezza nel conservare la pace a tutti i costi. Di una sola cosa non può essere rimproverata; non continuò a mantenere le sue buone relazioni con la Russia.

Ammetto con franchezza che prima della Guerra pensai che sarebbe stato meglio se la Germania avesse rinunciato alla sua folle politica coloniale, ed alla sua politica marittima, se si fosse unita all'Inghilterra nell'alleanza con la Russia, e se avesse abbandonato la sua debole aspirazione di coprire il mondo intero in favore di una politica determinata per acquisire territorio nel Continente d'Europa.

Non dimentico le continue minacce insolenti offerte alla Germania dalla Russia Pan-Slavista; non dimentico le continue mobilitazioni pratiche, il cui solo obiettivo era di annoiare la Germania; non posso dimenticare la tempra dell'opinione pubblica in Russia che, prima della Guerra, era eccellente negli attacchi ispirati dall'odio verso la nostra nazione e verso l'Impero, né posso dimenticare la grande stampa Russa, che era sempre più a favore della Francia che nostro.

Nonostante tutto, c'era ancora un altro metodo prima della Guerra; avremmo potuto imparare dalla regia della Russia, con l'idea di rivoltarla contro l'Inghilterra.

L'attuale consolidamento dei Grandi Poteri è l'ultimo segnale di avvertimento per noi a pensare, a riportare le nostre genti indietro dal loro mondo dei sogni alla dura verità, ed a mostrare la sola via per cui il vecchio Reich possa fiorire un'altra volta.

Se il movimento Nazionalsocialista si scrollasse si dosso tutte le illusioni ed eleggesse la ragione come suo unico leader, la catastrofe del 1918 potrebbe rivelarsi un'immensa benedizione per il futuro della nostra nazione. Dobbiamo finire guadagnando ciò che possiede l'Inghilterra, ciò che addirittura la Russia possedeva, e ciò che la Francia di tanto in tanto ha usato per prendere delle decisioni corrette per i suoi interessi: una Tradizione Politica.

Per la Germania la condotta da adottare è chiara. Non deve mai permettere a due Poteri Continentali di ergersi in Europa. Deve guardare ad ogni tentativo di organizzare un Potere militare sulle sue frontiere, anche se soltanto nella forma di uno Stato capace di diventare militare, come un'aggressione contro la Germania, e deve considerare non solo un diritto, ma un dovere, evitarlo con ogni mezzo, anche al punto di imbracciare le armi. I risultati militari di un'alleanza con l'Inghilterra e l'Italia sarebbero diametralmente opposti a quelli di un'alleanza con la Russia. La cosa più importante è il fatto che un *rapprochement* con questi due paesi non significherebbe per nulla un rischio di guerra. L'unico Potere che può assumere un atteggiamento opposto a tale alleanza - la Francia - non sarebbe nella posizione di farlo. Quindi, tale alleanza renderebbe la Germania in grado di fare i preparativi in pace e con calma che, all'interno di una tale coalizione, dovrebbero essere fatti per un accordo con la Francia. Perché romperebbe immediatamente l'Intesa che ha causato alla Germania così tanta infelicità ed ha isolato la Francia, il nemico mortale della nostra nazione. La nuova Alleanza Anglo-Tedesca-Italiana terrebbe le redini e la Francia smetterebbe di farlo.

Altrettanto importante sarebbe il fatto che la nuova Alleanza includesse degli Stati che possiedono qualità tecniche che si supportano l'una con l'altra. La Germania infine acquisirebbe alleati che non succhiano il suo sangue come parassiti, ma che potrebbero fare e farebbero la loro parte per fornire i nostri armamenti tecnici.

Ci sarebbero ovviamente delle difficoltà, come ho detto nel precedente capitolo, per realizzare una simile alleanza. Ma fu forse la realizzazione dell'Intesa meno difficile? Dove Re Edoardo ebbe successo contro gli interessi, che erano per natura opposti l'uno all'altro, noi dovremo riuscire se la conoscenza della necessità di qualche sviluppo ci ispirasse a concertare le nostre azioni con abilità e matura considerazione.

Dovremo naturalmente stare in piedi di fronte alle chiacchere malvolenti dei nemici della nostra razza che sono in casa nostra. Noi Nazionalsocialisti dobbiamo renderci conto di questo, se proclamiamo che ciò che la nostra convinzione interiore ci dice è assolutamente essenziale. Dobbiamo irrobustire noi stessi in modo da affrontare l'opinione pubblica, impazzita per mano degli scaltri Ebrei e che sfrutta la nostra Tedesca mancanza di pensiero. Oggi non siamo altro che una roccia nel fiume; in pochi anni, il Fato potrebbe erigerci fino a diventare una diga, contro cui il flusso generale possa essere interrotto, ma solo per scorrere su un nuovo letto.

# XV

## DIFESA DI EMERGENZA COME DIRITTO

Quando abbiamo sacrificato i nostri obiettivi nel Novembre del 1918, ebbe inizio una politica che con ogni probabilità era destinata a portare verso un'ulteriore rovina. Diventa comprensibile come un periodo di tempo che fu sufficiente tra il 1806 ed il 1813 per inondare la Prussia, per quanto fosse stata completamente sconfitta, con nuova energia e spirito di battaglia, venne lasciato passare senza farne uso e, difatti, questo portò ad un ulteriore indebolimento del nostro Stato. La ragione per questo fu che, dopo che venne firmato quel vergognoso Armistizio, nessuno aveva né energie né coraggio per opporsi alle misure di oppressione che il nemico stava ripetutamente portando alla luce. Questo era troppo intelligente per chiedere troppe cose tutte insieme.

Gli ordini di disarmo, che ci resero politicamente impotenti, ed i saccheggi economici seguirono uno dopo l'altro con l'idea di produrre lo spirito che poteva vedere la mediazione del Generale Dawes come un colpo di fortuna, ed il Trattato di Locarno come un trionfo.

Nell'estate del 1922-23 ci si rese conto, a causa di tutto questo, che, anche dopo la conclusione della pace, la Francia stava lavorando con ferrea determinazione per ottenere i suoi iniziali scopi di guerra. Perché nessuno crederà che nel corso dei quattro anni della lotta più decisiva della sua storia, la Francia versò il sangue non troppo ricco della sua gente semplicemente per poter ricevere più tardi una compensazione attraverso delle riparazioni per le perdite che avrebbe sostenuto. La stessa Alsazia-Lorena non spiegherebbe l'energia dei leader di Guerra Francesi se non facesse già parte del grande programma politico Francese per il futuro. Tale programma è il seguente: disintegrazione della Germania in un gruppo di piccoli Stati. E' per questo che la Francia sciovinista lottò, e nel farlo stava svendendo la sua nazione ai vassalli che in realtà erano dell'Ebreo internazionale mondiale.

In realtà la Germania collassò in un lampo nel Novembre del 1918. Ma, mentre a casa stava accadendo una catastrofe, gli eserciti si trovavano ancora profondamente all'interno dei paesi nemici. La prima preoccupazione della Francia in quel periodo non fu la disintegrazione della Germania, ma piuttosto come riuscire a far uscire il più presto possibile le armate Tedesche dalla Francia e dal Belgio. Quindi, il primo attacco dei leader di Parigi per finire la guerra fu disarmare le armate Tedesche, ed obbligarle a tornare in Germania. Se possibile, non avrebbero potuto dedicare attenzione ad ottenere il loro scopo di Guerra originale finché questo non fosse stato portato a termine. Per l'Inghilterra la Guerra sarebbe stata veramente vinta soltanto quando la Germania sarebbe stata distrutta come Potere coloniale e commerciale, e sarebbe stata ridotta a diventare uno Stato di second'ordine. Non aveva alcun interesse a cancellare lo Stato Tedesco tutto insieme; infatti aveva tutti i motivi per desiderare una futura rivalità in Europa contro la Francia. Per cui, la Francia dovette attendere la pace prima di mettersi ad eseguire il lavoro per il quale la Guerra aveva messo le basi, e la dichiarazione di Clemenceau che per lui la Pace era soltanto un prosieguo della Guerra acquistò un significato aggiuntivo. Le intenzioni della Francia dovevano essere già note nell'inverno del 1922-23. Sono convinto che l'unica maniera di modificare tali intenzioni verso di noi sarà quella di forzare il timone della nave del nostro Reich affinché si rivolti come un ariete contro il nemico, e credo che ci saranno buone probabilità di successo se facciamo in modo di isolare la Francia, in modo che la seconda battaglia non sarà quella della Germania contro il mondo, ma una difesa della Germania contro la Francia, che sta disturbando la sua pace ed anche quella di tutto il mondo.

Finché l'eterno conflitto tra la Germania e la Francia consiste soltanto nella difesa contro l'aggressione Francese, non si arriverà mai ad una decisione, ma secolo dopo secolo la Germania verrà spostata da una posizione dopo l'altra.

Soltanto dopo che questo verrà pienamente compreso in Germania, in modo che la volontà della nazione Tedesca non venga più sprecata con la difesa passiva, ma venga raccolta tutta insieme per una soluzione finale con la Francia, allora saremo in grado di portare quest'eterna ed infruttuosa lotta con tale paese verso una decisione.

Nel Dicembre del 1922 la situazione tra la Germania e la Francia sembrò diventare nuovamente minacciosa. La Francia stava contemplando nuove vaste misure di oppressioni e di sanzioni per le sue azioni. In Francia si sperava che, occupando la Ruhr, essa avrebbe finalmente spezzato le reni alla Germania e ci avrebbe portato verso una posizione economica disperata, in cui saremmo stati obbligati ad assumerci degli obblighi molto pesanti.

Con l'occupazione della Ruhr, il Destino ancora una volta offrì alla nazione Tedesca una possibilità di farsi valere; perché ciò che ad una prima occhiata sembrava essere una terribile sfortuna, visto più da vicino conteneva delle possibilità estremamente promettenti di porre fine alle sofferenze della Germania. Per la prima volta la Francia aveva realmente e profondamente messo da parte l'Inghilterra - non solo i diplomatici Britannici che avevano realizzato l'alleanza Francese, l'avevano mantenuta e la vedevano con una visione cauta da freddi calcolatori, ma anche grandi settori della nazione stessa. In particolare il mondo degli affari provò una malcelata irritazione verso questo immenso ulteriore rafforzamento del potere Francese nel Continente. La sua occupazione dei giacimenti di carbone della Ruhr privarono l'Inghilterra di tutti i successi che aveva ottenuto in Guerra, e adesso i vincitori erano il Maresciallo Foch, e la Francia che lui rappresentava, e non l'attenta e scrupolosa diplomazia Inglese.

Anche in Italia i sentimenti si rivoltarono contro la Francia. In realtà la Guerra mise direttamente fine a quell'amicizia che smise di essere rosea, e diventò quindi odio assoluto. Era giunto il momento in cui gli alleati di ieri avrebbero potuto diventare i nemici di domani. Il fatto che questo non accadde era principalmente dovuto al fatto che la Germania non aveva Enver Pasha, ma soltanto un Cuno, come Cancelliere.

Tuttavia nella primavera del 1923, prima che l'occupazione Francese della Ruhr potesse essere usata come pretesto per ricostruire il nostro potere militare, avrebbe dovuto essere impiantato nella nazione Tedesca un nuovo spirito, la sua forza di volontà avrebbe dovuto essere rinforzata, ed i corruttori della forza più grande in tutta la nazione avrebbero dovuto essere distrutti. Proprio come lo spargimento di sangue del 1918 fu un tributo alla negligenza del 1914 e del 1915 a schiacciare sotto i piedi la minaccia Marxista, era destinata a giungere nella primavera del 1923 una terribile punizione per non aver colto l'opportunità che ci veniva offerta di distruggere il lavoro dei traditori Marxisti e degli assassini della nazione. Soltanto le menti borghesi avrebbero potuto arrivare all'incredibile concezione che il Marxismo potesse forse essere diverso da com'era stato, e che le *canaille* che avevano guidato il 1918, e che allora senza alcuno scrupolo usarono due milioni di morti come gradino per salire ai posti di Governo, adesso sarebbero pronte a rendere un servizio al senso di giustizia della nazione. Era follia incredibile aspettarsi che tali traditori si sarebbero improvvisamente trasformati in lottatori per la libertà della Germania. Non si sognavano nemmeno di farlo! Un Marxista è poco incline a trasformarsi da traditore, allo stesso modo di come una iena non può trasformarsi da carogna!

La situazione del 1923 era molto simile a quella del 1918. Le prime cose essenziali su cui si decise, contro ogni forma di resistenza, fu l'espulsione del veleno Marxista dal corpo della nostra nazione. Ero convinto che il primissimo dovere di ogni vero Governo Nazionale fosse cercare e trovare delle forze determinate alla guerra per distruggere il Marxismo, e dare a tali forze carta bianca; era loro dovere non fare la corte alla follia di 'ordine e tranquillità' in un momento in cui il nemico straniero stava dando il colpo di grazia alla Madrepatria, e quando in patria i traditori erano appostati ad ogni angolo di strada. No, un vero Governo Nazionale avrebbe dovuto desiderare agitazione e disordine se la conseguente confusione fosse stato l'unico metodo per una resa dei conti finale con i nemici Marxisti della nostra nazione.

Ho implorato spesso i cosiddetti partiti Nazionalisti di dare al Fato carta bianca e permettere al nostro movimento di avere i mezzi per una resa dei conti con il Marxismo; ma ho predicato a dei sordi. Pensavano tutti di saperla più lunga, incluso il Capo della Forza di Difesa, finché infine si trovarono essi stessi faccia a faccia con la più miserabile capitolazione di tutti i tempi. Ho quindi intensamente realizzato nel mio profondo che la borghesia Tedesca era giunta alla fine della sua missione, e non potesse più essere chiamata a svolgere alcun ulteriore compito.

In quel periodo - lo confesso con franchezza - avevo una fervente ammirazione per il grande uomo a sud delle Alpi il cui profondo amore per la sua nazione gli vietò di scendere a patti con i nemici interni dell'Italia, e che lottò per distruggerli con ogni mezzo e metodo possibile. La qualità che annovera Mussolini tra i grandi uomini del mondo è la sua determinazione a non condividere l'Italia con il Marxismo, ed a salvare il suo paese portando l'Internazionalismo alla distruzione. Quanto piccoli apparivano i nostri uomini di stato in Germania in confronto a lui!

L'atteggiamento adottato dalla nostra borghesia, e la maniera in cui risparmiavano il Marxismo, decise il destino di ogni tentativo di resistenza attiva nella Ruhr sin dall'inizio. Era follia cercare di combattere la Francia con quel nemico mortale in seno.

Anche nella primavera del 1923 fu semplice predire cosa sarebbe accaduto. E' inutile discutere se fosse o meno una possibilità di successo militare contro la Francia. Perché se il risultato dell'azione Tedesca nel problema della Ruhr fosse stato soltanto la distruzione del Marxismo in Germania, allora il successo sarebbe stato dalla nostra parte.

La Germania, una volta libera dai mortali nemici della sua vita e del suo futuro, sarebbe in possesso di una forza che nessuno al mondo potrebbe nuovamente strangolare. Nel giorno in cui il Marxismo sarà spezzato in Germania, le sue catene saranno certamente spezzate. Perché non siamo mai stati conquistati nella nostra storia dalle forze dei nostri nemici, ma piuttosto dalla nostra stessa depravazione, e dal nemico nel nostro stesso campo.

Tuttavia, in un grande momento di ispirazione, il Cielo ha dato la Germania in regalo ad un grande uomo, Herr Cuno, i cui metodi di ragionamento erano i seguenti: 'La Francia sta occupando la Ruhr, ma cosa c'è lì? Carbone. La Francia sta occupando la Ruhr per amore del suo carbone?' Ciò che ovviamente potrebbe venire in mente a Herr Cuno è la nozione che uno sciopero potrebbe privare i Francesi del carbone, e che prima o poi se ne andrebbero dalla Ruhr, perché le imprese non davano prova di fornire profitto?

Questa era la linea di pensiero del nostro 'eccezionale uomo di stato' nazionale. Per uno sciopero, avevano in realtà bisogno dei Marxisti, perché questo riguardava in primo luogo i lavoratori. Per cui era fondamentale portare il lavoratore (nella mente di un uomo di stato borghese come Cuno - questo era sinonimo di Marxista) in linea con tutti gli altri Tedeschi su un fronte unico. I Marxisti se ne uscirono rapidamente con un'idea; perché i leader Marxisti avevano bisogno del denaro di Cuno, proprio come Cuno aveva bisogno di loro per il suo 'fronte unito'.

Se in quel momento Herr Cuno, invece di incoraggiare uno sciopero generale comprato, e renderlo la base del suo 'fronte unito', avesse chiesto due ore di lavoro in più ad ogni Tedesco, la truffa del 'fronte unito' sarebbe stata realizzata un tre giorni. Le nazioni non ottengono la libertà senza fare nulla, ma con il sacrificio. Questa cosiddetta resistenza passiva non avrebbe mai potuto essere mantenuta a lungo. Nessuno tranne un uomo che non ne sapeva nulla poteva immaginare che avrebbe potuto espellere un esercito di occupazione con dei metodi più assurdi.

Se i Vestfaliani della Ruhr fossero stati al corrente di un esercito di ottanta o cento divisioni a loro supporto, i Francesi sarebbero rimasti sulle spine.

Non appena i sindacati avevano in sostanza riempito le loro casse con i contributi di Cuno, ed era stato quasi deciso di cambiare tattica, e di rendere la resistenza passiva un attacco attivo, le iene Rosse tutte uscirono tutte insieme dal recinto per le pecore e ritornarono ad essere ciò che erano sempre state. Senza una parola, Herr Cuno si ritirò sulle sue navi, e la Germania divenne più ricca di esperienza e più povera di grandi speranze.

Ma quando ebbero inizio il miserabile collasso e la vergognosa capitolazione, dopo un sacrificio economico di miliardi, e dopo che molte migliaia di giovani Tedeschi che erano stati così ingenui da credere alle promesse dei governanti del Reich, l'indignazione contro un tale tradimento del nostro infelice paese esplose in un botto. In milioni di persone brillò la convinzione che nulla tranne una radicale espulsione dell'intero sistema dominante in Germania avrebbe portato la salvezza. In questo libro, io posso semplicemente ripetere l'ultima frase del mio discorso, e del grande Processo della primavera del 1924: 'Sebbene i giudici di questo Stato possano essere felici di aver condannato le nostre azioni, la storia, la dea di una verità superiore e di una legge migliore, sorriderà mentre farà a pezzi questo giudizio, e dichiarerà innocenti tutti noi dalle colpe e dal dovere di espiarle'.

Non cercherò qui di descrivere i tentativi che portarono al Novembre del 1923 e lo decisero; perché non penso che sarà di alcuna utilità per il futuro, e perché non serve davvero a nulla riaprire le ferite che non si sono ancora cicatrizzate, o parlare di colpa nel caso delle persone, che forse erano strette alla loro nazione con identico amore nel profondo dei loro cuori, ma semplicemente persero la via o non riuscirono ad essere tutte d'accordo su questo.

FINE

## ALTRA PUBBLICAZIONE

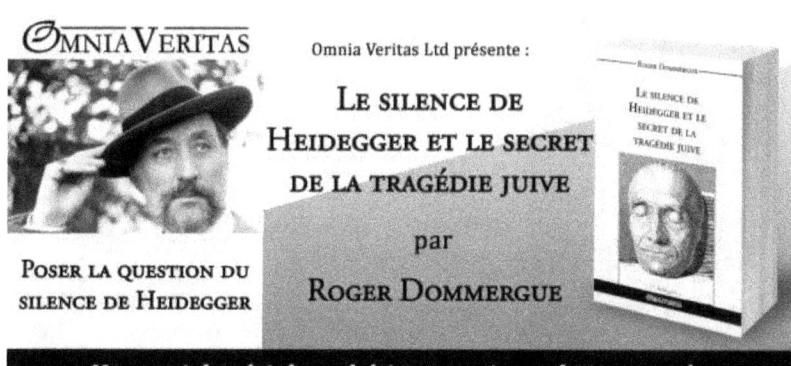

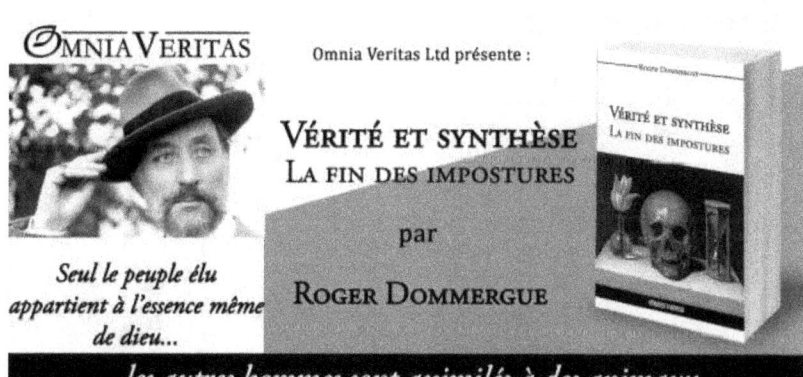

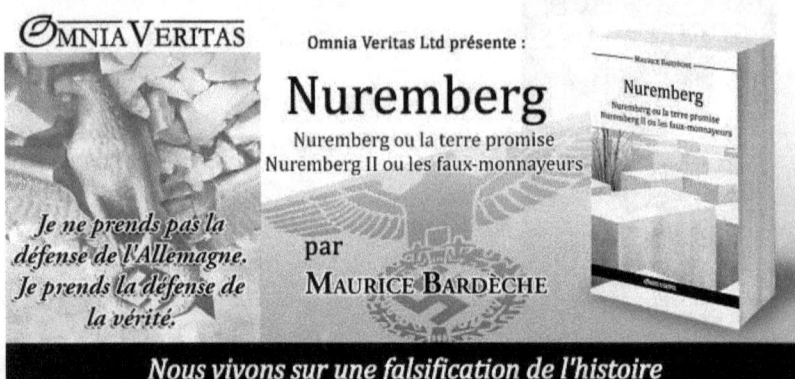

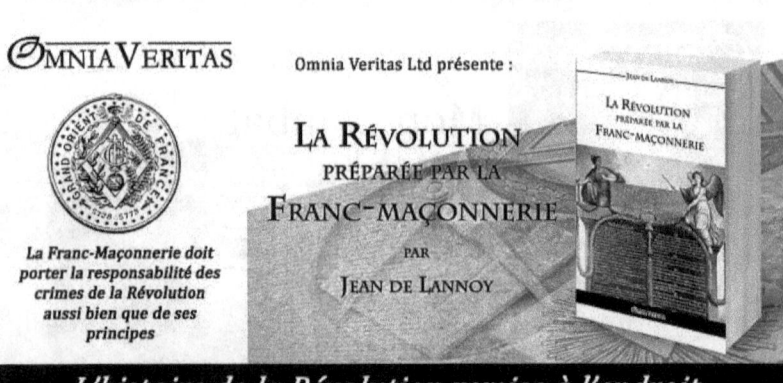

www.omnia-veritas.com

www.ingramcontent.com/pod-product-compliance
Lightning Source LLC
Chambersburg PA
CBHW050137170426
43197CB00011B/1871